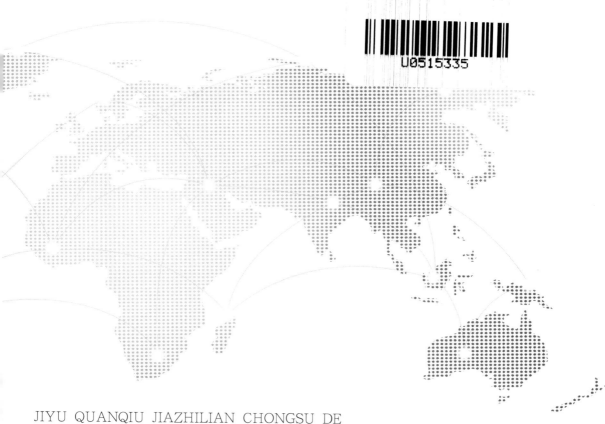

JIYU QUANQIU JIAZHILIAN CHONGSU DE
WOGUO KUAJING DIANZI SHANGWU FAZHAN CELUELUN

基于全球价值链重塑的
我国跨境电子商务发展策略论

鲁旭 张丰河 著

中国财经出版传媒集团
经济科学出版社
Economic Science Press

图书在版编目（CIP）数据

基于全球价值链重塑的我国跨境电子商务发展策略论/
鲁旭，张丰河著．—北京：经济科学出版社，2022.3
ISBN 978－7－5218－3489－5

Ⅰ.①基⋯　Ⅱ.①鲁⋯②张⋯　Ⅲ.①电子商务－研
究－中国　Ⅳ.①F724.6

中国版本图书馆 CIP 数据核字（2022）第 044657 号

责任编辑：刘　莎
责任校对：王苗苗
责任印制：王世伟

基于全球价值链重塑的我国跨境电子商务发展策略论

鲁　旭　张丰河　著

经济科学出版社出版、发行　新华书店经销

社址：北京市海淀区阜成路甲 28 号　邮编：100142

总编部电话：010－88191217　发行部电话：010－88191522

网址：www.esp.com.cn

电子邮箱：esp@esp.com.cn

天猫网店：经济科学出版社旗舰店

网址：http://jjkxcbs.tmall.com

北京季蜂印刷有限公司印装

710×1000　16 开　19 印张　290000 字

2022 年 3 月第 1 版　2022 年 3 月第 1 次印刷

ISBN 978－7－5218－3489－5　定价：79.00 元

（图书出现印装问题，本社负责调换。电话：010－88191510）

（版权所有　侵权必究　打击盗版　举报热线：010－88191661

QQ：2242791300　营销中心电话：010－88191537

电子邮箱：dbts@esp.com.cn）

前　言

　　全球价值链是价值链概念的地域拓展，从微观角度来看，可以分析企业价值链的地位以及与链上其他企业的紧密关系；从宏观角度来看，不仅能够解释产业的全球网络分布，也能够揭示不同国家的价值链状况。从全球价值链视角来看，我国外贸从最初游离于全球价值链，到积极参与全球价值链，再到努力嵌入全球价值链，当前已随着跨境电子商务的兴起走到主动变革全球价值链的新时期。作为我国外贸的新业态新模式，跨境电子商务以互联网新技术为载体，能够促进贸易终端化、流通网络化、消费定制化和生产柔性化的发展，是商业模式的变迁，其对于全球价值链的影响从最初的销售商主导链逐渐向生产者主导链延伸，在不断去中介和再中介的链式发展进程中培育各环节的实力，进而对全球价值链进行重塑。

　　本书以跨境电子商务为研究对象，以我国外贸重塑全球价值链为问题切入点，探讨我国跨境电子商务的高质量发展。通过文献分析法，对价值链、供应链和产业链的链式概念进行区分，给出全球价值链兴起的理论解释，进而通过全球价值链治理结构的分析形成全球价值链的动态运动，最终搭建起全球价值链形成机制的理论框架。采用历史分析法，在肯定我国外贸发展各个阶段成就的同时，也就我国外贸在全球价值链上的发展做出评价，指出当前全球价值链正处于调整重塑的重要发展时期。采用归纳与演绎法，从跨境电子商务的基本概念入手，从不同主体角度分析跨境电子商务的类型，总结跨境电子商务进出口发展概况，给出跨境电子商务新模式和新业态的具体表现，以及从传统的贸易中介价值链出发，分析跨境电子商务"去中介化"价值链的形成，以及"再中介化"的再造，从而生成我国跨境电子商务不同主体全球价值链的主导机理。通过案例研究法对各个层面的先进做法进行总结推广，从区域层面上分析传统型外贸大省广东、创新型外贸强省浙江和追赶型中西部省份河南的跨境电子商务发展成效，从平台层面上分析 B2B 大贸平台阿里国际站、B2C 零售平台阿里速卖通、多模式供应链平台大龙网、外贸自营平台兰亭集势和进口型跨境电商平台的发展成效，从企业层面分析制造型跨境电商海尔、垂直自销型跨境电商安克、多平台运营型跨境电商傲基和科技驱动型跨境电商赛维的发展成效，从产业层面分析许昌假发产业带、义乌数字化市场采购和德化陶瓷"抱团出海"的发展成效。采用规范分析法，架构起跨境电商零售进口模式及试点推进、跨境电商综合试验区的战略推进、"互联网＋外贸"的传统外贸"触网"行动、跨境电商产业园区的新业态推进、海外仓的新模式推进的五大布局模块，从全球价值链的重塑高度分析宏观层面上的跨境电子商务监管难题、中观层面上的跨境电商产业园区集聚困境和海外仓建设难题、微观层面上的外贸电商认识局限性等误区与困境，并针对跨境电子商务公平竞争和创新发展的新阶段给出全面系统的发展策略观，即在国家层面引导规范发展跨境电子商务，区域层面集群壮大发展跨境电子商务，企业层面多元主导发展跨境电子商务，以实现跨境电商重塑全球价值链的新贸易格局。通过这些方法的使用，本书希望能够更为清晰地展现我国跨境电子商务的发展脉络，以及从全球价值链重塑的高度给出我国跨境电子商务的推进策略，以期促进我国外贸事业的更大发展。本书没有使用计量分析法，主要是由于当前跨境电子商务的统计口径不同，还无法对全国各地市的数据进行有效加工和整合，但鉴于我国海关在不断完善跨境电子商务的分类统计，未来的跨境电子商务实证研究会越来越丰富。

鲁　旭

2022 年 3 月 25 日

目　录

第一章

绪　论

第一节　研究背景及意义

跨境电子商务起源于 20 世纪 90 年代末，从"企业—企业"模式（business to business，B2B）黄页开始做起，到民间"海淘""海代"兴起，2013 年，在国家政策的推动下，从规范化的"消费者—消费者"模式（consumer to consumer，C2C）逐步规模化为"企业—消费者"模式（business to consumer，B2C），进而因海外仓的兴起，"企业—企业—消费者"模式（business to business to consumer，B2B2C）和"线上—线下"（online to offline，O2O）模式也开始发展起来。2008 年，全球金融危机的爆发使得国际贸易陷入持续低迷的发展境地，而与此同时，跨境电子商务却因适应危机后碎片化贸易的趋势发展，并借助互联网技术手段的进步迎来了飞速发展时期。我国敏锐地捕捉到这一新机遇，自 2013 年起，有关促进跨境电子商务的政策密集出台，推动宏、中、微观各个层面积极推进跨境电子商务的探索与发展。随着《"十三五"规划纲要》将跨境电子商务列入对外开放新体制的重要形成因素，则把跨境电子商务的发展推向了新高度，跨境电子商务成为我国外贸转型升级的重要方向，也必然对我国的整个经济发展起到重大的影响作用。

从初期跨境零售进口和保税进口的通关制度探索，到跨境零售出口贸易的创新创业探索，再到以跨境电子商务促进传统贸易转型升级的大变革探索，跨境电子商务作为"互联网＋外贸"所催生出来的外贸新机遇，不仅体现了外贸碎片化发展的新趋势，也形成了"化零为整"的外贸体制变革思路，成为外贸新业态新模式。外贸新业态新模式的提法最早出现于 2017 年 2 月，时任商务部部长的高虎城在国务院新闻办公室发布会上提到，我国外贸正在由大到强的历史转变之中，正在加快形成以技术、标准、品牌、质量、服务为核心的外贸竞争新优势，新技术、新业态、新模式正成为外贸发展新动能。2017 年 1 月，商务部印发的《对外贸易发展"十三五"规划》（商贸发〔2016〕484 号）将外贸新业态归纳为跨境电子商务、市场采购贸易和外贸综合服务平台三大板块。在杭州跨境电子商务指数发展报告（2017 半年度）中，外贸新业态被认为是传统外贸的跨境电商转型发展，而外贸综合服务、海外仓等则被认为是新模式和新应用。

党的十九大报告提出培育贸易新业态新模式，开始将外贸新业态和新模式作为有机统一体来推进，并积极倡导地方创新实践去培育。当前，跨境电子商务在推动外贸转型发展、促进区域产业集群、培育生产性服务业以及激励创新创业等方面都显示出其重要性，成为地方政府争相竞争的发展新亮点。但是，跨境电子商务作为新生事物正处于快速演化发展阶段，理论解释严重滞后于实践发展，而我国与西方发达国家在此领域的发展几乎同步，并没有成熟的模式能够借鉴。因此，在跨境电子商务的实践领域中，很多地方都只能是探索式发展。我国跨境电子商务虽然面临重大机遇期和政策红利期，但在探索发展进程中，若缺乏战略思想统领，也会使跨境电子商务缺乏通盘考虑和顶层设计，沦为工具的更新，也就是跨境电子商务仅仅是电子商务的国际贸易应用，并不改变传统外贸的原有境地，还会因模式的多样化以及贸易中介参与的复杂性带来了跨境链条上各主体间的责任边界不清晰，导致实践中出现多种混乱无效状况，如跨境电商产业园区凝聚力不强，海外仓主导力和升级力不强，跨境电商产业集群集而不群等。

全球价值链从组织、空间和产品三个层面对全球化下的国际分工、产业转移等经济现象进行研究，自提出以来，全球商品链、跨国生产网络、国家生产系统、产业区、产业集群、区域经济等术语均能统一纳入其分析框架，已形成较为成熟的理论体系。跨境电子商务时代，随着价值链"去中介化"和"再中介化"的演进，无论是制造生产商，还是嵌入的新型贸易中介，抑或是相关的服务中介，只要能够掌控海外消费端，借此整合供应链资源，就能够提升在全球价值链中的位置，成为价值链的主导者，全球价值链所引发的动态调整正在激起微观领域各方的竞争。而随着单个企业的竞争转向完备供应链和价值链形成的链群之间的竞争，集群化的区域主导也成为全球价值链中的宏观焦点问题。当前，跨境电子商务继续焕发生机，所引发的商业模式变革正在沿供应链不断发展，进而对全产业链的打造、价值链的重新塑造以及区域产业结构的完善都带来影响，形成更高层次开放型经济发展的有效途径。当前，从全球价值链角度来看，我国跨境电子商务的发展仍然具有巨大的潜力。随着全球消费行为的线上转变，各国电子商务环境的大大改善，以及"一带一路"建设和全球经贸一体化发展的稳步推进，跨境电子商务在稳定传统欧美市场的同时，新兴市场的发展潜力十分巨大，价值链增值空间不断拓展。随着我国跨境电子商务的日益成熟，借助互联网正在实现"中国制造"向"中国质造"和"中国品牌"的转变，区块链、大数据等新兴互联网手段则让跨境电商的生态化和规范化发展也在稳步推进之中，使得主导价值链成为可能。而随着大资本的进入，跨境电商供应链和产业链不断得到优化整合，也使得我国的跨境电商发展有着其他国家不可比拟的加速度，全球价值链的升级力不断增强。将全球价值链思想融入跨境电子商务，通过全球价值链的攀升乃至重塑，来为我国开放型经济注入新活力，才是我国跨境电子商务发展的更高境界。

第二节　国内外研究现状

一、国外研究现状

跨境电子商务与互联网大背景下平台经济兴起有很大关系，平台经济改造了跨境电子商务中的贸易中介，从而实现了"去中介化"到"再中介化"的转变，海外有关跨境电子商务的研究更多表现为电子商务、贸易中介和国际贸易的相关性研究，主要是探讨互联网对贸易中介的影响，进而分析电子商务对国际贸易的变革作用。本杰明（Benjamin，2002）指出外贸行业通过应用电子商务技术提高了市场竞争能力；威尔逊和曼恩（Wilson & Mann，2003）实证了电子商务的贸易促进作用；弗雷伍德和韦恩霍德（Freund & Weinhold，2004）分析了互联网对国际贸易产生的具体影响；弗雷伍德和韦恩霍德（Freund & Weinhold，2004）认为互联网虽不直接影响距离与贸易的关系，但是，当贸易竞争增强时，互联网将增加距离对贸易的整体影响；安德森（Anderson，2005）以出口贸易中介视角研究互联网经济，从而建立了贸易中介论的跨境电子商务分析视角；安等（Ahn et al.，2011）肯定了互联网时代新型贸易中介仍然能够便利国际贸易的发展；激发了对跨境电子商务服务链的研究；密苏特（Mesut et al.，2014）认为全球化使中小企业面临诸多挑战，但也可以通过电子商务受益于新环境，其进入电子商务领域的障碍和限制可以通过公共和私人支持来解决，从而可以在跨境电商中释放其潜力；梅杰斯（Meijers，2015）证明互联网使用影响贸易，贸易影响经济增长，互联网使用对非高收入国家贸易的影响比高收入国家更大，但贸易对两个收入群体的经济增长的影响是相同的。除了分析跨境电子商务产生的原因和发展内涵，还有一些学者开始研究影响跨境电子商务发展的因素，如比伦和阿迈德（Bieron &

Ahmed，2012）提出跨境电子商务的发展急需国际法律的规制，赫雷拉
（Gomez - Herrera，2014）分析了跨境电子商务的驱动和阻碍因素等，说
明跨境电子商务整个全球生态环境还未建立，需要各个层面上的跨境电子
商务激励和监管制度体系建设；赫雷拉等（2014）认为跨境电商使得地
理距离的相关贸易成本在下降，但语言、在线支付、物流效率等制度变量
的影响在加深；达里伍兹和斯特里比奇（Strzębicki Dariusz & Dariusz Strze-
bicki，2017）认为跨境电商能够全球化发展归因于国际 B2C 电子市场的
建设，但 B2C 的特殊性、物流、监管、海外网络营销等距离因素会成为
跨境电商全球发展的障碍；盖伊和考莱尔（Guy & Coral，2015）认为两
国间的跨境电商存在海关、关税、税收等制度距离，但各国的跨境贸易促
进计划能够帮助中小型企业克服跨境电商交易的障碍，从而释放两国间跨
境电商的交易潜力。

二、国内研究现状

我国跨境电商的发展走在世界的前列，这为跨境电商的研究提供了更
多研究素材和视角。在国家政策的引导下，跨境电商迎来快速发展，学界
的研究也由浅入深。我国学者对于跨境电子商务的研究主要集中在 2014
年之后，侧重于对跨境电子商务的整体发展、对国际贸易、区域经济的影
响、对平台模式以及产业链的构建等。一是从实务流程视角分析我国跨境
电商的发展状况，鄂立彬等（2014）、来有为等（2014）、王冠凤
（2014）等对跨境电商的通关、结汇、物流、信用、交易方式等情况进行
了综合分析。二是从贸易视角来审视跨境电商的重要性，茹玉骢、李燕
（2014）以贸易中介的研究视角梳理了电子商务与国际贸易的关系；王惠
敏（2014）从多边贸易、差异化竞争、新型服务贸易、企业国际化营销
等角度阐述跨境电商如何推动国际贸易转型升级；王健等（2016）认为
跨境电商有普惠贸易趋势，促进了发展中国家和中小企业参与全球化。三
是研究跨境电商的产业和区域发展，陶涛、李广乾（2015）搭建了电子

商务企业发展的平台演进模式；罗娟娟、许仲生（2015）对跨境电子商务产业链进行了代运营视角的梳理，构建了跨境电子商务的服务产业链；邴元琛等（2015）将跨境电子商务发展上升至产业链高度，提出了跨境电子商务产业链的建设思路；钱惠敏等（2017）构建扎根理论模型分析跨境电商与跨境物流协同的影响因素；张莉（2017）分析跨境电商产业园区的建设与发展；李芳、杨丽华等（2019）运用结构方程模型实证跨境电商与产业集群的协同发展；张夏恒、陈怡欣（2020）探讨跨境电商的全产业链集聚。四是研究跨境电商的政策扶持，杨坚争等（2015）利用因子分析法构建了电子商务指标体系来评价各地跨境电子商务的发展；堪楠（2016）分析政府扶持政策在促进跨境电商产业发展上的有效性；赵杨等（2018）构建政策评价指标体系分析我国跨境电商具体政策的实施效果；马永飞（2020）认为跨境电商具有鲜明的区域化特征，基于省级给定发展的通用策略。五是研究跨境电商的管理，如逯宇铎等（2017）建立动力系统模型用模糊层次分析法评价跨境电商风险等级；马述忠等（2018）运用主成分分析法和聚类分析法评价跨境电商上市企业的综合绩效；杜志平等（2018）结合系统动力学构建演化博弈模型分析联盟内企业的选择策略变化。

三、国内外研究述评

当前，跨境电子商务还处于全球快速发展阶段，研究文献主要集中在跨境电子商务对国际贸易的变革影响，以及解决跨境电子商务发展中出现的问题。对于处于劣势地位的跨境电商参与主体的研究，国外的研究已经证实发展中国家或者中小企业只要突破进入障碍，就能够在跨境电商领域释放更多潜力，国内的研究也十分认同此观点，并且更为关注如何突破障碍。我国跨境电子商务的研究起步较晚，但发展很快，实务层面已经从概述性问题描述转向物流、交易方式、通关、统计、收汇、信用、监管等更为细致的微观问题研究；理论层面则开始建立起不同的分析框架，如贸易中介、平台演进、代运营、产业链等，以解释纷繁复杂的跨境电子商务方式以及分析跨境电子商务的战略价值。但是，实务研究和理论研究还存在脱节现象，导致宏观层面重视跨境 B2B 发展，而微观层面跨境 B2C 是创新主流。从实践领域跨境电子商务 B2B 和 B2C 的融合发展趋势来看，将二者割裂来看不利于形成区域正确的产业观，也导致很多地区在培育跨境电子商务上没有价值实现路径的清晰认识。可以说，当前跨境电子商务的实践发展走在了理论发展的前沿，但发展中所出现的新问题又急需理论给予正确指导。跨境电子商务已提升至外贸新业态新模式发展的新高度，如何促进外贸转型升级发展，建立开放型经济的全球价值链新优势，是值得深入探索的新兴研究。

第三节 研究内容、 主要观点及研究意义

一、 研究内容

将全球价值链思想融入跨境电子商务，以全球价值链相关理论为研究基础，对新中国外贸发展历程进行全球价值链视角的评价，诠释跨境电子商务这一贸易新业态新模式，进而论证跨境电子商务重塑全球价值链的机理，并按照重塑机理阐释我国跨境电子商务的战略布局，对取得的发展成效和出现的问题进行客观评价，并在宏中微观各层面给出我国跨境电子商务重塑全球价值链的清晰发展策略体系，使得跨境电子商务不再仅仅是商业模式和业态的变化，其供应链发展、全产业链打造、价值链主导、区域产业结构完善等方面也能够更加重视，从而促进我国跨境电子商务实现更高层次的开放型发展。

二、主要观点

发展中国家开放型经济的发展一直以来受"比较优势论"的影响，从而形成利用外资促进劳动密集型产品出口的开放型经济发展模式。这一开放模式在 2008 年全球金融危机中遭受巨大冲击，迫使经济实践部门和学术界开始转向开放型经济新发展的研究和探索。跨境电子商务起源于 20 世纪 90 年代末的外贸黄页平台，后金融危机时代，跨境电子商务因适应碎片化贸易的发展趋势，并借助互联网技术手段的进步，迎来了飞速发展时期。我国敏锐捕捉住这一新机遇，自 2013 年起，有关促进跨境电子商务的政策密集出台，推动宏中微观各个层面积极推进跨境电子商务的发展。跨境电子商务从初期跨境零售进口和保税进口的通关制度探索，到跨境零售出口贸易的创新创业探索，再到以跨境电子商务促进传统贸易转型升级的大变革探索，逐步形成外贸新业态新模式的全新构建。然而，跨境电子商务在宏中微观各个层面上都具有复杂多样性，如宏观层面跨境电子商务的监管部门多，政出多门，缺乏核心主线去贯穿所有政策；中观层面跨境电商综合试验区和进口试点城市的不断扩围，二者边界趋于模糊，各区域探索多样化，缺乏核心主线去判别各种探索的优劣；微观层面上，不同主体开始涌向跨境电子商务这片蓝海，虽然有做大跨境电子商务的可能性，但若没有核心主线去引导，也会重蹈国内电子商务和传统外贸的低成本恶性竞争覆辙。全球价值链可以从组织、空间和产品三个层面对全球化下的国际分工、产业转移等经济现象进行解释，对价值链、供应链和产业链也具有统领作用。以全球价值链重塑为主线来贯穿跨境电子商务的发展，跨境电子商务不再仅仅是商业模式和业态的变化，其供应链的发展、全产业链的打造、价值链的主导、区域产业结构的完善都有了合理解释。将全球价值链思想融入跨境电子商务，以全球价值链重塑为主线形成我国跨境电子商务的发展逻辑，通过全球价值链的攀升乃至重塑，为我国开放型经济注入新活力，才是我国跨境电子商务发展的更高境界。

三、研究意义

跨境电子商务并不仅仅是外贸新业态新模式，仅从便利化发展角度进行研究，跨境电子商务必然也会和电子商务一样，只是一种工具的更新，以全球价值链重塑作为一种思想去审视跨境电子商务的发展，供应链的跨境经营和产业链的空间集聚都有了更大的发展价值，这属于学术思想上的一种创新，能够为跨境电子商务战略层面的理论研究注入活力。此外，以全球价值链重塑去审视和评价跨境电子商务在各个不同方向的发展，形成全面综合的发展策略论，将支离破碎不成体系的传统观点综合起来，形成创新发展体系，也是一种学术观点上的创新。

通过引入全球价值链理论，能够清晰阐释跨境电子商务的多模式和业态表现，能够将跨境电子商务进口和出口融为一体，科学分析与阐释当前跨境电子商务发展中的创新做法和发展困境，所提供的策略体系也能够提供一些战略创新思路，能够为促进跨境电子商务研究的理论发展贡献绵薄之力。

第二章

全球价值链的形成机制

全球价值链是价值链概念的地域拓展，从微观角度来看，可以分析企业价值链的地位以及与链上其他企业的紧密关系；从宏观角度来看，不仅能够解释产业的全球网络分布，也能够揭示不同国家的价值链状况。全球价值链是当前国际经济研究领域十分热门的研究主题，已形成十分丰富的研究成果。以形成机制来概括全球价值链的理论体系，有助于对全球价值链进行更好的解析阐释和指导实践。

第一节　链式概念的提出

一、价 值 链

1985 年，迈克尔·波特（Michael E. Porter）在《竞争优势》一书中分析公司行为和竞争优势时提出"价值链"的概念，定义价值链是"一种商品或服务在创造过程中所经历的从原材料到最终产品的各个阶段或者是一些群体共同工作的一系列工艺过程，不断地创造价值、为顾客服务"。波特认为，企业独特的竞争优势来自其为商品或服务所创造的更高附加值，附加值可以分解到企业生产经营流程所形成的一系列活动中，这些活动可以划分为企业的基本活动（既包括生产活动，也包括最终市场活动，可细分为内部物流、生产作业、外部物流、市场营销和销售服务五部分）和辅助活动（细分为原料采购、技术研发、人力资源、基础设施四部分），这些不同但又相关的增值活动则构成了价值链，即一个创造价值的动态过程。之后的研究扩展为价值链系统，系统分为内部价值链和外部价值链两部分，产品研发设计、生产、销售和服务构成内部价值链，企业与供应商、经销商、顾客之间的行为关系则构成外部价值链，企业需要知晓其内部价值链和外部价值链的范围，以及认清在内部价值链和外部价值链可以获得的竞争优势。企业可以通过内部化价值链大部分业务，不断进行自身升级，以及提高效率等方式来影响价值链，但也必须明白，这种努力的作用十分有限。企业成功与否应与价值链上的其他企业业务是否成功密切相关，其他企业业务成功是该企业成功的基础，只有获得价值链上具有明显优势的业务，从而形成企业的核心竞争力，才能对价值链起到较大影响。价值链的分析有助于帮助企业和国家认识专业化生产方面的优劣势，以及理解企业连通最终产品市场的方式如何影响其全球市场的获利能力。

二、供应链

1983 年和 1984 年发表在《哈佛商业评论》杂志上的两篇论文最早出现"供应链管理"一词，供应链开始引起关注。早期的供应链仅被认为是企业的内部物流过程，就是保证顾客所需产品能够按照预定时间质量完好、数量正确地送达指定地点，以及实现该过程总成本的最佳化。这种传统的观念局限于企业自身资源的利用，通过企业内部各部门（如采购、生产、库存、销售等）的职能协调来优化业务流程和降低物流成本，达到提高企业经营效率的目的。之后的供应链认识扩展至企业外部，或者将供应商纳入进来，反映与供应商之间的采购和供应关系，或者将分销商纳入供应链，反映产品从生产者流通到消费者的过程，如《英汉物流管理大辞典》将供应链也称为销售链。这种认识强调的是供应链上各成员企业的独立运作以及企业之间的合作关系，但仍有局限性，忽略了与其他企业的联系以及消费者对于供应链的影响。1986 年，美国物流管理委员会（Council of Logistics Management，CLM）将消费者纳入供应链，认为供应链管理的是包括消费者和供应商在内的企业外部物流活动。随着理论与实践的不断发展，人们认识到供应链不仅涵盖产品"运动"的整个过程，供应链管理也比物流管理的范畴更广。史蒂文斯（Stevens，1989）认为，供应链不仅具有前向的物流，还具有反向的信息流，从而将供应链、生产商、分销商和消费者联系在一起。1998 年，美国物流管理委员会重新定义"供应链管理"，认为供应链管理从起始点到消费点，不仅是物流过程，也是为满足最终用户需求而对物品、服务、信息进行计划、实施和控制的全部过程。比蒙（Beamon，1998）认为，供应链反映从原材料转换为最终产品并送至最终用户的全过程，是上下游不同商业实体通过前向物流和反向信息流集成在一起发挥整合功效的链状模式。哈里森（Harrison，1999）认为，供应链是从原材料到中间产品再到成品并销售到用户的非线性功能网链，而非简单的线性单链。我国的《物流术语》国家标准（GB/T18354 - 2001）明确将供应链定义为网络结构，认为这种网状结构由生产及流通过程中的上下游企业构成，因提供产品或服务给最终用户而形成。马士华等（2006）将原有的物流和信息流扩展至资金流，认为供应链这一功能网链结构围绕核心企业而形成，核心企业通过控制整个过程的信息流、物流和资金流而将供应商、生产商、分销商、零售商、最终用户连成整体。综上所述，供应链是以信息流、物流和资金流为媒介，活动从原材料到最终产品并送至最终用户，由核心企业控制上下游节点企业，节点企业之间通过职能分工与合作发挥整合功效的功能网链。

三、产业链

亚当·斯密在《国富论》中阐述分工理论时提到"工业生产是基于分工的一系列迂回生产链条"，成为产业链的思想起源。马歇尔更加强调企业间的分工协作，其企业间分工协作理论被认为是产业链理论的真正起源。赫希曼的《经济发展战略》（1958）一书论述了"产业链"概念，指出企业之间的前后向联系对经济发展具有重要意义。之后，与产业链相关的概念，如生产系统、商品链、生产链等，开始相继出现。目前，产业链研究在国内外区别很大。在国外，价值链、供应链、企业网络等研究的兴起弱化了产业链研究，产业链并没有作为单独的经济组织形式进行系统化的理论研究，只是在微观企业层面出现了关于企业纵向整合或跨组织资源问题的经济学分析，中观和宏观层面的研究基本还是空白。在国内，产业链却是相当热门和前沿的词汇。傅国华（1993）在总结海南热带农业发展成功经验时最早提出"产业链"。目前，"产业链"一词被广泛应用，但理论研究滞后于实际应用，不同学者仅从不同角度对产业链进行了定义，还没有形成统一认识。一些学者从价值创造角度认识产业链，如郑胜利（2005）认为，产业链主要指的是产业价值链，是互为基础、相互依存的一系列上下游链条关系构成了产业链，产业链因服务特定需求或进行特定产品生产而共同创造价值；芮明杰、刘明宇（2006）认为，产业链是增加价值的活动过程，经历厂商内部和厂商之间从原材料到最终消费品的所有阶段。一些学者认为产业链是其他链式的综合，如吴金明、邵昶（2006）认为，基于产业上下游各相关环节有机结合而成的产业链可以分为供需链、企业链、空间链和价值链四个维度；蔡宇（2006）认为，产业链是从产业视角对生产链、供应链和价值链进行综合，不仅分析企业之间的物流、信息流、资金流和价值流，也研究相互关系、组织结构和价值创造；刘志迎、赵倩（2009）认为，产业链是不同产业领域企业之间所有活动（如采购、生产、营销、服务、物流、信息流、知识流等）的链式集合（如供应链、价值链、知识链等）。一些学者认为产业链是一种经济组织形式，如刘刚（2005）认为，产业链是一种空间组织形式，由不同产业领域的企业在波特价值链基础上连接所构成；刘贵富（2006）认为产业链是由同一产业或不同产业的具有上下关联的企业在时空布局下动态形成的链式中间组织，企业之间以投入产出为纽带，以满足用户产品需求为目标，以价值增值为导向联系在一起；陈朝隆、陈烈、金丹华

（2007）认为，产业链是企业因产业关联进行分工协作所形成的产业组织的链网状系统；游振华、李艳军（2011）认为，产业链是动态网络组织，反映一定空间范围内的企业或产业部门之间因生产和交换中间产品而形成的利益最大化的横向或纵向合作或联盟关系。

四、链式概念异同

就其形态来说，价值链、供应链和产业链是覆盖相同公司网络的链网状结构，反映链内企业之间的交互与关联关系。价值链、供应链和产业链都以价值问题为核心，关注价值创造的最大化和分配的合理性，但不同链式的研究对象和侧重点还是有所区别的。

价值链、供应链是管理学领域的概念术语，研究对象都是企业，侧重于找到实现企业目标的资源配置方法，以及研究生产实践中如何通过价值传导、供需配置、知识利用等方法提高企业生产力。但是，价值链和供应链也各有侧重并相互依存。价值链研究企业活动如何创造价值并使价值最大化，不仅分析价值链中生产过程间的联系，而且分析进入最终产品市场的决定因素，侧重于分析某一链条的产品设计研发与销售阶段的创新，研究如何发现和满足消费者需求从而创造价值，有助于人们理解企业的价值生成机制。供应链强调物流、信息流等的流通环节，站在企业的角度研究如何实现物流顺畅，关注的是供应过程，重视外部网络性，核心在于如何对流程上的节点企业进行有效整合以提高供应效率和降低供应成本。可以说，供应链是价值链的物理表达，价值链是供应链的本质所在。价值链关注迅速变化的消费者需求，将其转变为价值创造，并形成价值增值的过程，而在价值增值的既定条件下，需要有效组织供应流程，物流、资金流、信息流在供应链内的顺畅流动可以有效协调价值链不同环节的联结，达到成本最小化。在动态变化的社会经济环境中，对价值链与供应链进行有效整合，可以促进链内企业产生"1＋1＞2"的协同效应，从而有效提高企业竞争力，创造价值最大化。

产业链属于经济学研究范畴，是从产业（行业）角度探讨一般规律性的问题，如产业链现象的本质、形成原因、如何产生和演变等。从学科发展上看，经济学和管理学学科接近，也有互融趋势，但二者还是有本质区别的。经济学擅长研究"为什么"，侧重解释资源配置利用的本质规律及其对社会经济发展的影响，而非管理学的"如何做"，探索达到组织目标的资源配置方法。和价值链一样，产业链关注价值创造，但产业价值链关注的不是单个企业的价值创造，而是产业内众多企业形成的价值关系和价值流程，是共同创造价值过程中众多企业呈现的整体物理形态。和供应链一样，产业链关注企业间的相互关系，但与供应链保障链内物流和信息流等的顺畅，以及提高效率和降低成本等不同，产业链关注产业内部企业之间各种生产要素之间的分配和组合关系，也就是链内的投入产出关系和价值组成部门的纵向/横向关系。除了内在关联，产业链还包括空间关联，关注由链内企业所组成的集群结构，即按照一定的逻辑关系和时空关系形成集聚形态的企业群，并以区域范围大小、企业数量多少、生产规模大小、产品数量多少等来反映产业发展状况和协作竞争关系。可以说，我国对于产业链的认识，是将价值链和供应链的关注点从企业层面上升至产业层面，提出对产业组织结构的新认识，并将企业集群纳入产业链的分析框架，从而更好地揭示区域内产业发展的内在规律。

第二节　全球价值链理论的兴起

全球价值链理论是在价值链基础上形成的，来自实践，并随着实践的发展，理论包容性和解释性不断增强，成为经济全球化的重要分析视角和工具。

一、全球价值链的概念形成

20 世纪 80 年代，迈克尔·波特分析企业竞争能力和国家竞争优势时提出价值链和价值体系。同期学者布鲁斯·科加特（Bruce Kogut）在此基础上提出价值增值链，认为不同国家（地区）的比较优势最终决定价值链上各个环节的空间配置，随着产品内分工的进一步深化，价值链上的利润分布和附加值逐渐集聚于产品研究开发与销售环节，即价值链附加值向两端聚集，扁平式的价值链形态开始向上弯曲，而区域（国内）价值链由于竞争程度和比较优势相对有限，受资源约束等因素影响，波特价值链的形态则相对平缓。20 世纪 90 年代，随着经济全球化和一体化的发展，区域资源禀赋不再仅限于生产布局和要素供给，国际生产开始呈现全球离散的趋势。在此背景下，盖瑞·格里菲（Gary Gereffi，1999）基于全球化的视角，将科加特（Kogut）的价值增值链与产业的全球组织直接关联，提出全球商品链，并对全球商品链的内部结构、形成与控制做了探索。他认为，世界经济中的生产活动已显现出网络化的特征，全球商品链中的各种生产企业看似独立，都有投入原料、组织运营、市场营销等环节，但都是链式的基本单位——节点企业，由跨国公司这一国际生产网络主体将其紧密联系在一起。全球价值链属于世界体系理论，将价值链、商品链与全球化的发展理念进行了融合。2000 年 9 月，在意大利贝拉吉尔国际研讨会上，学者一致认可全球价值链（global value chain，GVC）的提法，认为全球价值链可以系统反映由不同活动环节所组成的全球经济的整个过程，也可以涵盖不同类型的"链"和"网"的内容，应成为共同术语和分析框架，并在美国洛克菲勒基金会发起下成立全球价值链研究团队。格里菲（2001）也将其对全球商品链的认识进化为全球价值链，认为全球化时代产品内分工的迅速崛起使得零部件和中间产品生产与交易的占比越来越大，价值创造的形式、内涵以及外延都已远超"商品"的范畴，商品链的概念在某种程度上限制了治理理论的发展，而价值链的分析对象更广，可以更好地揭示经济活动的一般规律，也更直观地体现其是价值增值的过程。自 2001 年起，学界普遍开始使用全球价值链的分析框架来探讨全球经济下的企业价值创造以及价值获取的重要性。

二、全球价值链的内涵界定

斯特金（Sturgeon，2001）提出，全球价值链可以用组织规模、地理分布和生产性主体三个维度来界定，组织规模上应包括参与生产某种产品或服务的全部主体，地理分布必须具有全球性，生产性主体包括一体化企业、领导厂商、零部件供应商、"交钥匙"供应商、分销商等多种类型。2000～2003 年度工业发展报告《通过创新和学习来参与竞争》（联合国工业发展组织，2002）对全球价值链的定义较为准确，指出全球价值链是为实现产品或服务价值而连接生产、销售、回收等过程的全球性跨企业网络组织及其价值创造和利润分配，散布于全球的链上企业分别进行着设计研发、原料采购、半成品生产、成品制造、营销交货、售后服务、消费回收等涉及整个产品生命周期的各类增值活动。休默斯等（Hummels et al.，2001）认为，全球价值链是国际分工的新形式，其形成需要具备三个条件：一是商品经历多个阶段的连续生产；二是在整个过程中提供价值增值的国家有两个或两个以上；三是至少有一个国家进口投入品用于生产且出口生产的产品。综合来看，全球价值链是产品在多国进行连续生产且存在中间品进口和最终产品出口的国际分工形式。从本质上说，全球价值链的形成是分工国际化和要素配置全球化的结果，体现经济全球化背景下国际分工的新特点。在该分工模式下，跨国公司为实现成本最小化或者收益最大化的目标而在全球范围内进行资源的优化配置和整合，链上的不同环节或阶段会按照要素密集度要求配置到具有要素禀赋优势的国家（地区），从而形成全球化的生产网络体系。在该体系下，各国（各地区）只专注本国（本地区）具有优势的环节或阶段，成为整个链条的参与者或者组织者，但不必也不可能完全独立进行整个过程。由全球价值链完成的最终产品是多国（地区）共同参与的结果，包含有多国（地区）的生产要素，因此，全球价值链所体现的生产过程也具有真正的国际化意义。

三、全球价值链的理论体系

全球价值链从组织、空间和产品三个层面对全球化下的国际分工、产业转移等经济现象进行研究，已形成较为成熟的理论体系。

（一）组织层面

全球价值链理论在组织层面的研究最为丰富，已形成全球价值链治理理论，关注的是全球价值链的治理结构，主要包括驱动机制和治理模式研究，也就是分析在全球专业化分工和碎片化生产过程中价值链的治理主体所施行的治理方式以及背后所体现的治理逻辑。全球价值链中处于主导地位的企业被称为主导企业，其具有特定的权利，可以控制其他企业的经济行为（如价格、标准等）。全球价值链的治理结构研究主要以主导企业为视角，分析主导企业所架构的新型产业组织结构及权力分配，以及主导企业与其他企业之间的协调与互动。当前，全球价值链作为价值增值在国际关系中的一种体现，可以用于分析链上处于不同地位的国家及企业。其中，因为发达国家的跨国公司往往是全球价值链的主导企业，以主导企业为视角的全球价值链治理理论也被纳入跨国公司组织理论，揭示了跨国公司的全球发展规律；全球价值链治理也可用于分析发展中国家的产业升级，主要源于一些发展中国家企业嵌入全球价值链之后，也会努力从价值链前向获取技术，从价值链后向获得市场，取得链上更大的活动，从而拓展其增值空间和提升其竞争力。此外，全球价值链中因主导企业和其他企业所在国家发展程度不一，基于增加值贸易核算方法可以核算和估计各个国家全球价值链的嵌入程度，单一链条的产业分析也可以形成多链条的国家竞争力分析，使得全球价值链可以分析带给不同国家的机遇、挑战和风险。

（二）产品和服务层面

全球价值链在产品和服务层面，主要关注以产品为中心轴的包括原材料、中间产品、配件、相关服务等跨国性生产组织活动所形成的链状形态，以及产品链上的各增值环节企业利益分配所形成的链条曲度。从链状形态来看，全球价值链可以在纵向和横向上延伸和收缩。可以说，产品越复杂，生产工序就越多，其纵向维度就可以更长地拓展，而产业越庞大，越需要获得规模经济，专业化分工就越发达，横向维度也会得以拓展。国际生产网络是全球价值链在纵向和横向两个维度上的拓展而形成的宏大规模和复杂结构，是全球价值链的高级形态，在全球价值链被提出之后，也被很多学者积极推进。从链条曲度来看，全球价值链明显具有向下弯曲的弧度，被宏碁集团创始人施振荣形象地称为"微笑曲线"（见图1-1）。全球价值链上，供应商、生产商、经销商、承包商等全球参与各方都可以进行壁垒构建以获得更多的租金分配。当前，价值增值因价值链两端高筑壁垒，

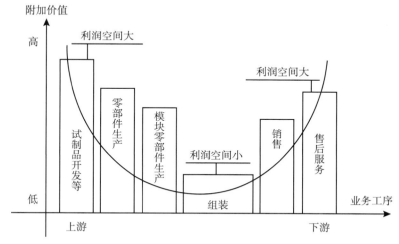

图1-1　微笑曲线

资料来源：夏露．基于微笑曲线理论的企业专利战略研究［J］．湖北工业大学学报，2009（12）：30.

具有技术或渠道垄断，降低竞争程度的同时还能够获得更多的附加价值，从而价值链向下弯曲的弧度更为陡峭。若生产商能够纳入更多的增值活动，也可以让微笑曲线趋于扁平。链条曲度形成的微笑曲线可以十分形象地说明产品或服务的附加价值在哪里，以及反映出不同环节的竞争形态，被广泛应用于全球价值链的分析之中。

（三）空间层面

全球价值链视角下的产业集群研究日益盛行。全球价值链上，生产的专业化程度越来越高，生产环节被分解至不同的地理空间，呈现全球离散的分布特征。然而，细化和深入的产品内分工也使得不同产业的关联性在不断加强，具有比较优势和区位优势的一些链上企业在加速集聚，全球产业链也呈现出一种局部集聚的产业集群趋势。可以说，全球价值链这一术语已经泛化，不仅仅是"链"的概念，即产业结构上前后关联的上下游关系，其也代表着一个区域内大量企业集聚的群落关系或者网络关系。集聚在一个区域里的企业在市场竞争和经济增长的迫使下分工协作，产生专业化、系统化、规模化和集成化的生产组织形式，形成区域生产中心，以最有效的生产方式为更广阔的市场提供商品。这种产业集群一般以"一业为主"，不仅反映产业内的诸多关联关系，如主导企业与辅助企业、生产企业与政府机构、上游生产与下游生产、区内生产与区外生产、生产资料与最终产品等，也反映这些关联关系之间所形成的互相依存与作用的链式形态，以更加完备的供应体系、生产体系、产品体系和价值体系来不断衍生和追加价值活动。这种产业集群嵌入全球价值链的某一环节，使得学者们对于全球价值链的研究不再局限于单个企业，而是关注全球价值链中产业集群的地位以及如何促进产业集群的升级。

四、全球价值链的研究视角选择

较之于价值链、供应链和产业链而言，全球价值链的术语选择更加具有研究价值，主要体现在以下三个方面：

1. 全球价值链是价值链的空间延伸

价值链只反映产品价值增值的链状形态，即不同的企业通过产品的价值增值而连接起来。全球价值链则具有国际视野，企业分布的空间领域被无限放大。自"全球价值链"概念被提出以来，全球商品链、跨国生产网络、国家生产系统、产业区、产业集群、区域经济等相似术语被统一纳入价值链的空间分析框架，进而形成因空间范畴不同而出现的地方价值链、国家价值链、跨国价值链等系列术语，使得地方价值链、国家价值链、跨国价值链等成为全球价值链某一环节的局部分析，也使得全球价值链的分析在空间具有动态延展和收缩的形态，即地方价值链和国家价值链都在努力包含全球价值链的更多环节，从而全球价值链出现收缩，又因为专业化分工，强大起来的地方价值链和国家价值链又会在全球布局，从而使全球价值链出现延展，导致全球价值链始终处于动态演变之中。

2. 全球价值链能够体现供应链的网状形态

供应链已从线性的"单链"转向非线性的"网链"，供应链管理的实质是将分布在不同企业的优质资源组合起来，集成物流、信息流、资金流、工作流和组织流的各个主体，使供应链的多个环节协调运作，以减少重复和浪费，实现更大增值。全球价值链可以从链式的纵向和横向延展来解释供应链的网状形态演变。从纵向来看，全球价值链中的主导企业不会一味地内部化，而是专注于核心领域，将非核心业务外包给上下游企业或者配套企业，从而形成企业间广泛的战略联盟与合作关系；从横向来看，生产性服务业的兴起以及与制造业的融合对全球价值链的横向裂变起决定性作用，产业集群化的全球价值链环节上，集群的规模、水平与能力以及与国内外市场的联通性依赖于所在地供应链的相关服务功能建设，将物流、金融、信息等生产性服务企业纳入是在拓展环节的宽度。此外，全球价值链还因价值增值的原动力来自市场需求而处处体现出以顾客为中心。因此，全球价值链在体现供应链网状形态的同时，也能够拓宽供应链只关注供给端的狭隘视角。

3. 全球价值链涵盖产业链内涵

在我国,产业链的研究被概括为四个维度,即供需链、企业链、空间链和价值链,各种链条的交错形成动态的产业网络组织。产业链的这四种维度需要区分解释才可以被接受,如产业链和企业链的区别,而当前的全球价值链研究不仅可以涵盖产业链的这四个维度,也在术语的表达上更为精确。全球价值链中的"全球"具有空间属性,"链"本就是企业的集合,"价值链"体现链状本质,而价值增值来源于需求端的利润扩大和供给端的效率提升,能够体现"供需链"的含义。全球价值链和价值链一样,可以进行企业层面的分析,研究某一产品在全球的价值创造及分布,也可以上升至产业的高度,通过增加值贸易核算,更为清晰地回答产业链形态。通过增加值贸易核算的方法,不仅可以核算单一产业情况,也可以核算诸多产业的综合情况,从而对全球价值链上的国家地位做出准确判断,比产业链单纯的定性研究更为科学合理,包容性更强。

第三节　全球价值链治理

全球价值链治理体现全球价值链这种新型产业组织中主导企业与其他辅助企业之间的治理关系,主导公司通过制定参数、监督实施来组织协调链上各个企业的价值创造活动以及企业之间的价值分配。全球价值链治理是以主导企业为中心的治理,聚焦全球化语境下主导企业治理模式的形成和发展。

一、治理驱动机制

全球价值链的驱动机制首先要确定驱动原动力,即全球价值链的"链主"——主导企业,其在链中设置有利于自身的进入壁垒并获取最大的收益，进而影响整个链式的治理结构、租金分配以及产业升级路径。格里菲最早通过"全球商品链"概念来分析主导企业的治理模式，将主导企业驱动被细分为生产者驱动和购买者驱动（见表 1－1），认为主导企业治理全球商品链的驱动力来自在选择（吸纳或排挤）供应链伙伴、决定生产活动的地理位置、确定价值创造环节的多少等诸多方面。然而，在进一步的具体分析中，格里菲对于全球商品链的分类被认为过于简单和抽象，生产者驱动和购买者驱动并非泾渭分明，二者的界限日趋模糊，呈现出"你中有我，我中有你"的发展态势。此外，商品链也因价值创造的形式、内涵和外延都已大大超出商品范畴而限制了治理理论的发展，如不断扩大的外包行为。从全球商品链到全球价值链的主题转换，使得治理理论研究的核心也从全球商品链的驱动机制开始转向全球价值链的企业间协调与连接机制。

表 1－1　　　　全球商品链的生产者驱动和采购者驱动比较

全球商品链特征	生产者驱动	采购者驱动
驱动核心	工业资本主导	商业资本主导
核心能力	研发与生产	设计与营销
垄断壁垒	规模经济	范围经济
产业关联	投资主线	贸易主线
产业结构	纵向一体化	横向一体化
辅助环境	硬环境	软环境
典型产品	高科技型产品	快销型产品

资料来源：Gary Gereffi. International trade and industrial upgrading in the apparel commodity Chain [J]. Journal of International Economics，1999，48（01）：37－70. 在此基础上整理而得。

二、协调治理模式

约翰·汉弗莱和休伯特·施密茨（John Humphrey & Hubert Schmitz，2000）根据主导企业控制全球价值链的程度提出四种协调治理模式，即层级模式、半层级模式、网络模式和市场模式。层级模式中，海外供应商被主导企业内部化，成为主导企业的分支机构，主导企业定义产品细节并完全控制海外生产过程，但也承担海外生产的全部风险；半层级模式中，主导企业并不拥有供应商，其定义产品规格，并从外部高度控制供应商进行生产，存在因供应商生产问题而蒙受损失的风险；网络模式中，产品规格不再是由主导企业单独决定，而是主导企业和供应商共同定义，能够实现二者的优势互补，二者也风险共担；市场模式中，产品规格已经标准化，无须主导企业去定义产品细节，任何供应商都能够充分满足生产需要，主导企业无须控制供应商，也几乎不存在协作风险。在上述治理模式的分类基础上，格里菲、汉弗莱和施密茨（2005）给出全球价值链治理的新理论框架并推论出五类协调治理模式。该理论框架给出全球化背后的微观逻辑——市场协调还是直接控制管理，认为主导企业与供应商之间存在不对称的权利结构，引入交易成本理论设立变量1——节点间知识与信息交易的复杂程度，引入隐形信息概念设立变量2——交易信息的可编码能力，引入资产专用性理论设立变量3——供应商满足交易需要的能力，按照满足所有变量的难易程度和水平高低，以及非市场协调的显性程度，将全球价值链分为五种协调治理模式——市场模式、模块模式、关系模式、俘获模式和层级模式（见表1-2）。较之于之前的四模式划分法，新理论框架继续沿用市场模式和层级模式，将半层级模式改为俘获模式，将网络模式细分为模块模式和关系模式，认为模式之间相互交错和相互转换，全球价值链追求的是利益和风险在市场采购和纵向一体化之间的动态平衡。

表1-2　　　　　　　　　　　全球价值链治理模式

治理模式分类	交易复杂程度	信息可编码能力	供应商交易能力	非市场协调程度
市场模式	参考产品市场价格，交易容易完成	信息可编码性高，交易可识别度高	产品规格简单，供应商有能力制造，不需要获得采购商支持，转换交易伙伴的成本低	市场协调程度高，几乎无非市场协调

续表

治理模式分类	交易复杂程度	信息可编码能力	供应商交易能力	非市场协调程度
模块模式	统一零部件、产品、过程的具体要求,减少差异性,交易得到简化	复杂信息被编码和数字化,交易可被识别	供应商能够进行标准化生产,能够为采购商提供定制产品,不需要采购商支持,使用通用设备使得转换交易伙伴的成本降低	有弱显性的非市场协调
关系模式	交易复杂,交易双方通过声誉、信用和地理的临近等规范依赖关系,产生共同信任	复杂隐性信息常通过面对面交流,交易识别度低	供应商拥有独特的或不可复制的能力获取采购商信息,优势互补,资产专用性高,转换成本相对较高	有较高显性的非市场协调
俘获模式	交易对供应商复杂,其需要依赖大型购买商;交易对购买商简单,其对供应商有很强的监督力和控制力	复杂信息被编码和数字化,交易可被识别	供应商的活动环节主要集中在简单的加工、制造和运输物流等,能力较弱,生产受买方的监督、指导和干预,转换成本很高	有高显性的非市场协调
层级模式	交易内部化	信息不被编码,交易无法识别	不存在有能力的供应商,主导企业进行垂直一体化的管理控制	内部控制替代非市场协调

资料来源:Gary Gereffi, John Humphrey & Timothy J. Sturgeon. The Governance of Global Value Chains [J]. Review of International Economy, 2005, 12 (01):78 – 104. 在此基础上整理而得。

三、质量惯例治理框架

治理模式被提出的同时,斯特法诺·波特和彼得·吉本(Stefano Ponte & Peter Gibbon,2005)引入惯例理论,将质量惯例作为基本要素用于分析全球价值链。惯例理论属于社会学,法国社会学在20世纪70年代最早开始得到研究,20世纪90年代该理论开始融入经济学,经济学主要用来研究不平等主体信息不对称环境下的交易如何通过相互协调来降低产品质量的不确定性，从而揭示不同经济协调机制的产生、强化和转换过程。质量惯例是指全球价值链的主导企业可以通过控制和管理质量来对全球价值链起主导作用，将复杂质量信息内化在编码、标准和认证之中可以实现对质量的控制和管理。质量惯例治理框架将质量惯例分为六种，即市场惯例、内部惯例、行业惯例、公民惯例、启发惯例和评价惯例，给出每一种惯例的组织原则和质量标准（见表 1-3），并在质量惯例和全球价值链之间建立起映射关系，如启发惯例和评价惯例主导高科技产业价值链，市场惯例、行业惯例和公民惯例主导传统生产外包价值链等，认为主导企业通过惯例体系的影响来获取权力，使得在松散型的治理体系中主导企业的控制力也未减弱。通过分析质量惯例在不同价值链的影响范围以及不同质量惯例在价值链上的传递，该治理框架能够解释主导企业的行为准则，揭示全球价值链的深层治理逻辑，以及区分全球价值链的不同治理模式及发展趋势，甚至可以跳出预先设定的变量和框架，将日趋活跃的劳工制度、企业责任、环境保护、食品安全等经济社会因素纳入分析，从而赋予全球价值链治理一个更加全面的治理框架。

表 1-3　　　　　　　　　　　　**质量惯例变量表**

惯例类型	组织原则	质量标准
市场惯例	竞争	价格
内部惯例	忠诚	人际关系和合作历史
行业惯例	生产力	第三方强制测试、认证和检验
公民惯例	共同福利	产品的生产和销售满足公众对安全、健康和环境的诉求
启发惯例	创造性	产品的新奇性和突破性
评价惯例	声誉	公众的认可程度

资料来源：Stefano Ponte and Peter Gibbon. Quality Standards, Conventions and the Goverance of Global Value Chains [J]. Economy and Society, 2005, 34 (01): 1-31. 在此基础上整理而得。

四、模块化整体治理框架

治理驱动机制、协调治理模式和质量惯例治理框架的研究视角虽然不同，但在具体运用上还是紧密关联的，使得治理理论的融合成为可能。斯特法诺·波特和提莫西·斯特金（Stefano Ponte & Timothy Sturgeon，2014）提出微观—中观—宏观结合的系统框架，设立联接模块、惯例模块和全球价值链节点整合已有的全球价值链治理理论，并创立宏观模块对该理论进行进一步的发展。其中，微观分析联接机制和惯例体系中的企业行为如何影响价值链节点以及节点间相互关系，中观注重节点间的比较以及价值链的变化因素，宏观纳入更多宏观变量组成新模块，注重分析外在环境因素对于价值链治理的影响（见图1-2）。三大模块共同作用于价值链节点，形成整体治理框架，有助于全面理解全球价值链，包括分工的实现、价值的创造和分配、节点间的协调关系、经济社会环境对价值链的外在影响等。整体治理框架内，微观企业行为和中观产业变局都是导致价值链整体治理发生变化的重要因素，宏观外在环境的纳入则让

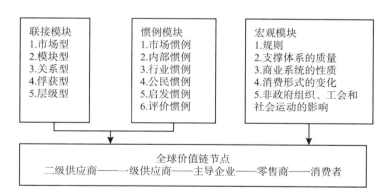

图1-2　模块化整体治理框架

资料来源：Stefano Ponte and Timothy J. Sturgeon. Explaining Governance in Global Value Chains：A Modular Theory – Building Effort ［J］. Review of International Political Economy，2014，21（01）：195 – 223. 在此基础上整理而得。

影响因素有了扩展性，这些重要因素间相互作用形成协调机制并共同演化，从而对价值链产生动态影响。这使得全球价值链的驱动力量、驱动主体和节点关系不断变化，不仅价值链中的不同节点都有可能成为驱动单元，而且驱动单元也在由单极向多极转变，从而形成全球价值链单极驱动、两极驱动和多极驱动的不同驱动模式。

第四节　全球价值链运动

除了以主导企业立场关注全球价值链治理，其他企业在价值链上的运动变化情况也被纳入观察之中。因全球价值链上的主导企业，无论是单级还是多级驱动，大多数都是发达国家的跨国公司，对于价值链上的其他企业，研究多聚焦到发展中国家的企业参与全球价值链的情况，并将此上升至产业层面和国家层面，研究国家及其具体产业在价值链上的运动变化轨迹。

一、嵌入全球价值链

发展中国家嵌入全球价值链与跨国公司在经济全球化大背景下外包生产或服务业务进行全球化资源整合密切相关。20 世纪 90 年代以来，最终产品的生产过程被跨国公司分解成不同阶段、工序和环节在全球范围内进行地理空间的配置。在此过程中，跨国公司处于主导地位，可以按照自己的战略意图构建全球价值链，以不同的治理方式控制价值链上的各国生产商。发展中国家大多拥有廉价劳动力和自然资源的比较优势，为了获得发达国家溢出的生产技术和管理经验，一般实行对外开放政策，通过本国的外贸与外资发展来带动整个国家经济的发展。格里菲（1999）认为，最终产品的生产过程是由跨越若干国家的生产链和贸易链构成，链上的各个国家嵌入的是全球价值链的不同生产阶段或生产环节，只在此特定阶段或环节进行专业化生产。企业生产制造方式从低级到高级依次有 OEA、OEM、ODM 和 OBM[①]。随着跨国公司对价值链布局的调整，发展中国家的企业在 OEA 和 OEM 上占有优势，开始进入跨国公司价值链的低端加工制造环节。文婧（2011）认为，发展中国家有五种全球价值链的嵌入模式，分别是被并购嵌入、贴牌生产嵌入、互利合作嵌入、交钥匙工程嵌入和出口嵌入，分别对应主导企业的层级型治理模式、俘获型治理模式、关系型治理模式、模块型治理模式和市场型治理模式。跨国公司为维持自己的主导地位，会不断进行创新和研发，改进质量标准，并灌输给链上的参与者，客观上提高了嵌入企业的生产能力和管理水平，使得发展中国家可以实现出口产品的快速升级。同时，其嵌入程度也随着与跨国公司关系的日益紧密而愈发深入。一般而言，微笑曲线两端的研发设计和品牌渠道，其利润率均在 20% 以上，而微笑曲线底端的加工装配环节，利润率只有5%。微笑曲线的两端都被跨国公司牢牢控制，薄利的底端环节也被跨国公司通过制造过剩生产能力、更换代工厂商等手段进行压榨。嵌入底端的发展中国家企业面对供过于求的产能竞争，需要不断增强资产专用性和沉淀成本，在嵌入更深的同时获利空间也在逐渐压缩。

当前，对嵌入全球价值链的认识已经从定性研究转移至实证量化研究，更加客观地反映各国在国际分工中的角色。考虑到垂直专业化理论与全球价值链理论均以国际分工为背景，休默斯、石井和易（Hummels, Ishii & Yi, 2001）最早使用垂直专业化指数测算一国出口总额中的本地增加值含量，这种测算方法被称为 HIY 法。刘等（Lau et al., 2007）采用标准的非竞争型投入产出表，将国内生产产品用途分为国内最终需求、加工出口、非加工出口及其他，使用国内完全增加值系数来反映单位产品出口的国内增加值拉动效应。库普曼等（Koopman et al., 2008）综合使用

---

① OEA，英文全称 original equipment assembling，中文意思为"接单组装"；OEM，英文全称 original equipment manufacture，中文意思为"接单加工"，也称"代加工或贴牌加工"；ODM，original design manufacture，中文意思为"设计生产"；OBM，英文全称 orignal brand manufacture，中文意思为"自有品牌生产"。

垂直专业化指数和国内完全增加值系数，建立关于出口产品国内增加值和进口中间投入品价值的一般方程来测算一国出口产品的国内增加值。库普曼等（2010）基于跨区域投入产出表给出全球价值链中增加值贸易的统一核算框架。库普曼等（2012）改进 HIY 法，分解非竞争型投入产出表为一般贸易投入产出表和加工贸易投入产出表，并分别设定投入产出系数矩阵。库普曼等（2014）设立新模型——KWW 模型[①]来核算出口贸易流中的国内外增加值，该模型中一国总出口被分解为四种增加值出口，分别为被国外吸收的增加值出口、来自国外的增加值出口、回流国内的增加值出口、不属于任何国家 GDP 的增加值出口。之后，我国学者不断对 KWW 模型进行改进，对我国出口中包含的国外附加值进行测度，实证了我国已嵌入全球价值链加工制造底端以及嵌入程度正在加深。

二、升级全球价值链

升级全球价值链主要指已嵌入全球价值链的非主导企业向增值空间更大的价值链两端进行的攀升，从产业角度来看就是全球价值链的产业升级。全球价值链的各环节都存在内在属性和外在组合两个方面的变动，变动体现在同一链条内或不同链条间，从而形成工艺流程、产品、产业功能、链条的不同升级形式。工艺流程升级是指企业改进生产流程，生产产品的效率更高或者次品率更低，或者企业改进生产工艺，能够接受并生产更加复杂的订单，具体的升级措施有购买新机器、实施质量控制、缩短交货时间、减少生产浪费等；产品升级是指企业改变原有设计，能够生产质量更好和技术更高的新产品；产业功能升级是指企业从生产加工功能向价值链前向的研发、设计和品牌功能转移或向后向的物流、销售和售后服务功能转移，如原始设备制造商（OEM）到原始设计制造商（ODM）和代工厂经营自有品牌（OBM）；链条升级是指企业参与或转移到另一条附加值更高的产品价值链上，可能是行业内的价值链，如印度软件升级到业务

---

① KWW 模型以 Koopman Robert，Zhi Wang 和 Shang-jin Wei 三人姓氏首字母命名。

和知识流程外包，也可能是完全不同的行业，如半导体到电脑。众多研究表明，升级全球价值链有一定规律可循，一般都是从低端的工艺流程升级开始，过渡到仍较低端的产品升级，跨越较为高级的产业功能升级，最后完成最高级的链条升级，最终目标是获得全球价值链的综合治理权和话语权。

对于发展中国家而言，嵌入全球价值链底端并不能让本国产业发展一劳永逸。除了利润被盘剥之外，产业嵌入的越多越深，则该国产业发展的主动性就会越来越弱，全球价值链升级成为必然选择。进行工艺流程升级和产品升级对于大多数发展中国家而言是一种被动升级的过程，其只是从发达国家跨国公司获得相应技术，改善相应环节，提至所要求的水平，无法实现自主升级。真正有意义的升级是产业功能升级和链条升级，但在原价值链中的实现难度很大，主要是因为这两种升级意味着发展中国家的核心竞争力将大幅提升，具备与主导企业一样驱动价值链的能力，必将加剧其之间的竞争，而脱离原价值链则意味着跨国公司的全球战略布局被破坏。这些都是跨国公司所不愿意看到的，必然采取一些战略隔绝机制来阻碍发展中国家的这两类升级，如减少对其技术溢出、压榨利润降低其创新投入、减弱嵌入产业与其国内产业的关联性等，使其在价值链两端利润最富集点之外的中间范围来回移动。可以说，发展中国家的全球价值链升级是一种嵌入式升级，在此过程中，或者毫无自主权地被动升级，或者在严格控制下升级的动力与能力都在减弱，无法克服升级的重重阻力。

三、重构全球价值链

全球价值链在受到技术创新冲击时会被重构。与制度、机制、体制、管理、政策、组织、市场等软创新相对应，技术是驱动全球价值链重构的硬创新。物联网、大数据、云计算等新一代信息技术的变革促进了生产模式的标准化、模块化和柔性化发展，使得价值链各环节离散的同时也更加机动灵活，传统价值链迎来再造链条环节新机遇的同时，也在遭遇全球价值链重构的严重冲击。

重构的驱动者可以是链主，也可以是嵌入者。从链主的角度来看，全球价值链的重构实际上是一种链条的修缮。王宏强（2016）认为主导企业的重构并非是创立新链条，而是其为适应外部环境的变化而对原有链条的战略环节所进行的组织和空间上的重新定位、调整和更换，以获得有别于竞争对手的独特竞争优势，进而形成新盈利模式。链主的重构是否成功以及竞争优势的实现，很大程度上取决于其信息交换、物流集散、资金周转等方面的协调能力。面对新一轮技术创新和产业升级，链主必然会对全球价值链进行新一轮的调整和重塑。发达国家的全球价值链重构，可以通过产品持续创新和品牌优势发挥继续牢牢控制价值链的两端，也可以利用数字化和智能化的现代制造技术提高其国内的生产效率，实现制造业回流①，使得制造业重心再次向发达国家偏移，出现微笑曲线的整体移动或是形成新式的"沉默曲线"或者"悲伤曲线"②。从嵌入者来看，重构是价值链攀升后的主导，尽管受到链主的打压，但只要持续学习、消化吸收以及再创新，培育自有品牌，集成零部件配套，打造营销中心和物流中心，把握全球价值链调整的机遇期，就可以在新的价值链中占据中高端地位，继而成为链主。全球价值链的新一轮调整和重塑，不仅对发达国家是一种机遇，对发展中国家也是一个机会，应以生产制造环节为核心，将被高度片段化分割的生产体系通过产业互联网融为一体，逆向整合制造业价值链，减轻发展对资源的高度路径依赖，促进传统发展模式转型，打破"资源诅咒"和改变我国制造业在全球价值链中的被动角色，由"被动嵌

---

① 制造业回流由美国提出。美国因在全球价值链中处于主导地位而攫取了大部分的贸易剩余，但是，大量的制造业外包也逐渐削弱了美国制造业的基础地位，制造岗位的大幅减少使得中低层利益受损，美国制造业全面萎缩的同时金融服务业却高度发达，也使得实体经济循环出现失调和不畅。美国不断出台工业化措施，如制造业回归复兴、制造业出口倍增计划等，旨在将制造业外包业务减少，使制造业投资重新回到美国。

② 与微笑曲线的正 U 型曲线恰好相反，沉默曲线和悲伤曲线呈现为倒 U 型，二者主要是弯曲程度不同，悲伤曲线较之沉默曲线更为陡峭。"沉默"或"悲伤"的用词主要是从发展中国家视角去看待发达国家的制造业回流给其带来的负面影响。该曲线若单纯看成是制造环节的高价值附加表现，一般以"武藏曲线"来命名。

入"转为"逆向整合",并借助外部环境的改变,如全球电子商务发展、"一带一路"建设等,来占据新全球价值链主导位置,进而将原来价值链底端的制造环节向上提升,甚至将制造环节变成价值高地,并在国内构建区域价值链,建立更加有效的区域协调发展新机制。

第三章

全球价值链视角的我国外贸发展

我国外贸经历过古丝绸之路的辉煌，也遭受过近现代受剥削不平等的时期。中华人民共和国的成立结束了旧中国外贸的屈辱史，在独立自主的社会主义对外经贸制度下，我国积极寻求与世界各国发展经贸关系，促进了外贸的快速发展，特别是改革开放以来，我国外贸增速、规模、质量、水平都在显著提升，外贸已成为国民经济的重要组成部分，与投资、消费共同被称作决定我国经济增长的"三驾马车"。然而从全球价值链角度来看，我国外贸在促进中国经济不断融入全球经济的同时，也存在各种隐忧。以全球价值链来审视我国的外贸发展，基本可以把我国外贸分为游离于全球价值链、参与全球价值链、嵌入全球价值链和变革全球价值链四个阶段。

第一节 中华人民共和国成立初期外贸

从中华人民共和国成立到开始改革开放（1949～1978年），我国外贸虽几经曲折但能够不断向前发展，为国民经济的恢复和发展发挥了应有的作用，但该时期采取进口替代战略，对国外产品设置了高额进口关税和其他非关税壁垒，外贸仅仅是我国调剂余缺的一个窗口，与其他国家的联系并不紧密，处于全球价值链的游离状态。

一、高度集中统一的外贸体制

将对内进行资本节制与对外进行贸易统制作为一项基本政策确立于 1949 年 3 月的中共七届二中全会，一方面有利于摧毁帝国主义在华特权及其对我国外经贸的控制，逐步对私营进出口商进行社会主义改造，另一方面有利于确定"独立自主、集中统一"的外贸工作原则和方针，通过一系列举措，建立起高度集中统一、政企合一的外贸体制。中华人民共和国成立后，国家统一的社会主义外贸管理体制逐步形成。1949 年 10 月，我国设立中央贸易部，外贸由下设的对外贸易司进行管理。1952 年 9 月，为集中领导和统一管理全国外贸，对外贸易部得以专门设立，负责颁布外贸法令法规，制定具体规定和实施办法[①]。从 1950 年起，以行业划分的国营外贸公司先后成立，如中国轻工业进出口公司、中国纺织进出口公司、中国粮油食品进出口公司等，各省（市）也开始设立其贸易公司，如中国（福建）对外贸易中心集团有限责任公司的前身是福建省外贸总公司。这些国营外贸公司统一经营对外贸易，包括对社会主义国家的全部贸易和对资本主义国家的重要物资贸易[②]。

1956 年，在资本主义工商业的社会主义改造大潮中，外贸私营进出口迅速实现公私合营，完成生产资料所有制的社会主义改造。从 1957 年开始，为适应国民经济转入计划经济，我国对外贸易的经营和管理由中华人民共和国初期的国家统制对外贸易政策，转变成国家实行指令性计划管理，由国营外贸公司集中统一经营所有进出口业务，实行出口收购制和进口拨交制的高度集中对外贸易体制[③]。1957 年春，为打破封锁和增加外汇，我国决定在广州举办出口商品交易会，从 1957 年秋开始的第一届中国（广州）出口商品交易会成为我国对外贸易的重要窗口。在此阶段，

---

①　盛斌，魏方. 新中国对外贸易发展 70 年：回顾与展望［J］. 财贸经济，2019（10）：34 – 35.
②　刘英. 1949 – 1978 年中国进口替代政策研究［D］. 北京：北京工商大学，2009：11 – 12.
③　缪德刚. 1979 – 2005 年中国外贸体制改革研究［D］. 贵阳：贵州财经学院，2010：10.

我国实行进出口经营权审批制度，有进出口经营权的大多是国营外贸公司，能够集中力量办大事，代表国家的国际形象和贸易水平，保护缺少经验的中国企业不在海外吃亏，帮助更多中小企业参与国际贸易。直到 20 世纪 70 年代末开始改革开放，进出口经营权才下放到省级政府进行审批；2001 年加入世界贸易组织后，由于对外开放的需要，我国开始逐步放开进出口经营权；2004 年的新《外贸法》正式将进出口经营权的"审批制"改为"备案制"，外贸审批制彻底退出历史舞台。

二、有限的对外贸易关系

20 世纪 50 年代，西方资本主义国家普遍对我国实行封锁禁运，为打破僵局，我国积极与苏联、东欧等社会主义国家和日本、西欧等对华友好国家开展对外贸易和经济合作。这期间，我国从苏联和东欧国家引进了 156 个重点建设项目，主要涉及钢铁、石油、化工、机械、电力、煤炭等重工业行业，利用贸易的外汇收入和苏联的政府贷款引进成套设备和技术，建设了一批重点企业，初步打下了工业化基础[①]。为增加外汇收入，我国不断拓展与各方的贸易，与亚非民族独立国家建立贸易关系，积极扩大对港澳地区的出口贸易和转口贸易，促进与瑞士、瑞典、丹麦、芬兰、日本等国家的民间贸易，并以民促官，推动官方贸易的开展[②]。

1960 年，中苏关系恶化，导致我国与苏联以及东欧国家之间的贸易也急剧下降，新中国外贸遭遇第一次大曲折。为扭转局面，我国将外贸主要对象转向西方资本主义国家，几经努力，同日本和西欧的贸易有了突破性进展，如 20 世纪 60 年代的中日贸易已从 50 年代的民间活动转入官方友好贸易和备忘录贸易；1964 年的中法建交不仅促进了中法贸易关系发展，也带动了西欧很多国家开展对华贸易。至 1965 年，与我国建立贸易关系的国家（地区）已有 100 多个，其中，与西方国家的贸易额占总贸

---

① 李俊. 中国对外经贸 70 年历程、贡献与经验 [J]. 国际贸易，2019（09）：15.
② 李钢. 新中国外经贸发展六十年（1949－2009）[J]. 对外经贸实务，2009（10）：4.

易额的 52.8%，远远高于 50 年代的水平，如 1957 年占比仅有 17.9%[①]。西方国家对我国引进成套设备给予优惠条件，如出口信贷、延期付款等，20 世纪 60 年代我国从日、英、法、德、瑞典、意大利、奥地利等国进口的成套设备价值 3 亿多美元，对当时的国民经济发展起到了较大的辅助作用。

　　1966 年开始的"文化大革命"不仅打乱了社会主义建设的进程，也对我国外贸造成严重干扰和破坏，直到 70 年代国际环境发生有利于我国的变化，我国外贸才开始逐渐好转[②]。1971 年，我国在联合国的合法席位得以恢复。1972 年，"乒乓外交"促成美国总统尼克松访华，发表《中美联合公报》，两国贸易关系在正式建立外交关系前率先恢复。之后，西方国家纷纷与我国建立或者升格外交关系，如中日邦交正常化、中国与欧共体正式建交等，我国外交的重大进展使得对外贸易的国际环境也得到明显改善。1976 年之后，"四人帮"的粉碎，国内混乱局面得以恢复，我国对外贸易也得到全面恢复和持续快速发展。

三、起伏不定的外贸成就

　　20 世纪 50 年代，我国同社会主义国家的贸易占主导地位，其贸易额 1951 年占全国外贸总额的 52.9%，其他年份都在 70% 以上，其中，与苏联的贸易额占比约为 50%[③]。1950 年，我国 11.35 亿美元的对外贸易总额中进口和出口分别为 5.83 亿美元和 5.52 亿美元，这种入超局面从 1956 年起才得到扭转。1957 年，我国进出口总额比 1950 年增长了 1.73 倍，达到 31.03 亿美元，平均年增 15.4%，占世界进出口贸易额的比重为 1.85%，较之于 1950 年 0.91% 的占比有了较大提高。受"大跃进"影响，我国外贸也开始大出大进，追求高增长率，1958 年和 1959 年的进出口贸易总额分别为 38.71 亿美元和 43.81 亿美元，较之于 1957 年，分别增长了 24.8% 和 41.2%。"一五"计划后，我国工业迅速发展，尽管出

　　① 王瑄. 一万亿，我们共同走过 [N]. 中国商报，2004 - 01 - 13.
　　②③ 李小年. 新中国 60 年外经贸法制建设的辉煌成就 [J]. 国际经贸探索，2009（10）：9 - 10.

口商品结构已有较大改变，初级产品的出口比重一直都较高，直到 20 世纪 70 年代，仍在 50% 以上。

自 1960 年开始，我国外贸进出口总额连续 3 年下降，1962 年为 26.63 亿美元，比 1959 年减少了 39.2%，大体退回 1954 年的水平。在此之后，随着我国与日本和西欧的贸易关系改善，我国 1963~1965 年的对外贸易迅速回升，1965 年达到 42.45 亿美元，比 1962 年增长了 59%，年均增长 16.8%。但是，受到"文化大革命"的影响，自 1967 年起，我国对外贸易又开始连续 3 年出现停滞和下降的情况，较之于 1965 年，1969 年的进出口总额下降了 12.7%，仅有 40.3 亿美元[①]。

从 1970 年开始，我国外贸逐渐转好。1973 年，我国进出口贸易总额达到 109.7 亿美元，已超百亿美元大关，之后连年上升，邓小平主持工作的 1975 年进出口总额达到 147.51 亿美元，比 1969 年增长了 2.7 倍。之后受"批邓、反击右倾翻案风"运动的影响，我国外贸再度出现回落，1976 年的进出口贸易总额同比下降了 8.9%，世界主要贸易国家排名降至第 34 位。1978 年，我国开始实行改革开放政策，外贸得以快速发展，该年进出口贸易总额达到 206.38 亿美元，其中，出口和进口分别为 97.45 亿美元和 108.93 亿美元，出口贸易规模还有待进一步提高。

四、全球价值链的世界发展

全球价值链是经济全球化的产物，美国在其中起到重要的推动作用。1944 年，布雷顿森林体系确立，美国凭借美元的国际货币地位和固定汇率制度推动各国进行互惠开放。1947 年，关税和贸易总协定建立，美国又推动以最惠国待遇为基础的多边贸易体系的形成，国际贸易获得了空前发展，成为世界经济增长的重要引擎。受美元资本全球流动和美国国内产业升级的影响，劳动密集型产业经由跨国公司开始从美国向外转移。跨国公司是全球价值链的组织者和集成者，其通过公司内贸易主导和控制全球

---

① 根据《中国统计年鉴》历年进出口数据分析而得。

生产和贸易网络，搭建起全球价值链体系，各国生产要素与生产能力被整合成全球价值链的创造节点。自 20 世纪 50 年代以来，跨国公司规模和数量都取得了显著增长，获得了长足发展。联合国跨国公司中心的统计数据显示，到 20 世纪 60 年代后期，西方发达国家 7 276 家跨国公司控制有27 300 家国外子公司和分支机构。20 世纪 70 年代以前，跨国公司主要在发达国家进行对外投资，还未实现全球化投资。20 世纪 70 年代，发达国家的能源危机促进了这些国家产业结构的深度调整，发达国家开始将低技术含量的劳动密集型制造业转移至亚洲，从而围绕产品制造形成全球分工格局。跨国投资、技术合作和合同制造推动制造业跨国转移和生产全球化发展，跨国公司一体化全球战略和内部化生产网络形成，为全球价值链的形成和发展打下坚实基础，全球价值链开始成为经济全球化的突出表现。从本质而言，全球价值链的形成与发展是世界经济深入发展的必然结果。在贸易和投资的双重作用下，国际分工从垂直分工到水平分工再到全球价值链分工，国际交换从产业间贸易到产业内贸易再到产品内贸易，国际分工与国际交换出现的深刻变化促成产品技术与生产在分离不同的地理空间实现高效的组合。

五、全球价值链的我国游离状态

经历多年的战乱，中华人民共和国成立初期，百废待兴，我们立志改变近代"闭关锁国"的惨痛局面，需要在"一穷二白"的基础上建立起完整的工业体系。我国的工业体系建设仿造当时苏联的做法，集中全部力量优先发展军工业和重工业等基础工业。这些基础工业建设需要大量引进国外先进设备、技术和关键材料等，对外汇的需求十分强烈，但是，当时我国能够出口的商品十分有限，为了创汇，即使出口有亏本，也会受到鼓励。根据我国国情以及借鉴的苏联经验，我国对外贸进行高度、集中、统一的经营与管理，统一收支和统负盈亏①。当时的外贸功能主要是互通有

---

① 冼国义. 30 年来我国涉外经济发展 [J]. 经济研究参考，2008 (51)：11.

无、调剂余缺，只是社会主义扩大再生产的补充手段，还没有全球价值链的思维意识存在。

当时我国不仅在贸易上依赖苏联及东欧国家，利用外资上也是如此。1970年前，我国引进外资所采用的方式主要是向苏联贷款，以及建立合营公司，接受苏联对我国在经验、技术、资金上的援助。在与苏联关系恶化之后，我国接受外国投资的方式主要是吸收侨汇和鼓励华侨投资，按照国籍、系统、行业情况对外资企业进行分别对待，并没有积极开放吸收来自发达国家的投资①。而此时的很多国家则在积极融入全球价值链，特别是东亚地区。先是中国香港、中国台湾、新加坡和韩国大量承接西方发达国家的产业转移，曾创造了东亚经济增长的奇迹。接着，新加坡、印度尼西亚、马来西亚、泰国、菲律宾五国在1967年组建东南亚国家联盟（简称"东盟"），取代马来西亚、泰国和菲律宾1961年成立的东南亚联盟，之后的印度尼西亚、马来西亚、泰国、菲律宾因经济增长被誉为"亚洲四小虎"。可以说，在此阶段，我国并没有进入以跨国公司投资而搭建的产品内贸易和工序分工体系，从而游离于全球价值链之外。

第二节　参与全球价值链的改革开放前期外贸

改革开放前期主要从1978年我国实行改革开放政策到2001年我国加入世界贸易组织，这一时期我国外贸发展战略逐步由进口替代转向出口导向。这一时期可以细分为两个阶段，第一阶段从1978～1992年，以中共十一届三中全会做出实行改革开放伟大决策和中共十四大提出建立社会主义市场经济体制为标志；第二阶段从1993～2001年，以中共十四届三中全会总体规划社会主义市场经济体制和我国加入世界贸易组织为标志。我

---

① 刘建丽. 新中国利用外资70年：历程效立与主要经验［J］. 管理世界，2019（11）：20－21.

国外贸改革高度集中的外贸体制，下放进出口经营权，积极引进外来资金、技术与管理经验，建立现代企业制度，培育国内制造能力，并增开外贸口岸，开拓外贸渠道，参与到全球经济大循环之中。

一、贸易自由化的推行

1978 年党的十一届三中全会以后，我国原有外贸体制发生重大改革，不再是政府指令性计划的直接管理方式，而是转向以市场调节为主使用经济手段进行间接调控的外贸管理方式，主要采取的间接调控手段有利率、汇率、出口退税、出口信贷等。与开放之初"以出养进"[1] 的创汇政策不同，这一时期我国重点鼓励出口创汇以及确立我国劳动密集型产品在国际分工的比较优势，受古典重商主义影响形成了特有的倾向于贸易自由化的过渡性贸易保护政策。在此期间，我国外贸取得了长足发展，进出口贸易总额从 1978 年的 206.4 亿美元增长至 2001 年的 5 097.7 亿美元，国际市场份额从不足 1% 增长至 3.8%，从世界的第 32 位上升至第 6 位[2]。其中，第二阶段（1990~2000）确立了社会主义市场经济的主体地位，外贸发展更为迅猛。在 1978~1990 年间，我国的对外贸易额由 281.4 亿美元上升到了 1 154.4 亿美元；在 1990~2000 年间，则由 1 154.4 亿美元上升至 4 742.9 亿美元，进出口贸易规模不断超越 2 000 亿美元大关、3 000 亿美元大关、4 000 亿美元大关和 5 000 亿美元大关。至 2001 年，我国出口创汇成绩斐然，外汇储备已达 2 121 亿美元，较之 1992 年的不足 200 亿美元，已经增长了 10 多倍。

改革开放初期到 20 世纪 90 年代初，我国倡导开放型贸易保护政策，在国家统治下实行动态有条件的贸易保护措施，主要有关税制度、出口许可证制度、外汇管制、国营贸易、分类经营等，继续走工业化发展道路，

---

[1]　国家统计局综合司. 新中国成立 60 年对外贸易取得飞速发展改革开放 30 年经济建设取得辉煌成就 [J]. 中国经贸，2009（10）：19.

[2]　来自历年国家统计年鉴的进出口贸易额。

贸易结构以进口资本技术密集型产品和出口劳动密集型产品为显著特点，引进大批工业项目和先进技术设备，建立劳动密集型产品的出口生产体系，并鼓励和扶持一批外贸企业促进产品的出口[①]。进入 90 年代，我国提出外向型发展和国际大循环战略。党的十四大之后，我国对原有高度集中的国家统一经营、统负盈亏的经营体制实行了大刀阔斧的改革，以 1994 年 1 月国务院发布的《关于进一步深化对外贸易体制改革的决定》和 1994 年 5 月颁布的第一部《对外贸易法》为重要标志。改革内容主要包括：一是改革原有集中统制的外贸体制，下放部分外贸经营权；二是国有外贸企业进行承包经营责任制改革，进行现代企业制度改造，可以工贸结合；三是取消出口财政补贴，推行外贸企业自负盈亏；四是大部分专业外贸进出口公司的省市分公司与总公司进行脱钩，核定地方外贸和外贸总公司的出口收汇额度、上缴外汇比例和经济效益质保；五是外汇留成比例全国统一以大类商品区分，促进企业平等竞争。与此同时，一系列的配套措施为外贸企业自主经营创造了外部环境，为外贸市场化改革奠定基础。一是官方汇率与市场汇率进行并轨，实行单一的、有管理的浮动汇率制，人民币在经常项目下可自由兑换；二是取消外汇留成，实行统一的银行结售汇制；三是调整与完善出口退税和出口信贷政策；四是成立国家进出口银行，设立发展基金和风险基金，专门扶持企业的对外出口，大力发展加工贸易等；五是积极削减进口关税，1992 年初平均 42% 的进口关税到 1997 年底已降至 17% 左右，减少和取消非关税壁垒，如配额和进口限制等。

二、经济园区的设立

我国建设有各类经济园区，如经济特区、经济技术开发区、高新技术开发区、保税区、出口加工区等。这些经济园区成为我国提升企业生产率和扩大对外开放的重要载体。我国经济园区的设立经历了三个阶段。第一个阶段是经济园区关键点的设立，1980 年，我国在毗邻香港的深圳、毗

---

① 谢娟娟. 后危机时代我国对外贸易政策取向探索［J］. 国际经济合作，2009（12）：15.

邻澳门的珠海、与中国台湾隔海相往的厦门、著名侨乡的汕头设立经济特区。第二阶段是经济园区连点成线，1984 年，我国从北到南设立大连、秦皇岛、天津、烟台、青岛、连云港、南通、上海、宁波、温州、福州、广州、湛江和北海 14 个城市为沿海港口开放城市，随后不久，11 个国家级经济开发区均设在沿海港口开放城市（除上海、温州、北海之外）；1991 年，我国设立上海外高桥、深圳福田、深圳沙头角、天津港 4 个保税区。第三阶段是经济园区扩展成面。到 1992 年，我国设立的经济特区已达 6 个（原先 4 个经济特区再加海南和上海浦东），国家级经济开发区、高新技术产业园区和保税区分别有 54 个、53 个和 15 个。经济园区都有类似的政策设计，如园区允许外商独资企业及其子公司入驻、引进的外国公司享受"三免两减半"（有营业所得的前三年免征企业所得税，之后两年所得税减半征收，国内企业所得税税率 35%，减半征收为 17%）的税收优惠，这项超国民待遇的外资优惠政策持续有近三十年，直到 2008 年，内外资所得税才统一为 25%[①]。

三、加工贸易的发展

加工贸易进出两头均在外，赚取的是加工费，可以充分利用我国的劳动力和工业基础优势，也能够弥补我国资金、原材料、设计、工艺、技术、设备等的不足，在贸易管制和数量限制的外部环境下能够享有准自由贸易安排，可以充分发挥港澳台的开放窗口作用，也能够顺利开展对外招商引资，对刚刚实行改革开放的国家而言意义重大。为促进加工贸易的发展，我国不断出台相关的政策，如 1978 年，国务院发布《开展对外加工装配业务试行办法》；1979 年国务院发布《开展对外加工装配和中小型补偿贸易方法》和《以进养出试行办法》；1980 年，国务院批示《广东、福建两省会议纪要》，对加工贸易实行特殊的海关监管政策；1988 年，海关总署发布《进料加工进出口货物管理办法》，从国家制度层面正式确立

---

① 余森杰．改革开放四十年中国对外贸易奇迹成就与路径［J］．国际贸易，2018（12）：5.

加工贸易保税制度；1989 年，外经贸部发布《关于加强进料加工复出口管理工作的通知》，鼓励"大进大出、两头在外"，进一步减少对加工贸易的范围和监管限制。1988 年加工贸易保税制度确立时，我国加工贸易额占进出口总额的 1/4，到 1992 年已达到 43%。1992～2000 年，我国加工贸易监管力度加大，利用加工贸易走私骗税等管理相对滞后的问题得以解决，加工贸易实现稳步增长。1995 年，加工贸易额已占进出口总额的 1/2，加工贸易成为我国外贸的"半壁江山"，之后加工贸易实现稳定增长，超过一般贸易，成为我国主要的贸易方式。事实上，我国监管的加工贸易种类超过 16 种，以来料加工和进料加工最为重要。来料加工要求较为严格，需要加工企业将加工的最终产品返销给提供中间品的外国公司，在 20 世纪 80 年代最受欢迎。随着越来越多西方跨国公司直接转移成熟技术与制造工序到中国，进料加工具有较大的自主性，可以将最终产品出售给其他外国公司，进料加工更受外资企业欢迎，从 80 年代后期变得更为重要，并逐步成为我国加工贸易的主导方式。

四、引资大幕的拉起

作为改革开放总设计师的邓小平，1979 年 1 月 17 日在人民大会堂福建厅与工商界人士"五老"（荣毅仁、周叔弢、胡厥文、胡子昂、古耕虞）座谈中说道："先搞建设，门路要多一些，可以利用外国的资金和技术，华侨、华裔也可以回来办工厂。①"为引入外资提供法律依据，1979 年 7 月，《中外合资经营企业法》率先获得通过并颁布实施，之后，《外资企业法》《中外合作经营企业法》以及实施条例、细则等也陆续出台。外经贸部受国务院委托颁布的 1984 年的《关于在国外和港澳地区举办非贸易性合资经营企业审批权限和原则的通知》和 1985 年的《关于在境外开办非贸易型企业的审批程序和管理办法的试行规定》标志着从原先的个

---

① 《邓小平文选》第 2 卷以《搞建设要利用外资和发挥原工商业者的作用》为标题收入。引自丁晓平. 邓小平点将荣毅红［J］. 党史博览，2018（11）：34.

案审批开始向规范程序化审批转变。1986 年 10 月，国务院发布的《关于鼓励外商投资的规定》，对外商投资企业的政策优惠进行进一步明确，保障其能够以国际通行做法在中国进行经营管理，涉及土地、水电、用工费用、进出口配额、关税减免、所得税、外汇调剂、利润汇出等，对先进技术企业和出口企业更为优惠。20 世纪 80 年代中后期，这些政策措施的出台和全面施行有力地促进了我国沿海地区外商直接投资的迅速增长，以市场换资金、技术和管理的引资大幕被拉开。1992 年初邓小平视察南方时发表的谈话彻底打消了当时人们的顾虑，大胆利用外资的信心更加坚定，引资出现前所未有的高潮。

这一时期，约 60 万家外资企业进入我国，我国吸引外资约达 7 000 亿美元。这些外资企业主要来自东亚国家或地区，也有欧美发达国家的企业，普遍分布在我国沿海地区，主要从事加工贸易，利用我国廉价劳动力加工制造劳动密集型产品，并销往国际市场，也有部分高技术产品，但转移至国内的生产流程与技术一般属于高技术产品的低附加值部分。外资企业在我国加工贸易中所占比重不断上升，外资企业出口额 1994 年首超内资企业，占总出口比重达到 56.1%，之后一直保持领先地位，在我国加工贸易中占据重要的主体地位。

五、全球价值链我国的积极参与

全球价值链在近代国际贸易中已初具雏形，如英国从殖民地进口原料，加工生产工业品，再销往全球各地。全球价值链从 20 世纪 90 年代到 2008 年金融危机之前的发展最为迅猛，究其原因，与信息、通信、交通等领域的技术进步，世界各国贸易壁垒的普遍降低，以及吸引外资企业延伸生产流程至境内有很大关系。随着全球价值链分工体系的不断深入，跨国公司全球配置资源能力不断持续增强，将不同国家（地区）嵌入模块化和标准化的不同生产工序（阶段或环节），并进行国际管理。每个国家（地区）承担全球价值链体系的不同国际分工，共同组成紧密的世界经济体。与此同时，贸易不再仅仅是商品的货物运输，也与劳动力素质、公共基础设施、知识产权等产生密切关系，全球价值链的复杂程度也因贸易与投资、服务、技术扩散的高度连接日益提高。

我国对外开放恰逢发达国家启动全球化进程以及跨国公司全球转移产能，凭借劳动力、土地等要素禀赋和基础设施的比较优势，我国为跨国企业进行代工生产。沿海地区众多民营中小企业如雨后春笋般诞生，与西方国家不同，这些企业一开始就是接外单做外贸，进出口服务外包的需求骤增。这些企业主要从事劳动密集的低技术产业，如玩具、服装、电子等，很多都是赚取代工费用，并没有自己的品牌，能够进入的只是全球价值链的低端加工制造环节。尽管我国在全球价值链的获益较少，大部分价值增值被海外拿去，但靠着土地、人工优势，我国企业赚取的加工费换回了当时较为稀缺的外汇，支援了国内建设，出口导向的外贸政策还是为经济发展注入了相当的活力，我国产业配套也日趋完善，逐渐成为"世界工厂"，实现了在商品、服务、人员、信息、资金等各个方面与更多国家的双向互动。随着我国贸易和投资的迅速增长，我国产业也在逐步融入世界分工体系之中。

第三节　嵌入全球价值链的入世后外贸

我国的对外开放从 2001 年加入世界贸易组织开始进入新阶段，直到 2008 年全球金融危机爆发，这段时期，我国融入经济全球化的进程不断加深，已稳固嵌入全球价值链。

一、入世承诺的履行

世界贸易组织（WTO）的前身是 1947 年的关贸总协定，我国于 1986

年就已开始申请加入。1995 年 1 月 1 日，世界贸易组织替代关贸总协定开始正式运作，我国继续申请加入，之后历经 15 年的多轮谈判，最终于 2001 年加入该组织，成为世界贸易组织的第 143 个成员。从 2002 年 1 月 1 日起，我国正式开始履行 WTO 项下的各项义务，积极促进国内相关制度的改革。一是构建了较为完整的对外经贸法律体系，我国对不符合世界贸易组织规则的法律法规和部门规章坚决予以废止，共集中清理有 2 300 多部，并按照加入世界贸易组织时所承诺的对现有法律法规进行修订，建立新的包括《对外贸易法》《货物进出口管理条例》、配套部门规章在内的三级法律框架体系，健全贸易促进、贸易救济、知识产权保护等涉外法规体系，规范货物进出口管理，实现外贸政策的统一和透明。二是履行降低关税和削减非关税措施的入世承诺，在加入世界贸易组织的 5 年过渡期内，我国逐步降低进口商品的关税总水平，从 2001 年的 15.3% 已降至 2005 年的 9.9%，已执行完毕绝大多数的关税削减承诺，这一时期其他国家对中国进口的关税也从 7.7% 降至 6.9%，与此同时，我国对外资企业实行国民待遇原则，实施有管理的自由化贸易政策（关税、反倾销、反补贴、反垄断、保障、政府采购等），相对较低的保护与温和的出口鼓励。三是全面放开外贸经营权，2004 年新《对外贸易法》将外贸经营权的审批制改为备案登记制，自 2004 年 7 月起，包括国有企业、外商投资企业、民营企业等在内的所有外贸经营者均可依法从事对外贸易，多元化的外贸经营格局和中介服务体系形成，进一步拓宽了外贸经营领域和渠道。四是扩大国内市场的开放，为适应国民经济结构调整和加入世界贸易组织的新形势，我国不断修订和出台外商投资的相关政策性规定和指导性目录，放宽外商投资领域，减少外商投资障碍，加强外商投资保护，放松外商投资管制，减少政府干预，如 2002 年的《指导外商投资方向的规定》和《外商投资产业指导目录》，2003 年的《鼓励外商投资高新技术产品目录》，2004 年 7 月的《中西部地区外商投资优势产业目录》等。2005 年，《关于实施〈促进产业结构调整暂行规定〉的决定》和《产业结构调整指导目录》对投资项目进行分类对待，分别为鼓励类投资、允许类投资、限制类投资和淘汰类投资，逐渐将国内市场开放从制造业扩展至服务业，外商可以获得金融、电信、旅游、教育、分销、物流、建筑等更多服务行业的市场准入机会[①]。

二、入世带给我国的红利

"十五"期间，我国出口年均增长24%，进口年均增长23.7%。1978年，我国进出口贸易总额仅有206.4亿美元，世界贸易排名第32位，2004年突破1万亿美元大关，达到11 547.4亿美元，排名升至第3位，仅次于美国和德国。作为改革开放30年重要节点的2007年，我国进出口贸易总额达到21 737亿美元，与1978年相比，增长了104倍。2008年，尽管受金融危机的影响，进出口贸易总额仍达到25 632.6亿美元，是2001年入世时进出口贸易总额的5倍[②]。

中国加入世界贸易组织给我国经济发展带来巨大利益，我国经济增长中WTO的贡献率能够达到20%～30%。尽管自2004年开始，我国的劳动力成本在快速提高，人口红利在迅速缩小，劳动密集型产品不再具有明显的比较优势，一些海外市场开始被越南、孟加拉国等所取代，但是，加入世界贸易组织使得我国与世界多国的贸易规模不断扩大，有利于降低工业企业的固定成本，保证利润稳步增长，从而巩固中国制造的世界工厂地位。倘若没有加入世界贸易组织，仅凭我国发挥受限的比较优势和鼓励外向型发展的政策手段去拓展国际市场空间，仍会有所发展，但从大概率上来看不会取得世界贸易大国地位。与此同时，我国加入世界贸易组织也给全世界带来福祉，我国大量廉价的进口品能够显著降低其他贸易国的物价水平，实际提高了其真实收入水平。

随着多年来经济贸易的持续发展，我国资本和技术的稀缺状况已有很大改善，不仅资本充足，相当一部分资本也开始"走出去"。2002年，党

---

① 柴非. 贸易政策的变化及其对贸易流量的影响 [J]. 世界经济研究，2008（07）：9.
② 数据来源：《国家统计年鉴2009》。

的十六大报告提出，坚持"引进来"和"走出去"相结合，"走出去"正式被写进报告，对外开放水平进入全面提高阶段，我国企业被鼓励向海外进行直接投资，向世界级公司和品牌发展。2004 年 10 月，《境外投资项目核准暂行管理办法》由国家发改委发布，改境外投资审批制为核准制，政府主要为境外投资提供指导、支持和服务，更多审批权下放给地方政府，由企业根据商业需要进行投资决策，外汇管理局也放松对外汇的控制，有力地促进了投资"走出去"。在这一阶段，大批企业积极尝试对外投资，我国部分企业在低端技术市场上开始成为具有比较优势的竞争者。对外投资也带动了相关的商品和劳务出口，促进了国际品牌和跨国企业的产生和发展，我国开始成为全球产业链和价值链的重要组成部分。

三、全球价值链时代的到来

21 世纪以来，相同产业不同产品之间、相同产品不同工序之间、相同产品不同增值环节之间的多层次国际分工愈发明显，价值链、产业链和供应链的全球化发展对国际贸易和国际投资产生深远影响，突出表现就是中间产品贸易增多，跨国投资、服务贸易成为全球化生产网络运转的核心驱动力量，全球市场依存度日益加深，"全球制造"成为新的大趋势。全球价值链中，各国的位置取决于其专业化深度、竞争力和比较优势，不仅体现在贸易量的大小上，也体现在其创造与获取全球价值的程度上。在全球价值链时代，各国产业结构的关联性和依存度大大提高，经济发展愈发依赖于通过与其他国家的互联互动来实现其在全球价值链中的动态调整与升级，从而获得资源有效整合、要素优化配置和全要素生产率提高所带来的红利。

但也不可否认，参与全球价值链，并不能完全保证一国获益，任何国家都不可能自然地实现全球价值链攀升，有的国家甚至可能深陷低附加值的陷阱。从表面上看，全球价值链条件下的国际分工深化能够让各国通过参与跨国公司的全球生产获得经济增长，事实上却并不是那么乐观。实践证明，若一国（地区）仅能从全球价值链增值中获得较少份额，那么全球价值链对该国经济发展的贡献就十分有限；若全球价值链的外溢效应过低，则全球价值链对该国的产业升级和技术进步作用也不显著。特别是发展中国家，在全球价值链中，可以获得承接发达国家产业转移进而快速融入全球生产体系的机会，一定程度上能够促进该国外贸繁荣和产业发展，但主导全球价值链的是发达国家的跨国公司，掌握全球价值链中附加值较高的环节，包括研发设计、产品标准、技术规范、市场营销、品牌运作等，一定程度上决定全球生产和交换的利益分配。发展中国家及其企业在国际分工中更多地扮演着跟随者与执行者的角色，再加上科技水平相对较低，嵌入全球价值链往往被被锁定在附加值较低的环节。

四、全球价值链的我国深度嵌入

尽管我国已经成为制造大国，但是我国大多数制造企业还处于全球价值链的低端位置，这可从苹果手机（iPhone）的我国生产获利分成中窥见一斑。在 iPhone 的全球化生产中，关键技术含量较高与资本密集型零部件的生产和供应大多来自国外厂商，我国更多地承担了劳动力密集部分的组装生产。这并不能为中国企业带来丰厚的利润回报，原因在于富士康等中国企业的劳动力成本廉价且具有替代性，跨国公司不会给予太高的利润回报对其进行维护，导致我国所获得的代工费用十分微薄。

我国的嵌入随着发展逐步深入，一是西方发达国家通过跨国公司在华直接投资与加工贸易的发展俘获和控制我国企业，将我国产业锁定在低端生产链，我国在全球价值链的研发环节少有成就，基本上是西方发达国家控制全球价值链的核心增值部分和最关键部位；二是我国东部地区先加入全球分工体系，经济增长的动力不断积累，但是并没有实现从低级化向高级化的转化和国内产业链条从东部向中西部转移，导致我国区域间的产业协调联动性较低，无法深化国内的产业分工；三是在全球价值链分工条件下，我国企业自主进行创新发展的难度很大，一方面是因为面对的市场障碍较多以及人才竞争激烈，另一方面直接进口高质量和高技术的中间投入品较为容易，使得我国企业对优质中间品进行自主创新的动力不足；四是我国产品在全球价值链增值环节的技术含量一直很低，且进入门槛较低，存在激烈的国际竞争，更多发展中国家试图也以劳动和资源优势来挤占我国所嵌入的位置，我国企业更多地是以保住现有全球价值链的位置为目标。作为一个发展中大国，我国长期处于全球价值链分工的低端，必然不利于我国产业的升级。

第四节　变革全球价值链的金融危机后外贸

2008 年的全球金融危机使得我国外需疲软，再加上进入 21 世纪以来，我国劳动力成本上升，人口红利下降，以劳动密集型产品出口为主要特征的出口导向型发展模式受到很大挑战。自 2008 年以来，我国积极设立自由贸易试验区，试点新经济体制改革，努力提升产品质量和技术含量，同时继续降低关税来推进贸易自由化，促进开放型经济的更大发展。这一阶段我国外贸发展模式主要为质的"集约式"开放，出口导向型的国家外贸发展战略开始转为贸易自由化战略。

一、危机后的我国外贸发展

（一）危机后的外贸整体状况

2008 年，全球金融危机爆发，国际贸易发展受到巨大冲击，危机后的世界经济步入深度调整与结构再平衡状态，全球贸易增长持续低迷。我国外贸受影响程度小于西方发达国家，外贸进出口仍在稳步增长。从历年 WTO 公布的进出口贸易统计数据来看，2009 年，我国超越德国成为世界第一大出口国；2010 年，我国对外贸易仅次于美国，位居全球第二位，是世界贸易第一大出口国和第二大进口国；2013 年，我国进出口总额比美国高出 2 500 亿美元，成为全球货物贸易第一大国，出口额占到全球的 1/10；2014 年，我国外贸进出口总额 4.3 万亿美元，连续第二年位居全球第一位；从 1978～2014 年，按照美元计算，我国外贸年均增长率为 16%。尽管外贸总量还在增长，但不可否认的是，我国从 2012～2014 年这三年的外贸增速趋于减缓，连续三年都未达到目标。从 2015～2016 年这两年间，我国货物贸易更是出现连续两年的负增长，特别是 2016 年，我国出口增速不仅低于越南、印度、印度尼西亚等新兴经济体国家，也低于美欧、日本等发达国家，全球货物贸易第一大国地位不保，但仍是世界贸易第一大出口国和第二大进口国[①]。2017 年，我国货物贸易重拾增势，再次跃居全球货物贸易第一大国，出口额占到世界出口总额的 12.8%。同年，我国服务贸易也取得长足发展，服务贸易额达到 6 905 亿美元，位居全球服务贸易第二位，占到世界的 6.7%，较改革开放初 40 亿美元的服务贸易额大约增长了 172 倍。综合而言，危机后的 10 年，我国外贸年均增速为 5.4%，较改革开放前 30 年增速明显放缓，虽然外贸体量大到位居世界首位，但波动性也在加剧。与此同时，我国外贸也在出现积极变化，对于外贸增速的焦虑明显减弱，更加关注外贸发展的质量和效益[②]。

（二）危机后的外贸结构变化

较之于危机前，危机后的我国外贸结构在主体、方式、对象、地区和商品上都有了明显变化。从外贸主体上看，民营企业发展迅速，外贸市场更趋活跃。民营企业在带动我国外贸走出 2008 年金融危机阴霾，实现外贸企稳回升方面有着很强的生命力和灵活度，民营企业外贸进出口值从 2008 年的 5 360.4 亿美元增至 2017 年的 15 815 亿美元，全国外贸进出口

---

① 彭波. 基于全球价值链的外贸发展新模式 [J]. 国际经济合作，2018（09）：5－6.
② 黄国华，张炳政，孙丹. 海关见证：中国外贸 40 年 [J]. 中国海关，2018（12）：12－13.

占比也由 20.9% 提升至 38.5%，年均增长率 12.8% 也高于同期整体增速 7.4 个百分点①。从贸易方式上看，已有贸易方式不断优化，并不断推陈出新。我国一般贸易开始反超加工贸易，一般贸易进出口由 2008 年的 12 350 亿美元增长至 2017 年的 23 128 亿美元，平均每年增长率为 7.2%，而同期加工贸易进出口由 10 535 亿美元增长至 11 901 亿美元，年均增长率仅为 1.4%。一般贸易已成为占据主导地位的外贸方式，表明我国外贸的自主发展能力在逐步增强②。与此同时，我国跨境电子商务、市场采购贸易等新贸易业态不断涌现，也为外贸增长注入新的活力。从贸易对象上看，我国的贸易伙伴实现全球布局，并在多点有所突破。我国与美国、欧盟、日本、中国香港四大主要市场的进出口合计值增速低于同期整体 5.4% 的增速，而与金砖国家的进出口增速（如巴西 6.8%、印度 5.6%、南非 9.1%）均高于同期整体水平。2014 年"一带一路"倡议的提出使得我国外贸多元化进程加快，新兴市场日趋活跃，沿线国家进出口额大约占到我国进出口总值的 1/4，增速均高于整体水平。从外贸地区布局上看，我国外贸发展由东到西渐次推进，地区之间更加均衡。我国中西部地区外贸进出口值由 2008 年的 2 056.5 亿美元增长至 2017 年的 5 851.6 亿美元，年均 12.3% 的增长率高于同期整体增速 6.9 个百分点，在全国外贸进出口的占比也由 8% 提升至 14.3%。同期，东部地区外贸进出口值则由 2008 年的 22 487.1 亿美元增长至 2017 年的 33 825.4 亿美元，年均增速比中西部低了 7.7 个百分点。从进出口商品结构上看，外贸实现转型升级，优势得以重塑。2008 年以来，我国出口在巩固制造业传统劳动力竞争优势的同时，也在大力发展资本密集型和技术密集型产业。我国机电产品出口由 2008 年的 8 152.8 亿美元增长至 2017 年的 13 214.6 亿美元，出口总额占比从 57% 上升至 58.4%；文化产品出口由 2008 年的 396.6 亿美元增长至 2017 年的 881.6 亿美元，年均增速达到 9.3%。同期，我国扩

① 刘叶琳. 中国民营企业成出口主力军［J］. 中国商报，2018 - 10 - 18.
② 关文. 数说改革开放四十年外贸取得的成绩［N］. 中国国门时报，2019 - 10 - 30.

大进口的重点不仅有高端技术装备和核心零配件，也包括满足人民物质文化生活的紧缺消费品。进口占比最大的集成电路这一高新技术产品，进口额由 2008 年的 1 292.6 亿美元增长至 2017 年的 2 601.2 亿美元，年均增速为 8.1%，高于同期进口年均增速 2.6 个百分点，占进口总值的比重也从 2008 年的 11.4% 提升至 2017 年的 14.1%；我国消费品进口也增长很快，由 2008 年的 530.6 亿美元增长至 2017 年的 1 625.1 亿美元，年均增速为 13.2%，占进口总值比重也由 2008 年的 4.6% 提升至 2017 年的 8.8%[①]。

二、危机后的全球价值链变革

2008 年的全球金融危机使得国际贸易受到巨大冲击，危机后的国际贸易持续低迷，世界经济增长乏力，大规模跨国投资驱动和高增长中间品贸易所架构起来的全球价值链随之进入深度结构调整期。

（一）全球价值链的增长陷于停滞

后危机时代，全球贸易与投资的活跃度减缓，全球价值链处于增长停滞状态。究其原因，主要有以下三点：一是发达国家居民的实际购买能力下降，其对进口商品和劳务的需求也相应减少，使得全球经济增长的消费驱动力有所减弱；二是智能技术革命引发制造业回归现象，欧美、日本等发达国家通过"再工业化"拉动本国相关就业岗位的持续增加，减弱了全球价值链的外部延伸动力，使传统国际产业分工面临变化；三是发展中国家逐渐向资本和技术密集型产业以及服务业的转型升级可以实现进口替代，可以内化一部分全球价值链分工，减少对中间品贸易的需求，使得全球价值链的空间延伸速度趋于放缓。

---

① 海关总署. 改革开放 40 年来我国外贸的发展历程 ［EB/OL］. http：//qingdao. cus-toms. gov. cn/customs/ztzl86/302414/302415/zkdfc ＿ fjxsd ＿ hhqzggkf40zn/ggkf/2145303/index. html，2018－12－17.

（二） 全球价值链的日益"东渐"

"一带一路"倡议的提出和推进使得我国与新兴经济体国家之间的经济往来日益密切，沿线国家的传统产业和新兴产业都面临新的市场机遇。金融危机后，东亚、东南亚和南亚国家全球价值链的参与度提升最快，年均增长率在4%以上，主要与这些地区制造业的兴起有关，多数国家制造业占 GDP 的比重都已超全球 20% 的平均水平，中国占比最高已接近40%。除参与度提升之外，这些地区在全球价值链中的生产力也在不断增强，高科技产品的出口比重在迅速增大。亚洲国家参与全球价值链分工也带动了该地区的就业增长，印度、泰国、越南、马来西亚、印度尼西亚等国增幅达4%，柬埔寨、孟加拉国的增幅甚至超过5%[①]。

（三） 中国在全球价值链中的地位逐渐变化

发达国家积极推进"再工业化"的同时，发展中国家也在大力研发智能科技和互联网技术。近年来，我国劳动力成本不断上升，劳动密集型生产的世界工厂优势地位有所减弱，中国制造需要实现一定程度的产业转型升级，才能在全球价值链中有更好的发展。我国大幅增加研发投入进行技术革命，推进新组织、新业态的制度改革，为提升自主创新能力和赶超发达国家提供良好机遇和条件。我国的制造业已经实现一定程度的技术转型与升级，大数据、物联网技术、智能设备等新科技在我国发展迅速，有些技术有所突破，处于国际领先水平；通用专用设备等资本和技术密集型产业不断向价值链的高附加值环节攀升，技术复杂产品出口占比逐年递增。

三、 全球价值链的我国升级重塑

后危机时代的全球价值链分工已达到新的阶段，全球经济因大数据、云计算、物联网、移动互联网、区块链、智能制造等新兴应用技术的大幅

---

① 马天月. 抓住全球价值链调整期的新机遇 ［N］. 经济参考报，2019 - 11 - 29.

增加而联系日益紧密。我国在危机后面临全球价值链重塑的重大机遇期，应具有积极的变革思维。

（一）延长国内的价值链减轻过度依赖

我国应通过国内价值链的延长来逐步替代中间品进口，降低对发达国家主导的全球价值链的过度依赖。延长国内价值链可以从三种途径提升我国企业的创新能力，一是提升企业生产率，延长国内价值链会加深我国企业融入价值链的程度，增强在国际垂直分工中的比较优势，进而激励企业技术创新和提升效率进行价值链升级；二是促进产业集聚，延长国内价值链会在国内形成更高水平的规模经济，企业关联性与资源整合能力增强，从而保障企业创新能力的提升；三是缓解企业融资约束，延长国内价值链可以促进供应链金融的发展，供应链企业间的"赊销赊购"关系更为密切，资金链更为稳定，不确定性风险降低，也能够吸引更多金融机构为供应链企业的技术升级提供更多金融资源。

（二）引入竞争机制强化企业技术吸收能力

提升技术吸收能力是我国企业获得国际竞争力的关键，应从三个方面强化竞争机制：一是提升企业异质性产品的生产能力，获得更具竞争力的比较优势，并强化产业链协同效应的发挥，促进企业间的资源与市场信息共享，从而与上下游企业合作共同嵌入价值链，从而提升国际影响力；二是打破市场分割，加强市场对企业创新的引导作用，发挥市场的资源配置作用，增强区域间竞争，地方绩效考核以创新为导向而非以 GDP 为目标，各个地区以地方产业特色营造创新竞争环境；三是加强知识产权保护，完善知识产权保护制度，设计知识产权监管与竞争协调的运行机制，强化企业知识产权的战略发展意识，促进我国技术标准体系的建立，为企业自主创新提供公平公正的竞争环境和最优的源头保护屏障。

（三）构建区域价值链体系向"引领者"转变

当前全球化生产网络围绕地区"中心"而形成，我国嵌入全球价值链除了更多元化的从美、韩、日、欧等国引进高技术产品来降低外部风险之外，还可以主导"一带一路"的区域价值链，转移部分优势产业和产能到沿线国家进行优化配置，推动我国价值链的升级，并在区域价值链的核心位置发挥枢纽作用，将区域价值链整体融入全球价值链体系之中，从而实现双向"嵌套型"的全球价值链产能合作体系。我国的"一带一路"区域价值链体系应具有三大特征，一是形成包容性强的嵌套型分工体系，对内做好高端产业链与低端产业链的衔接，对外打通南北国家的产能合作，纳入更多国家的同时也缓解发达国家的"不稳定"主导；二是培育个性化的异质性参与主体，我国应通过跨境电子商务、自由贸易区等新型贸易发展方式培育具有国际竞争力的个性化产业，也可以通过进口各国特色产品来助力他国优势产业的发展；三是发展合作化的国际企业载体，可以与沿线国家的本土大企业进行合资经营，降低海外投资环境风险，并优化当地的产业竞争格局。

第四章

跨境电子商务的外贸新业态新模式

跨境电子商务属于电子商务应用领域的拓展，因其跨越边境，其交易也属于国际贸易。跨境电子商务以互联网新技术为载体，能够促进贸易终端化、流通网络化、消费定制化和生产柔性化的发展，正在形成外贸的新业态新模式，引发全球经济的深刻变革。随着我国经济进入新常态，跨境电子商务日益成为我国外贸增长的新引擎，对中国经济发展的贡献与日俱增。

第一节　跨境电子商务概述

一、跨境电子商务的含义

跨境电子商务（cross-board e-commerce，也称"跨境贸易电子商务"，简称"跨境电商"）是电子商务与外贸的结合体。相对于传统的国际贸易，跨境电子商务是国际贸易的线上化发展，是外贸互联网化的新业态新模式，具有多边化、直接化、小批量和高频度的特征。较之电子商务，跨境电子商务具有跨境发展的特色，且因跨境发展的需要使得跨境电子商务更加具有复杂性。跨境电子商务有狭义和广义之分。狭义的跨境电子商务特指跨境电商零售 B2C（business to consumer，"企业—消费者"模式），是指电子商务平台促成海外消费者和分属不同关境的卖家达成交易，在线完成跨境支付结算，并通过跨境物流送达从而完成交易的国际贸易新模式和新业态。广义的跨境电子商务并不要求交易过程全部在线上平台完成，只要分属不同关境的交易主体在交易的一些环节中能够使用电子商务手段进行跨境贸易活动都属于跨境电子商务，不仅包括跨境电商 B2C，也包括跨境电商 B2B（business to business，"企业—企业"模式），乃至跨境电商 O2O（online to offline，"线上—线下"模式）等更多创新模式。跨境电商 B2B 也可以称为外贸电商，起初是使用电子商务手段撮合交易，随着电子商务手段向达成交易和履行交易的拓展，跨境电商 B2B 也在实现传统外贸进出口过程的电子商务手段全覆盖，从而促进传统贸易电子化、数字化和网络化的流程变革。跨境电子商务借助于互联网技术实现商品、服务和要素的国际间自由流动，推进批量小、批次多、频率高的外贸业务的开展，属于新型国际贸易形式，较之于传统国际贸易，具有信息获取便利、直面全球市场、在线交易高效便捷等独特优势。

二、跨境电子商务的分类

当前，我国跨境电子商务的实践发展速度远超理论研究的速度，各类参与主体的视角不同，对跨境电子商务的分类认识也不一样，均能在各自领域不断推进跨境电子商务的迭代创新。

（一）海关监管视角的跨境电子商务分类

海关监管代码的设置是为了满足对不同方式进出口货物的作业、监管、征税、统计要求。海关监管代码由四位数字组成，如 0110 为一般贸易，其中，01 是内部分类代码，10 是统计代码。海关监管根据实际监管业务的需要不断增设新的监管代码，无论是跨境电商 B2C 还是跨境电商 B2B 都有多类别监管代码的存在。正在试点的跨境电商零售从邮政报关中分离，以及将通过电商平台完成线上交易全流程的一般贸易（B2B）划归跨境电子商务，都还在探索之中，还未做到与一般贸易和邮政清关有清晰边界。

1. 电子商务（9610）

2014 年，海关总署增列跨境贸易电子商务（简称"电子商务"）监管代码 9610 以促进跨境电商零售进出口业务的发展，该监管方式适用于个人或企业通过电商平台实现交易并以"清单核放、汇总申报"模式办理通关手续的零售进出口商品，是针对直邮（即直接邮递进出口业务）模式的监管方式，通过海关特殊区域或保税监管场所的跨境电商进出口报关除外。9610 逐渐在跨境电子商务综合试验区推行，可以实现直接邮递业务的正常结汇和出口退税，但因邮政报关的物品申报信息大大少于报关单所要求的商品字段，仅需提供物品名称、数量、价值等信息即可，且实行相对简单的批量清关，非主动报关，还未完全实现跨境电商零售的阳光化通关。

2. 保税电商（1210 和 1239）

2014 年，海关总署增列 9610 之后又增列保税跨境贸易电子商务（简称"保税电商"）监管代码 1210 以促进跨境电商保税业务的开展，该监管方式适用于个人或企业在海关认可的电子商务平台达成跨境交易并通过海关特殊监管区域或保税监管场所进行报关的零售进出境商品，主要是对应集货（即集中采购再零售业务）模式的跨境电商进口报关模式。2014年之前获批跨境电商进口试点的 15 个城市，以及之后所设立的 22 个跨境电商综合试验区，一共 37 个城市可以开展跨境保税进口 1210 业务。2016年，海关总署又增列保税跨境电子商务 A（简称"保税电商 A"）1239 监管代码，仅适用于境内电子商务企业的跨境电商零售进口商品，需从海关特殊监管区域或 B 型保税物流中心①一线进境。跨境电商"四八新政"②

---

① 保税物流中心分为 A 型和 B 型，都是海关批准设立的，A 型是境内企业法人专门经营保税物流仓储业务的海关监管场所，B 型是境内企业法人经营，多家企业进入并从事保税物流仓储业务的海关监管场所。

② 2016 年 3 月，财政部、海关总署和国家税务总局三部门联合下发《关于跨境电子商务零售进口税收政策的通知》，宣布将于 2016 年 4 月 8 日起对跨境电商税收政策进行调整，以该调整时间节点将新关税政策称作"四八新政"。

后，国内保税进口政策对新政前批复的具备保税进口试点的城市和新政后开放保税进口业务的其他城市（非试点城市）进行区分，海关监管时对于免通关单的新政前试点城市继续使用1210监管代码，对于新政后需要提供通关单的其他城市则采用新代码1239。

3. 市场采购（1039）

2014年，海关总署针对义乌小商品市场采购设置的贸易监管方式落地，增列市场采购贸易方式（简称"市场采购"）1039监管代码，适用于在国家商务主管部门认定的市场集聚区内由符合条件的经营者采购的单票报关单货值15万美元以下并在采购地办理出口通关手续的商品。较之于之前的旅游购物0139，1039的单票报关单货值从5万美元放宽到15万美元，且税务部门对市场经营户的该方式出口货物实行增值税免税，外汇管理部门允许该方式出口采用人民币结算。2017年，海关总署废止旅游购物0139监管代码，市场采购对其进行全面替代，试点市场也有所增加，除了浙江义乌小商品城之外，江苏常熟服装城、广州花都皮革皮具市场、河北白沟箱包市场、山东临沂商城工程物资市场、武汉汉口北国际商品交易中心也被纳入了进来。原本市场采购方式与跨境电子商务并无直接联系，但因阿里巴巴为帮助义乌更好地走通该监管模式，特别设计了将市场采购1039与阿里国际站信保体系相结合的供应链履约模式－TAP1039（数字化市场采购1039）（见图4－1），可以让市场采购贸易方式也走线上平台的操作模式，同样享有"单一窗口"提供的关汇物流服务，能够保障资金支付和商品交付的安全高效，促进数据沉淀拓展商机，使得该监管方式也可以纳入跨境电子商务的范畴。

4. 跨境电商B2B（9710和9810）

2020年，海关总署增列跨境电商出口企业对企业（B2B）的监管代码，分为跨境电商B2B直接出口9710监管代码和跨境电商出口海外仓9810监管代码。9710适用于境内外贸企业与境外企业通过跨境电商B2B平台实现整个交易流程（包括交易达成和履行）的出口货物；9810适用于

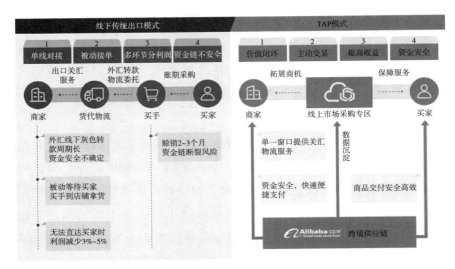

图4-1 市场采购的线下传统出口模式与 TAP 模式对比

资料来源：雨果跨境网 . https：// www. cifnews. com/article/45850，2019-06-24.

境内企业先通过国际物流出口海外仓，再通过跨境电商平台售出并由海外仓送达的出口货物。从 2020 年 7 月 1 日起，跨境电商出口企业对企业（B2B）的两种监管方式开始在 10 个地方海关（包括北京、天津、宁波、厦门、广州、深圳、黄埔、郑州、杭州和南京）进行试点，并根据试点情况及时在全国海关复制推广。在此之前，有关跨境电商的监管创新和政策支持主要依托跨境电商综合试验区围绕 B2C 进出口进行开展，跨境电商 B2B 虽被提及并倡导，但一直都没有对其做出清晰界定。此次增列跨境电商 B2B 的两个监管方式，也是对该模式出口做出了具体划分，意味着一部分跨境电商 B2B 贸易从一般贸易中剥离出来，政府对于跨境电商监管政策层面的创新从 B2C 扩展到了 B2B 领域，并有了实质性的支持。

（二）试点地区视角的跨境电子商务分类

我国在跨境电子商务发展上实行的是试点地区推进的方式，跨境电商进口试点主要依托跨境电商试点城市来进行，跨境电商出口则主要依托跨境电商综合试验区来探索，且不同的城市所获得的试点权限不同，导致试点城市之间以及试点城市与非试点城市之间对于跨境电子商务如何发展的差异性较大，各地以是否具有跨境电子商务先行先试权来对跨境电子商务进行分类，导致跨境电子商务对外宣传的口径存在大小不一的情况。

1. 全面试点地区的跨境电子商务

对于全面试点的地区，以浙江和广东为标志，一方面，已经实现对所有跨境电商模式海关监管的代码全覆盖，可以对目前所有的跨境电子商务类型进行创新发展；另一方面，基本都已实现跨境电商综合试验区的全省覆盖，使得这些地区的跨境电子商务发展不仅能够齐头并进，也能够根据各地特色进行更多的跨境电子商务主题规划，形成优势互补、各有探索、错落有致、全面发展的跨境电子商务区域发展新格局。因此，这些地区在对外宣传上对跨境电子商务的认识较为全面，能够涵盖海关监管代码下所有跨境电子商务的商业模式创新，如直购进口、网购保税进口、市场采购出口、海外仓出口等，且能够出台较为具体的各项措施，形成较为全面的跨境电子商务创新发展体系。

2. 部分试点地区的跨境电子商务

对于部分试点地区，以河南为例，当前跨境电子商务的四大类海关代码中，河南还没有市场采购1039的先行先试权；郑州最大的亮点在于保税进口1210的创新探索，对外宣传的力度也最大。虽然郑州跨境电子商务"一家独大"的局面已有所改变，形成了郑州、洛阳和南阳的"三足鼎立"之势，但与浙江和广东的"全面开花"还有很大距离。尽管河南的跨境电子商务规划也能够做到面面俱到，但还没有浙江和广东那样深入具体，更多的是突出亮点。

3. 非试点地区的跨境电子商务

非试点地区对如何发展跨境电子商务是非常迷茫的，海关设置的跨境电子商务种类繁多，但没有试点权限就会让发展处处捉襟见肘，如试点地区可以大肆宣传直购和保税进口，非试点地区搞类似进口卖场却并不热卖；试点地区跨境电子商务出口业务繁忙，非试点地区则需要借助试点地区关口进行跨境电子商务发展。对于非试点地区，其对外宣传跨境电子商务时用词一般模棱两可，只提大力发展跨境电子商务，发展何种形式的跨境电子商务以及怎么进行发展都没有明确的说辞。

（三）平台企业视角的跨境电子商务分类

跨境电子商务的发展离不开平台企业的繁荣。随着越来越多的跨境电子商务平台出现，这些平台企业一般从自家平台的立场出发来解读什么是跨境电子商务。

1. B2B 综合平台的跨境电子商务

成立于 2004 年的敦煌网，以小额批发 B2B 出口贸易为特色，能够将关检、物流、支付、金融等各领域整合成为生态圈合作伙伴，打造线上化外贸的全平台闭环模式，形成安全便捷且高效的国际贸易通道，成为中国领先的 B2B 跨境电商交易和服务平台。阿里巴巴紧随其后，开始推出信保订单和一达通服务，打造通关、退税、物流等一站式的外贸综合服务平台，通过便利与顺畅外贸企业的出口流通环节来促进线下交易的线上化发展。无论是敦煌网，还是阿里巴巴国际站，都在积极和地方合作，打造外贸企业的"触网行动"，都将 B2B 线上化交易作为跨境电子商务的宣传重点。

2. B2C 综合平台的跨境电子商务

当前，比较受跨境电商卖家认可的跨境电商 B2C 综合平台主要有亚马逊、易贝（eBay）、Wish、速卖通等，亚马逊（Amazon）是全球第三大互联网公司，也是全球提供商品品种最多的网络零售平台，有自营和入驻的销售商，可为客户提供全新、翻新及二手商品，数量多达数百万种。eBay 是普通民众都可上网买卖物品的全球拍卖及购物网站，拥有 1.2 亿的全球活跃用户，个人或商家展示的商品多达 4 亿多件，PayPal 为其提供跨境支付服务，日处理的交易量可达到 760 万笔。Wish 是北美地区吸纳商户入驻的移动电商平台，其精确的算法推荐技术可以实现智能推送和"千人千面"，向不同用户提供其感兴趣的商品信息，并以亲民价格向消费者提供优质产品，让消费者在移动端便捷购物的同时享受购物的乐趣，在各国移动端 App 排名均居购物类前列。速卖通（AliExpress）是阿里巴巴全力打造的融合订单、物流、支付于一体的外贸零售交易平台，可以帮助中小企业将业务延伸至海外批发零售终端，支持小批量多批次的快速销售，更大限度地拓展企业的利润空间。

3. 搜索引擎平台的跨境电子商务

谷歌是跨境电商营销平台，不少外贸网站和 B2B 平台都在谷歌上通过推广和优化排名来获得更多的流量。谷歌推广让广告词汇随搜索结果一起显示在谷歌的界面上，作为全球最大的搜索引擎，卖家的谷歌广告很有可能会被潜在客户看到，让产品获得更多的流量和曝光，被更多的用户关注。谷歌优化是跨境电商卖家针对谷歌搜索引擎的搜索结果进行优化，主要是调整网站结构和内容，通过尽量符合谷歌搜索排名规则来提升其在谷歌搜索引擎中的关键词排名，吸引更多流量进入网站，让网络营销的影响力获得最大化。若跨境电子商务被理解为线上操作模式，则谷歌搜索也应该属于跨境电子商务的一种。因此，在跨境电商平台的各地推广中，也不乏谷歌的身影。

4. 独立站的跨境电子商务

跨境电商独立站是指跨境电商卖家自建网站，拥有独立的域名、网站和页面，独立进行全方面多渠道的网络市场拓展，不从属于任何平台，其推广所带来的流量、品牌印象、知名度等等都完全属于卖家自己的独立站所有。2019 年是跨境电商独立站爆发式发展的开端。当前，主流平台的流量收益逐渐低落且平台规则日渐繁苛，一些卖家选择同步开启跨境电商独立站，使得其发展可以不受平台的限制。而以 Shopify 为代表的快速建站工具的兴起，不用客户去关心 CDN、HTTPS、服务器、网站架构等，大大降低了独立站的门槛，也与 Instagram，Facebook，Amazon，Google Shopping 等平台绑定，便利客户进行海外社交营销。独立站在经济较发达的广州、深圳等地已经开始流行，很多企业开始在相关平台的推广下尝试独立站，形成独立站与综合电商平台同步发展的新型跨境电商运营模式。

第二节　跨境电子商务的发展概况

跨境电子商务并不算是新兴事物，其最早出现在 20 世纪 90 年代末期，一直处在不断升级发展之中。

一、信息服务 1.0 阶段（1999 ~ 2003 年）

我国外贸的互联网化始于 1999 年阿里巴巴撮合国内供应商与海外买家的第三方平台上线。阿里巴巴国际站、环球资源网和中国制造网是这一时期具有代表性的第三方平台，其中，环球资源资历最老，前身是 1971 年成立的亚洲资讯（Asian Source），2000 年 4 月在纳斯达克上市。信息服务 1.0 阶段是网上展示、线下交易的外贸信息服务模式，第三方平台只解决供应商和海外需求端的信息不对称问题，类似于将信息黄页从线下转移至线上，帮助企业在网络平台上向海外需求端展示企业和产品信息，不涉及任何交易环节，需要买卖双方对接后在线下完成交易全过程。这一时期的第三方平台盈利方式主要来自供应商按年缴纳的会员服务费，之后逐渐衍生出一些信息流增值服务，如竞价推广、咨询服务等。可以说，1.0 阶段的平台主要从事信息供需交易，解决了贸易信息的不对称问题，但仅完成了信息流的整合环节，并未涉及电商产业链其他环节的革新。

二、线上交易 2.0 阶段（2004 ~ 2012 年）

随着信息技术的进步，2004 年之后的跨境电商平台开始从信息黄页平台向在线交易平台转变，逐步实现线下交易流程的电子化。较之第一阶段，跨境电商 2.0 更加能够彰显电子商务的本质属性，能够通过电子商务平台有效整合上下游供应链的资源和服务。2.0 阶段的跨境电商平台分为

B2B（企业对企业）平台和 B2C（企业对用户）平台两种模式。2008 年之前，主要的探索在 B2B 平台上，通过在线交易服务的延伸，第三方平台实现了营收的多元化，可以通过营销推广、支付服务、物流服务等获得增值收益，也有平台，如敦煌网，不再是会员服务费的前向收费模式，而是交易佣金的后向收费模式，通过小型批发业务的推广按照成交效果来收取一定百分点的佣金。2008 年之后，受全球金融危机的影响，贸易开始碎片化，B2C 平台开始兴起。起步阶段的 B2C 平台往往门槛较低，如 2011 年上线的阿里速卖通平台，对进入平台不做限制，规范程度也不高，一些个人通过国内拿货网上售卖的方式发家致富，甚至不惜卖假货或仿货来获得高额利润。在巨大利益的诱惑下，越来越多的个人甚至企业开始涌向速卖通平台，有转型的传统外贸行业进入，也有线下的供应商、物流商、服务商等涌入，也有很多是阿里系国内平台上的卖家。

三、全产业链服务 3.0 阶段（2013 年至今）

自 2013 年起，跨境电子商务进入全产业链发展的新时期，具有大型厂商和服务商加入、商业模式推陈出新、全产业链服务在线化、B 类卖家成规模、中大额订单比例提升、移动用户量爆发等新特征。3.0 阶段的发展得益于以下三个方面的发展：一是中央和各级政府部门高度重视跨境电子商务，不断出台相关推进政策。2008 年金融危机后，欧美日等发达国家的进口需求持续疲软，我国出口增速因国际贸易条件恶化也出现阶梯式下滑，而跨境电子商务却在金融危机后发展步伐加快，并有望成为我国外贸乃至整个经济的增长新引擎。从 2013 年开始，我国陆续出台促进电子商务发展的政策，2014 年的海关 56 号和 57 号文件是政府层面上对跨境电商模式的首次和专门认可，之后专门针对跨境电子商务的政策开始密集出台，主要是鼓励跨境电商出口和规范跨境电商进口，跨境电商正式进入爆发和快速增长期。在 2013～2019 年期间，国务院及所属的国家相关部门（多达发改委、财政部、商务部、海关总署、工信部等 17 个部门）纷纷出台或联合出台的涉及跨境电商的政策多达数十条。二是海外市场逐渐成熟，在线采购已成趋势。全球正经历线上购物冲击线下零售的消费变革，为线上销售打开了空间。据雨果网联合第三方权威机构形成的《2013－2014年中国跨境电商产业研究报告》数据显示，美国50%的供货商积极推进买家进行线上采购，已有59%的采购商以线上采购为主，有27%的采购商每月在线采购平均达到5 000美元。三是网络购物环境改善，智能手机购物成为新习惯。2013年，智能手机用户占全球人口的比例首超电脑端用户，达到22%。中国国际电子商务中心2018年首次公布的《世界电子商务报告》数据显示：2017年，全球网民人数已达41.57亿人，互联网普及率达54.4%，全球网民总数还将进一步增加。近年来一直保持平稳上升趋势[①]。随着网络环境的改善，移动端方便快捷，用户购物体验获得较大提升，也为供应商顺应消费端的变化提供了条件，带来了新的商机。

跨境电商3.0阶段的卖家不再以草根创业为主，而是向工厂、外贸公司等正规的公司化运营方向发展，平台销售产品也由网商的二手货源向工厂的一手货源转变。应消费端的变化，通过推动制造型企业上线，传统外贸积极向跨境电子商务方向转型，促进大规模生产模式向柔性制造转变，提高了生产设计和管理能力，也强化了代运营和产业链的配套服务水准。在我国跨境电商整体流程中，第三方交易平台占据了不可取代的位置，可以一站式解决产品展示、销售、物流、支付等系列问题，在前期成本投入和店铺引流方面有明显优势。大数据应用对第三方平台基本功能所进行的技术升级能够引发平台模式的不断变革，已由C2C（消费者个人对个人）、B2C（企业对消费者个人）向B2B（企业对企业）、M2B（工厂对企业）模式转变，来自海外批发商买家的中大额交易成为平台的主要订单。目前，国内的第三方外贸综合服务B2B平台以阿里巴巴国际站以及旗下的一达通为主，平台服务全面升级，平台承载能力更强，能够直接对

---

① 报告数据引用全球著名社交媒体平台Hootsuite和英国咨询公司We are Social的数据，2021年1月披露数据为全球网民已达46.6亿人，互联网普及率达59.5%。

接中小企业商户，进一步缩短了产业链，提升了商品销售的利润空间。随着国内跨境电商卖家的不断增多，不断有卖家尝试新平台和拓展新渠道，不仅选择国内的速卖通、敦煌等平台，也积极开展 Amazon、eBay、Wish 等国外电商平台的运营。随着电商渠道和跨境平台的不断增多，跨境电商的经营模式和创意不断推陈出新，跨境电商竞争日益激烈，精细化、品牌化、差异化成为行业必然趋势。

第三节　跨境电商出口的发展

我国跨境电商出口因国外进口商的贸易习惯变化、海外消费者的消费习惯变化、我国出口电商服务的逐渐完善以及"中国制造"向"中国质造"的转变迎来新的发展机遇，成为提振低迷外贸市场和促进国家经济发展的重要手段。跨境电商出口正由成长逐渐走向成熟，逐步替代传统贸易出口。

一、推进政策不断出台

我国跨境电商出口的政策鼓励方向为支持新兴业态发展和引导规范化运营（见表 4 - 1）。国务院对跨境电商发展给予指导性意见，相继出台政策批准各地市和地区设立跨境电商综合试验区，要求落实跨境电商基础设施和监管设施的建设以及完善优化支付、检验、税收等过程，建设跨境电商综合服务平台和跨境电商产业园，支持加强海外仓等物流网络配套服务体系建设，健全交易风险防范和消费权益保障机制等。自 2015 年国务院批复设立首个中国（杭州）跨境电商综合试验区，历经 2017 年天津等 12 个城市、2018 年北京等 22 个城市、2019 年石家庄等 24 个城市和 2020 年

表 4 – 1　　　2013 ~ 2020 年国务院及各职能部门出台的跨境电商出口政策

发布时间	发布部门	政策名称
2013 – 07	商务部	《关于促进进出口稳增长、调结构的若干意见》
2013 – 08	商务部	《关于实施支持跨境电子商务零售出口有关政策的意见》
2013 – 11	商务部	《关于促进电子商务应用的实施意见》
2013 – 12	财政部等	《关于跨境电商零售出口税收政策的通知》
2014 – 01	海关总署	《关于增列海关监管方式代码的公告》
2014 – 05	国务院	《关于支持外贸稳定增长的若干意见》
2014 – 07	海关总署	《关于跨境贸易电子商务进出境货物、物品有关监管事宜的公告》
2014 – 07	海关总署	《关于增列海关监管方式代码的公告》
2015 – 01	外汇管理局	《关于开展支付机构跨境外汇支付业务试点的通知》
2015 – 03	国务院	《关于同意设立中国（杭州）跨境电子商务综合试验区的批复》
2015 – 05	国务院	《加快培育外贸竞争优势意见》
2015 – 05	国务院	《关于大力发展电子商务加快培育经济新动力的意见》
2015 – 06	质检总局	《关于加强跨境电子商务进出口消费品检验监管工作的指导意见》
2015 – 06	国务院	《关于促进跨境电子商务健康快速发展的指导意见》
2016 – 04	海关总署	《关于跨境电子商务零售进出口商品有关监管事宜的公告》
2016 – 05	国务院	《关于促进外贸回稳向好的若干意见》
2017 – 01	国务院	《关于同意在天津等 12 个城市设立跨境电子商务综合试验区的批复》
2017 – 08	质检总局	《关于跨境电商零售进出口检验检疫信息化管理系统数据接入规范的公告》
2017 – 11	商务部等	《关于复制推广跨境电子商务综合试验区探索形成的成熟经验做法的函》
2018 – 03	商务部	《关于做好电子商务统计工作的通知》
2018 – 04	海关总署	《关于规范跨境电子商务支付企业登记管理》
2018 – 07	国务院	《关于同意在北京等 22 个城市设立跨境电子商务综合试验区的批复》
2018 – 08	知识产权局	《关于深化电子商务领域知识产权保护专项整治工作的通知》
2018 – 09	财政部等	《关于跨境电子商务综合试验区零售出口货物税收政策的通知》

发布时间	发布部门	政策名称
2018－11	财政部等	《关于完善跨境电子商务零售进口税收政策的通知》
2018－11	海关总署	《关于实时获取跨境电子商务平台企业支付相关原始数据有关事宜的公告》
2018－12	海关总署	《关于跨境电商零售进出口商品有关监管事宜的公告》
2018－12	市场监督总局	《关于做好电子商务经营者登记工作的意见》
2019－01	国务院	《关于促进综合保税区高水平开放高质量发展的若干意见》
2019－11	税务总局	《关于跨境电子商务综合试验区零售出口企业所得税核定征收有关问题的公告》
2019－11	国务院	《关于推进贸易高质量发展的指导意见》
2019－12	国务院	《关于同意在石家庄等 24 个城市设立跨境电子商务综合试验区的批复》
2020－01	商务部等	《关于扩大跨境电商零售进口试点的通知》
2020－03	海关总署	《关于跨境电子商务零售进口商品退货有关监管事宜公告》
2020－04	国务院	《推出增设跨境电商综合试验区、举办网交会等系列举措》
2020－05	国务院	《关于同意在雄安新区等 46 个城市和地区设立跨境电子商务综合试验区的批复》
2020－05	外汇管理局	《关于支持贸易新业态发展的通知》
2020－06	海关总署	《关于开展跨境电子商务企业对企业出口监管试点的公告》
2020－08	国务院	《关于进一步做好稳外贸稳外资工作意见》
2020－11	国务院	《关于推进对外贸易创新发展的实施意见》

资料来源：电子商务研究中心。根据历年信息整理而得。

雄安新区等 44 个城市和地区的不断扩围，跨境电商综合试验区的总数量达到 105 个，形成区域全面覆盖格局，跨境电子商务被提到我国对外贸易史无前例的战略高度。海关总署作为跨境电商监管链条的关键环节，制定跨境电商通关流程相关政策以提高通关效率和规范通关流程，处于各部门协作的核心位置，在政策制定上有着较高的权利。近年来，海关出台多项保证跨境电商通关便利的政策举措，如实行全年 365 天无休的跨境电商监管，货到海关监管场所 24 小时内办结海关手续等。发改委、商务部、财政部、质检总局、税务总局等国家各职能部委也从所管辖范围出台或参与出台跨境电商相关政策，或促进跨境电商行业的发展，或从行业长远发展角度规范跨境电商行业出现的问题，如税务方面实行零售出口"无票免税"政策，获得增值税专用发票和合法有效进货凭证有难度的出口企业只要登记进货信息（包括销售方名称、纳税人识别号、货物名称、购进数量、单价总额等）也可享受免征增值税的优惠。政策红利持续释放，跨境电商出口作为近年来多项政策的受益者，政策环境为其发展提供了充足的助力。伴随着"一带一路"以及"互联网＋"的趋势，跨境电商出口快速发展，成为推动中国经济增长的一个重要组成部分，随着更多利好政策的出台，也将继续保持快速发展的势头。

二、跨境电商出口总额逐年攀升

2008 年全球金融危机以来，受国际市场需求持续低迷、人民币升值压力、我国劳动力成本上升等因素的影响，我国外贸成本逐年攀升，出口增速有逐年放缓趋势。据海关总署数据显示，受 2008 年金融危机影响，2009 年的外贸出口总额有较大下降，2010 年恢复到 2008 年的水平，之后的 4 年呈上升趋势，平均出口增速为 5%；2015 年和 2016 年出现出口增速的负增长；2017 年有所回升，同比增长 10.77%；2018～2020 年，受中美贸易战的影响，外贸形势不容乐观，2018 年、2019 年和 2020 年的出口额分别达到 16.42 万亿元、17.23 万亿元和 17.93 万亿元，总体保持平稳上升的趋势，但增速已呈下降态势（见图 4 - 2）。在外贸低迷之际，跨境电商出口却一直呈现出逆势中的快速增长态势。据电子商务研究中心监测数据显示，从 2012 年的 1.9 万亿元已增长至 2019 年的 8.03 万亿元，增速保持在 10% 以上，2020 年的跨境电商出口交易规模为 9.7 万亿元，同比增长超过 20%，在中美贸易战和新冠肺炎疫情的双重夹击下仍有较高的增速（见图 4 - 3）。得益于"互联网＋外贸"战略的实施，越来越多的传统外贸企业开始触网上线和转型发展跨境电子商务，未来跨境电子商务可以借助"一带一路"倡议和全球经贸一体化的深度融合显示更大的市场潜力和生命力，占据更为重要的地位。

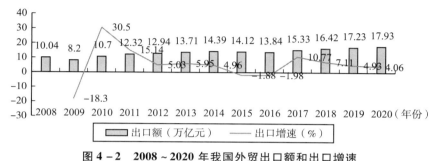

图 4 - 2　2008 ~ 2020 年我国外贸出口额和出口增速

资料来源：根据电子商务研究中心历年《中国跨境电商市场数据监测报告》整理而得。

图 4 - 3　2012 ~ 2020 年我国跨境电商出口交易规模及出口增速

资料来源：根据电子商务研究中心历年《中国跨境电商市场数据监测报告》整理而得。

从出口细分来看，跨境电商 B2B 出口是主流趋势，2017 年之前占整个跨境电商出口的 80% 以上。跨境电商 B2B 平台有着良好的发展基础，从信息撮合转向线上交易的平台转型也取得了一定进展，能够对全球贸易参与者进行快速渗透，促使更多类型的需求买家和具有货源实力的供货商进行线上交易，也能够适应碎片化和高频的贸易订单的新趋势变化。而随着智能手机的普及、网购消费的兴起、物流与支付系统的完善、供应链整合力度的加强等，跨境电商网络零售（包括 B2C 和 C2C）的增长势头也很强劲，行业规模在不断扩大。据电子商务研究中心监测数据显示，2017 年我国跨境电商 B2B 出口的市场交易规模达 5.1 万亿元，跨境电商网络零售市场交易规模为 1.2 万亿元，二者比例为 81∶29；2019 年我国跨境电商 B2B 出口和网络零售都在快速增长，分别达到 6.3 万亿元和 1.73 万亿元，二者比例达到 78∶22（见图 4-4）。可以看出，跨境电商 B2B 出口仍占据绝对优势，但跨境电商网络零售的增长速度更快，发展空间更大[1]。

图 4-4　2012~2019 年跨境电商 B2B 出口和网络零售出口交易规模比例

资料来源：根据电子商务研究中心历年《中国跨境电商市场数据监测报告》整理而得。

三、跨境电商出口平台的日益多样化

跨境电商出口平台不断出现，本土的跨境电商第三方平台主要有早期的 eBay、2005 年的敦煌网、2006 年的 DX、2007 年的兰亭集势、2008 年的米兰网和 FocalPrice、2009 年的大龙网、2010 年的全球速卖通、2011 年东南亚的 Lazada、2012 年的亚马逊全球开店、2013 年的 Wish、2014 年的出口母婴玩具电商 Patpat、2015 年的女性购物移动平台 BellaBuy 等。通过在跨境电商第三方平台上开设店铺，生产制造企业或贸易公司可以实现商品销售直抵海外终端消费者，或者是通过国内外的跨境 B2B 信息平台接洽更多的海外各级经销商，开展国际批零业务。除了跨境电商第三方平台的涌现之外，一些

①　电子商务中心各年度的《中国跨境电商市场数据监测报告》整理而得。

跨境电商的出口大卖家为避免过度依赖第三方平台，开始自建和自营独立品牌的官方网站，2018 年之后这种趋势更为明显。此外，也有传统外贸商或者服务商转型开始做跨境电商出口的服务商，促进了跨境电商综合服务平台的发展。目前，跨境电商出口平台的类型主要有 B2B 平台、B2C 平台和第三方服务平台。阿里巴巴国际站、环球资源、中国制造网、大龙网、敦煌网、TOOCLE3.0（生意宝）、MFG.com、聚贸等都是各具特色的跨境电商 B2B 出口平台，其中，阿里巴巴国际站占有绝对的市场份额。B2C 类已形成四大主流平台，分别是阿里全球速卖通、eBay、亚马逊和 Wish，除此之外，兰亭集势、DX、米兰网、跨境通、有棵树、环球易购、通拓科技、傲基电商、执御、小笨鸟等垂直电商平台也开始深耕某一行业或领域的跨境电商业务。跨境电商综合服务平台主要有一达通、易单网、世贸通等供应链服务平台，也有提供专门服务的跨境电商第三方服务平台，如 Paypal、Alipay、MoneyGram 等支付服务平台，递四方、出口易等物流服务平台。

四、中国制造的优势日显

在跨境电商平台上，3C 电子产品、服装服饰、家居用品、户外用品、健康美容、鞋帽箱包、母婴产品等消费品一直是最畅销的品类，一是因为这些都是标准化产品，供应端具有规模经济效应，溢价空间较大，二是因为这些产品普遍具有重量小和价值高的特点，较低的物流成本非常适合跨境电商销售，三是因为这些产品运输和存储过程中不易损坏，具有较低的客户退货率，适合通过电商渠道销售给跨境买家。我国畅销的跨境出口交易品类主要集中在这一领域。随着各国不断改善跨境电商通关、物流、仓储等条件，大型产品如汽车、SPA 浴缸等，也有进一步的拓展。在跨境电商出口未发展起来之前，我国产品大多强于品质款式而弱于营销和推广，一些好产品并没有完全走出国门。跨境电商平台的消费终端买家多数为所在国家（地区）的中产阶级，以 23～45 岁之间的高职位、高学历、高薪资的人群为主，对价格不敏感，重产品质量和购物体验，要求所购商品质量卓越、功能实用和价格合理，也愿意尝试新事物，有较为强烈的消费升级愿望。2008 年金融危机后，跨境电子商务的兴起给了我国产品"走出去"的好机会，我国凭借低成本、高效率制造业优势打造"世界工厂"，根据海外消费者的需求变化迅速拓展差异化细分类目，新兴品类不断涌现和创造增量，使得海外很多消费者对中国制造的产品产生依赖。中国制造的优势地位逐步显露，必然推动我国跨境电商出口迈上新台阶。

五、具有出口优势的地区

跨境电商出口卖家占比较大的地域有广东、浙江、江苏、北京、上海、福建、山东等，主要集中在外贸和互联网发达的珠江三角洲和长江三角洲地区。以广东、浙江和江苏的跨境电商卖家最为集中，三省跨境电商出口份额能够占到全国的 50% 以上。这些地区成为跨境电商出口卖家集聚地的主要因素在于传统外贸发达地区，外贸基础雄厚，如地理位置相对优越、生产制造基地高度集中、外贸人才储备丰富、总体经济实力较强等，也能够积极推进跨境电商出口的转型发展，促进电商企业、电商平台、配套企业、政府相关部门一同构建良好的跨境电商生态圈，如深圳平湖的华南城。中西部跨境电子商务的发展近年来也具有较大的发展空间及后发潜力，国务院 2018 年之后增设的跨境电商综试区明显向中西部和东北地区倾斜，这些地区的跨境电商出口必然呈快速发展态势。但是，中西部的跨境电商出口还不具有绝对优势，跻身发展前列并不容易，如河南在 2017 年的跨境电商出口中表现突出，被作为较大份额省份单独列出，占比为 3.2%，但 2018 年河北替代河南，单列占比为 2.2%，河南则因份额不大归于其他地区计算总占比。

六、出口市场更为广阔

我国跨境电商出口分布的国家主要有美国、俄罗斯、法国、英国、巴西、加拿大、德国、日本、韩国、印度等，以欧美发达国家为主。这些国家利好跨境电商的政策和战略既为我国发展跨境电商带来大的机遇，也为探索跨境电商创新模式提供外在动力。日韩的跨境电商市场在逐步升温，如为应对日本亚马逊的冲击和刺激日本市场繁荣，日本乐天的技术和文化逐步适应中国卖家，释放大量的流量红利。拉美、中东欧、中亚、中东、非洲是快速增长的新兴市场，中国制造的产业优势与这些地域轻工业的不发达形成互补，我国企业在选择这些新兴市场发展跨境电商存在较大的商机，如东南亚平台具有流量价格的洼地效应，东本地平台十分乐意与我国合作来抗衡欧美主流平台等，市场的广阔使得我国很多跨境电商卖家愿意入场试水。尽管这些地区的跨境电子商务发展还处于初级阶段，仓储、物流、支付及配套设施建设和监管机制尚未完善，如拉美市场综合物流和收款竞争更为激烈，印度和印度尼西亚市场受政府监管政策影响一度出现商家撤回等，但是，随着这些国家的政府越来越重视跨境电商收益和好处，其也不断对海关、物流、税费等各个方面进行改进，能够为我国企业拓展该市场扫清一些障碍。目前，无论是在欧美等发达国家市场，还是东南亚等新兴市场，网购所能覆盖的人群越来越广，网购用户尤其对中国制造青睐有加。虽然我国部分商品受到中美贸易战的影响，但总体上的贸易全球化趋势和消费升级将推动我国跨境电商交易规模的持续增长。而且，"一带一路"倡议也会为我国跨境电子商务快速布局沿线国家市场带来新的机遇。跨境电商出口市场仍处于发展窗口期，每个国家（地区）都值得我国跨境电商企业去深入当地进行深耕。

七、品牌国际化进程加快

跨境电商平台流量红利的大幅度衰退使得卖家面临同质化竞争严重、一次性购买联系缺少客户黏性、平台各类规则和限制不断增加的挑战，品牌化成为未来跨境电商的核心竞争力。消费变革下电商渠道具有无穷展示属性，跨境电商出口被誉为国际贸易全球零售新流通模式和中国品牌出海新通道，给了我国电商企业创建品牌进行弯道超车的机会。经过多年的孕育和发展，一部分工厂型卖家逐步意识到品牌培育的重要性，试图改变传统的 OEM 贴牌生产，从后端加工走向前台销售，从无牌走向有牌，开始构建自己的海外销售渠道，以品牌扩大出口交易额和构建独特的竞争壁垒，加深海外客户对其自有品牌的认知。同时，利用工厂和跨境终端消费人群的信息不对称对产品低买高卖赚取差价的贸易中间商已没有太多生存空间，只能更专业地和生产工厂进行深度合作，否则极易被淘汰出局，越来越多的贸易中介型跨境电商出口企业开始通过品牌溢价来提升产品及整个公司的价值，凭借跨境电商模式崛起的原生品牌正在成为我国"品牌出海"的新模式，如 Anker、Ilife 等。各大跨境电商平台也倾力打造及孵化更多的出海品牌企业，如速卖通推出的产品商标化、品牌邀请制、品牌超级日等品牌培育活动，以及 Lazada 推出的"全球精选2.0"、私域流量运营等营销活动，各电商巨头都在设计各类活动来助力品牌化的深耕。此外，独立站的火爆也代表了我国商品海外品牌化的发展趋势。从2018年开始，一些跨境电商企业纷纷开始自建独立站把产品及服务卖给消费者，通过独立站来深化海外消费者的品牌认知，不断提高品牌声誉和品牌用户忠诚度，最终实现站内溢价和营销自动化升级。今后，打造高品质和差异性，提升品牌声誉，提高复购率的同时，全渠道覆盖和多触点链接用户，也必然是跨境电商品牌化发展的趋势。

八、供应链生态驱动明显

跨境电商出口本质上是跨境贸易，供应链仍是关注的焦点。随着跨境电商出口步入稳健增长的新阶段，推动跨境电商出口的重要力量应该来自供应链升级。虽然跨境电商出口线上发展的速度较快，但未来应更多地做好全渠道的线下布局，向本地化服务和跨境经营方向转变。在国内，1688平台等供应链解决方案的不断进化使得企业"出海"队伍不断壮大，国内生产力不断提高；在海外，国家政策已明确支持企业进行海外拓展，可以深入线下更多建设和部署海外仓、体验中心、展示中心等，促进本地化客户服务质量的提升。此外，数字化升级，从产品生产到流通的全链路动态数字化的识别，到数字标准化规则和共享化机制的制定，再到全域互联基础上通过前端匹配进行需求预判，必然对供应链产生重要影响，不仅能够引发我国供应链乃至全球供应链的蜕变，也能够促进全球电商产业的进一步融合与升级。作为基于数据和生态建立的新型外贸，跨境电商出口可以通过数据建设提高企业成本效率和跨境运营精确程度，实现对跨境消费者体验的深耕细作。2017年底，区块链作为数字化发展的产物进入大众视野，掀起商业领域的巨大变革。区块链技术代表着更低的交易成本和更快捷的支付方式，不可篡改的特性也有助于减少商业欺诈，运用到跨境电子商务领域，可以保证海外消费者得到最优质的服务体验。数字化领域中，区块链与云计算、大数据、供应链金融等新技术的综合运用有望改变消费者的个体行为和电商行业的供应链生态环境，为跨境电子商务创造新的商业环境。

第四节　跨境电商进口的发展

跨境电子商务之所以能够在国际上有广泛的认可度，"全球买、全球卖"的发展理念功不可没。随着我国消费水平的提升，跨境电商进口确实能够满足国内消费者更为多元化的消费需求，更对跨境电商出口产生了极大的促进作用，是对跨境供应链消费端的有益尝试，能够形成完整的跨境电商发展标准，解决我国跨境电商出口的海外市场共性问题，促进跨境电商出口的及时灵活调整。因此，在促进跨境电商出口的同时，我国也积极尝试跨境电商进口。从2012年开展跨境电商进口试点以来，我国不断探寻互联网时代的跨境电商发展规律，不断在监管服务改进、商业模式创新、消费者获得感提升等方面取得显著成效，跨境电商进口取得了长足发展。

一、跨境电商进口的合法化和规范化

驱动跨境消费发展的主要是国内外存在的巨大市场价差。价差的产生一部分是因为较高的进口税收，对进口商品所征收的主要是关税、增值税和消

费税，会使商品的进货成本增加 30% ~ 80% ；另一部分是因为渠道成本差异，欧美主流消费市场的流通体系高度成熟且市场竞争激烈，商品定价难以太高且因折扣周期短降价很快，而国内存在物流费、进场费、扣点等各种中间渠道成本，终端定价无形中被提升，且国外一些高端品牌根据不同区域制定价格，亚洲区存在巨大的品牌溢价空间，使得国内市场的价格往往较欧美市场高出不少。此外，我国外贸进口长期以来实行代理制，海外商品都有着进口国内市场的固有渠道，海外品牌的国内市场拓展需要依靠本土代理，而本土代理也必然会凭借对海外品牌的垄断优势来获取超额利润，也是我国市场上海外品牌价格虚高的因素。2005 年之后，海外留学生、空姐等经常出国的群体逐步开始为其亲朋好友代购海外商品，后来有些成为海外买手、职业代购，并在淘宝上开店铺售卖，但因当时的消费群体还比较小众，且因海外代购的周期长、价格高、品质真伪难辨等问题，跨境网购的普及度并不高。2007 年之后，不断有消费者直接在海外消费平台上下单购物，如美国的 iHerb 等，国内也开始不断上线跨境电商进口平台，如洋码头、小红书等，跨境电商海淘市场开始形成，通过跨境电商平台进口产品已成潮流趋势，而且随着消费群体的不断扩大，商品的品类丰富也开始丰富起来。随着国家关于跨境电商进口的相关政策出台（见表 4 - 2）以及我国消费能力的提升，跨境电商进口加速发展和走向规范化。2014 年，海关总署发布的《关于跨境贸易电子商务进出境货物、物品有关监管事宜的公告》和《关于增列海关监管方式代码的公告》（简称"56 号文件"和"57 号文件"），跨境电商的合法地位得到明确，跨境电商进口平台开始大量涌现，仅 2014 年就上线了天猫国际、蜜芽、唯品会全球特卖、1 号海购、聚美优品海外购等一些平台，国内主流购物平台也在 2015 年纷纷上线跨境购平台，如京东全球购、网易考拉海购、苏宁海外购等。跨境电商进口历经十多年的发展，从个人代购到海淘再到跨境网购，不断改变国内消费者的消费习惯，消费者对商品品质和品类的追求不断提升，跨境购物已成常态。我国跨境电商进口政策主要用于激发国内的消费潜力，除了继续扩大进口清单的基础上，在税收方面也逐渐在降低各类消费品的进口税率，如奢侈品国内外的平均价差整体上从 2011 年的 68% 缩小至 2017 年的 16%，差幅收窄了 52%；此外，政策也逐步使得跨境电商进口规范化和公平化，如 2016 年推出的"四八新政"。2018 之后，电子商务法的颁布以及出台的跨境电商零售进口监管政策进一步规范厂商参与跨境进口零售业务的责任和义务，完善监管流程和体系，形成相对长期的安排。

表 4 - 2　　2013～2020 年国务院及各职能部门出台的跨境电商进口政策及作用

发布时间	发布部门	政策名称
2014 年 7 月	海关总署	《关于跨境贸易电子商务进出境货物、物品有关监管事宜的公告》和《关于增列海关监管方式代码的公告》
2015 年 5 月	国务院	《关于大力发展电子商务加快培育经济新动力的意见》
2015 年 6 月	海关总署	进口税收政策调整
2016 年 4 月	财政部、海关总署、国税总局	《关于跨境电子商务零售进口税收政策的通知》
2016 年 5 月	国务院	批准对跨境零售进口监管过渡期延期
2017 年 9 月	国务院	批准对跨境零售进口监管过渡期延期
2017 年 11 月	国务院关税税则委员会	《关于调整部分消费品进口关税的通知》
2018 年 10 月	全国人大常委会	《电子商务法》
2018 年 11 月	财政部、税务总局、海关总署	《关于完善跨境电子商务零售进口税收政策的通知》
2018 年 11 月	海关总署	《跨境电子商务零售进出口商品有关监管事宜的公告》
2018 年 11 月	国务院常务会议	决定延续和完善跨境电子商务零售进口政策并扩大适用范围
2019 年 1 月	国务院	《关于促进综合保税区高水平开放高质量发展的若干意见》
2019 年 12 月	财政部、发改委、海关总署等十三部委	《关于调整扩大跨境电子商务零售进口商品清单的公告》
2020 年 1 月	商务部、发改委、财政部、海关总署、税务总局、市场监管总局	《关于扩大跨境电商零售进口试点的通知》
2020 年 3 月	海关总署	《关于跨境电子商务零售进口商品退货有关监管事宜的公告》

资料来源：根据历年中央部委网络发布信息整理而得。

二、跨境电商进口规模迅速扩大

近年来，我国进口电商的爆发式增长主要得益于一些因素的驱动，如海淘用户规模的快速扩大、海外商品的认知度提升、国内消费观念的升级、国内需求的多样化发展等。同时，政府在跨境进口通关、税收、物流等方面出台利好政策，也为跨境电商进口的发展奠定了基础。根据中国电子商务研究中心《2016－2017年度中国跨境进口电商发展报告》数据显示，2013年，利好跨境电商零售出口的优惠政策也极大地刺激了我国跨境电商进口的增长，当年4 500亿元的跨境电商进口市场交易规模较之2012年（2 400亿元）同比增长了87.5%。2015年，规范跨境电商进口的税收政策出台和部分进口商品的关税降低使得跨境电商进口出现爆发式增长。我国跨境电商进口平台的不断涌现以及平台服务的日趋完善，跨境物流的提速以及跨境购物的周期缩短，越来越吸引国内消费者通过跨境购平台"买遍全球"。据艾媒咨询数据显示，2016年，我国的跨境电商进口的市场交易规模进入万亿级别；2013～2016年，我国跨境电商进口呈现高速发展态势，每年的进口增速都在40%以上；2018～2020年，我国的跨境电商进口进入平稳增长阶段，每年的进口增速都在15%以上（见图4－5）。我国的跨境网购用户数量也在逐年快速增长，据中国互联网络信息中心《中国互联网发展状况统计报告（2021）》数据显示，我国网民基数全球数量第一，2018年，我国网民基数有8.29亿人，普及率为59.6%，至2020年底网民基数则达到9.89亿人，普及率升至70.4%，是当之无愧的网民基数全球第一；2018年我国的网络购物用户规模有6.10亿人，2020年底达到7.82亿人，占网民基数的79.1%，网络购物用户规模的扩大为跨境网购提供了很好的发展基础。据网经社电子商务研究中心数据显示，2013～2017年，我国跨境电商网购用户规模一直呈现快速扩张之势，年均增长速度均在50%以上；2018年，我国跨境网购用户规模为0.885亿人，同比增长34%；2019年的跨境网购用户规模开始过亿，达到1.25亿人，跨境网购用户规模占网络购物用户规模的比例达到 17.61%，较之 2018 年的 14.5%，增长 3 个百分点[1]，且因基数的逐步增大，跨境电商进口的发展速度十分可观，发展潜力和拓展空间很大（见图 4 - 6）。

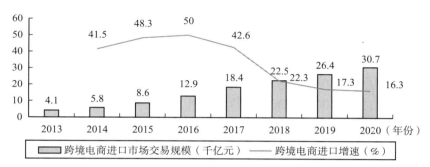

图 4 - 5　2013 ~ 2020 年跨境电商进口市场交易规模及进口增速

　　注：不同机构测算数据有所出入，如电子商务中心给的 2013 年进口数据为 4.5 千亿元，艾媒咨询为 4.1 千亿元。

　　资料来源：艾媒咨询（iiMedia Research）全球知名的新经济行业数据挖掘和分析机构《2021 - 2021 中国进口跨境电商行业研究报告》。

图 4 - 6　2013 ~ 2020 年我国跨境网购用户规模及增长率

　　资料来源：网经社电子商务研究中心《2022 年度、2018 年度市场数据报告》，整理而得。

---

① 数据来自网经社《2018 ~ 2020 年度中国跨境电商市场数据报告》。

三、跨境电商进口试点城市逐步扩展至全国

2012 年，郑州、上海、重庆、杭州、宁波五个城市经国务院批准成为首批跨境电商进口试点城市。2013 年的广州和 2014 年的深圳相继成为第 6 个和第 7 个跨境电商进口试点城市。2015 年，平潭、福州、天津 3 个城市获批跨境电商进口试点。2017 年 12 月，国务院不仅将跨境电商零售进口的监管过渡期政策延长一年（至 2018 年底），同时也扩大了监管过渡期政策的适用范围，大连、青岛、苏州、合肥和成都 5 个城市获批跨境电商进口试点。2018 年，北京、哈尔滨、沈阳、长春、呼和浩特、西安、兰州、贵阳、昆明、南宁、海口、唐山、南京、武汉、长沙、南昌、无锡、威海、厦门、珠海、东莞、义乌 22 个新增的跨境电商综合试验区被允许开展网购保税进口业务。至此，网购保税进口（1210）模式已推广到 37 个城市，实现全国主要城市的基本覆盖。2020 年，石家庄、秦皇岛、廊坊、抚顺、营口、珲春、牡丹江、黑河、太原、赤峰、海东、银川、乌鲁木齐、崇左、泸州、遵义、安顺、德宏、红河、拉萨、西宁、北海、钦州、徐州、南通、洛阳、商丘、南阳、宜昌、襄阳、黄石、衡阳、岳阳、连云港、温州、绍兴、舟山、芜湖、安庆、泉州、九江、吉安、赣州、济南、烟台、潍坊、日照、临沂、汕头、佛山 50 个城市（地区）及海南全岛获批跨境电商零售进口试点，可以开展网购保税进口业务。本次扩围后，跨境电商零售进口试点已包括 86 个城市（地区）和海南全岛，覆盖到 31 个省（自治区或直辖市）。这意味着原本存在于少数试点城市的进口政策红利在逐步消失，跨境电商零售进口的全国开放格局已经形成，仅靠跨境电商进口形成区域跨境电商优势的时代已经过去，需要在满足本地海外消费品需求的同时，形成跨境电商出口新动能。此外，2018 年 11 月，第一届进口博览会成功举办，是我国主动向世界开放市场的重大举措，将让我国的大门越开越大，跨境电子商务也将进入健康、快速发展的新时期。

四、跨境电商进口模式多样化

跨境电商进口模式的多样化表现在通关和平台运营两个方面。从通关方面来看，试点创新主要体现在通关监管服务模式上，首创的保税网购模式（"1210"模式）和直购进口模式（"9610"模式）为外贸进出口打开了新的渠道。目前，我国跨境电商进口包括一般进口、直购进口和保税网购三种主流通关模式。一般进口通关模式涵盖进口到国内、保税区、一次性通过保税区到国内等通关方式；直购进口模式是消费者在跨境购物平台下单后商品通过邮件或快件运输入境的通关模式；保税网购模式是国外商品先行整批运抵国内海关监管场所，消费者在跨境购物平台下单后直接从国内保税仓发货的通关方式。直购进口模式的优点在于打通了海外直购的阳光化正常通关，消费信息透明，商品来源可靠，但直邮为保证配送时效通常会采用空运方式，导致物流成本较为高昂，如每千克的物流成本可以高达80元。保税进口模式是先行运输，可以采用海运集装箱的批量运输方式，运输成本可以大大降低，如每千克的运输成本可以低至0.4元，而且借助保税港区的政策优势来运营保税仓，物流配送时间也可以大幅缩短，是迄今为止低成本高效率的跨境电商B2B2C创新监管服务模式，已成为跨境电商进口的主通道，也是近几年我国跨境电商进口蓬勃发展的基础。河南是"1210"模式的政策发源地，解决了跨境电商政府管理和市场便利的双重难题，在跨境电商业务实践和规则探索上做出了重要贡献。从平台运营来看，跨境电商零售进口平台分为自营类和综合类。自营类以网易考拉和唯品国际为主，一般在细分类目上深耕，容易获得消费者信赖，但前期资金投入较大，且需精准判断商品的热门程度，否则容易造成货品的积压。综合类以天猫、京东等传统电商平台为主，其海外购平台在流量导入方面具有明显优势，采取品牌招商入驻模式，商品品类丰富且渠道多样。随着城市终端配送体系的逐步完善，线上交易平台、线下传统商场、店铺、配送中心将合为一体，"前店后仓、前置仓储"的交易模式将带动信息流、交易流、物流、资金流和信用流的深度融合。跨境电商O2O为代表的实体新零售与网购保税的结合创新出新的通关模式，可以实现现场下单与提货，以及城市即时配送，能够极大提高进口商品的消费者的获得感和体验感。线下传统实体店可以通过引进O2O新零售和应用科技智能技术实现店铺的升级改造，聚焦"人、货、场"打造以消费者需求为导向的智慧零售，重塑零售的专业化服务体系，提升零售的专业化服务能力，从而有效降本增效，实现长远发展和可持续增长。

五、进口品类和产地日益丰富

随着我国人均国民收入的持续提升，新崛起的中产阶级消费水平日益提高，开始追求更加丰富的商品品类和品牌品质保证，海外商品可以填补其消费升级的空白，以母婴用品为例，高端品牌的奶粉和纸尿裤需求增长显著，消费者对品质和个性化的追求使各大跨境电商平台不断拓宽商品品类。据河南保税物流中心大数据平台统计数据显示，郑州试点进口的主要商品品类主要为化妆品、食品保健品、纸尿裤、服装纺织品、鞋包、家用医疗保健美容用品、厨卫家电等快消品。未来消费者跨境网购更多的仍是服装鞋帽、箱包、生活家电、计算机、通信和消费电子产品（3C）数码以及户外、运动用品等品类的商品。与此同时，随着全球普惠贸易的发展，各大跨境电商平台都在积极扩大全球采购资源以满足国内消费者的个性化需求，不同来源国的商品日益增多。据河南保税物流中心大数据平台的统计数据显示，2018年郑州试点进口商品来自全球73个国家，其中，占比较高的是韩国28.83%，日本26.98%，美国10.80%，法国8.63%，澳大利亚6.84%；出口商品能够发往全球206个国家，其中，占比较高的是美国44.26%，俄罗斯联邦23.84%，加拿大3.65%，法国3.44%，英国3.38%[1]。

---

① 《中国跨境电商创新发展报告（2019）》社会科学文献出版社与河南国际数字贸易研究院共同发布。

第五节　跨境电子商务的外贸新模式

跨境电子商务是"互联网 + 外贸"的国际贸易新方式，在跨境电子商务从萌芽走到兴盛的过程中，由 B2B 和 B2C 衍生出 M2B（manufacturers to business，"工厂—企业"模式）、M2C、B2B2C、M2B2C、O2O、C2M 等更多的组织形态和业务模式。我国跨境电子商务只有不断创新商业模式，才有重构国际贸易生产关系的机会，并通过进一步融合新型服务业与传统产业来增强我国企业的全球资源配置能力，从而达到深度融入和提升我国企业全球价值链地位的战略目标。

一、跨境电商 B2B 模式

B2B（business-to-business，企业对企业）是企业之间通过互联网信息技术开展交易活动进行信息交换和传递的商业模式。顾名思义，跨境电商 B2B 就是指境内外企业之间通过互联网所进行的数据交换和交易活动。跨境电商 B2B 有广义与狭义之分，广义是指企业互联网化的跨境贸易活动，即"互联网 + 外贸"；狭义是指企业之间基于跨境电商信息平台（如阿里国际站、环球资源、中国制造等）或交易平台（如大龙网、易唐网等）的跨境贸易活动。跨境电商 B2B 能够简化外贸业务流程，全面提高外贸业务效率，促进海内外企业的互联互通和交易活动，仍是我国外贸的主流模式，对外贸出口的带动最大也最广，占比在八成以上。当前，第一个 B 在不断进行演化，除了专门从事跨境电子商务的外贸公司之外，还有很多的制造类企业上线 B2B，工厂外贸进一步缩短跨境供应链的国内供给端，被称为 M2B（全称为 manufacture-to-business，工厂对企业）。跨境电商 B2B 将国内制造企业和国外制造企业集成在一起形成具有集群效应的虚拟制造网络。跨境电商 B2B 的虚拟制造网络有以下一些优势：一是共享制造资源，国内 B 端制造企业依托上中下游企业的相互联系，可以提高集群外部效应，降低企业生产成本，不断吸引更多企业加入价值链条和分工体系，重塑生产和贸易的价值链；二是促进信息的完全性，国内 B 端通过开放多元的互联网信息平台能够有效降低信息搜寻成本，提高制造供给与需求的信息匹配效率，促进行业信息的透明化和标准化，逐步建立企业对标系统和相关数据库，降低开展对外贸易的信息阻力；三是具有规模经济效应，国内 B 端企业通过网络化制造可以同时面对多个上下游的合作伙伴，形成规模化发展，在有效降低业务开展成本的同时，也能够扩大对外影响，巩固国外 B 端的现有市场并积极开拓潜在市场，拓展企业的全球发展空间。

二、跨境电商 B2C 模式

B2C（business-to-customer，企业对消费者）是企业通过互联网平台和网络信息技术直接向消费者进行产品或服务零售的商业模式，也就是企业在电商平台上开展线上销售活动，消费者实施线上购物和下单支付的消费行为。跨境 B2C 可以被称为小额外贸电商或者跨境电商零售，就是电商企业通过互联网平台和网络信息技术向国外消费者提供零售商品或服务的商业活动，是一种新型的国际贸易形式。跨境电商 B2C 平台按照运营方式的不同可以划分为第三方平台（如速卖通、亚马逊、Wish 等）和自营平台（如中粮我买网、蜜芽宝贝、寺库等）。一些外贸工厂在上线 B2B 的同时，也开始尝试涉足 B2C 市场，细分时也被称为 M2C（全称为 manu-facture-to-customer，工厂对消费者）。当前，B2C 以及拓展的新零售属于跨境电商的创新模式，正在全面发力，且增速明显。跨境电商 B2C 有诸多优势，首先，能够精准匹配供给需求信息，生产者与消费者之间产生直面效应，生产者可以简化贸易渠道，降低对海外贸易中介（包括进口商、批发商、零售商等）的过度依赖，呈现给消费者分门别类的商品信息库，极大地降低消费者的市场搜寻成本；其次，能够快速响应市场变化，互联网的高速发展使得产品的更新换代速度加快，生产者直接面向海外 C 端消费者，能够更加贴近海外消费市场，及时调整企业生产组织方式以快速抓住全球市场变化的趋势；最后，能够柔性满足消费者的不同偏好，在遵循全球消费市场主导性的同时，也更柔性化地满足全球不同消费市场的不同消费群体的个性化偏好，变中国制造为当地制造，增强企业柔性化的生产能力，从而提高海外消费者主动接受中国产品的意愿。

三、跨境电商 O2O 模式

O2O（online-to-offline，线上到线下）是消费者线上支付下单，线下享受相关产品服务的商业模式，就是将线上的消费者带到线下商店中，促进线上交易与线下商务机会的结合。只要商业模式中既涉及线上，又涉及线下，都可统称为 O2O。O2O 的整个消费过程由线上平台和线下商户两部分构成，线上平台主要提供消费指南、优惠信息和便利服务（包括预订、支付、地图等），线下商户专注于服务的提供。可以说，O2O 模式是互联网技术高速发展和新零售时代到来的产物，是由 B2B、B2C 等商业模式衍生出来的一种全新模式，打通线上线下的应用场景，以线上销售带动线下经营。O2O 模式不是单纯的"从线上到线下"和简单的"从线下到线上"，应立足于实体店本身，有机融合线上与线下，实现信息互通、资源共享和立体互动。我国跨境零售进口对 O2O 模式的探索较为丰富，已有"线上下单—现场提货""平台型电商线下展示—线上购买""线下体验—线上下单—直接提货（或快递送货）"三种模式，未来"保税商品展示＋跨境电商＋体验店直营"将是跨境电商进口 O2O 的重要发展方向。我国跨境电商出口也在向 O2O 模式发展，目前主要有两种，一种是在海外仓的基础上发展而来，由海外仓升级而扩展的"前展后仓"模式，不单单是在海外建设或租用仓库，也是优化与整合跨境物流运输方案，进而促进线上商家海外线下服务的功能拓展；另一种是在线平台与海外线下零售商的合作，平台在海外线下可以开设实体店，可以解决在线渠道单一的问题，实现销售渠道的多元化。

四、跨境电商 B2B2C 模式

B2B2C（business-to-business-to-customer，企业对企业对消费者），其中，第一个 B 指商品或服务的供应商，第二个 B 指中介电商企业，C 指消费者，是供应商通过中介电商企业将商品或服务零售给网络购物消费者的商业模式。第二个 B 的发展有两种情况：一种情况 B 是平台企业，如一些集货类平台收购供应商的商品或服务，凭借自己在海外的零售渠道将货品售卖出去，为更准确地区分两个 B，也有将此模式表述为 M2B2C；另一种情况 B 是服务商，是第一个 B 在海外的服务代理商，如海外仓形式，参与流程提供服务，更为准确的表达是 B2S2C（business-to-service-to-customer，商家对服务商对消费者）或者被称为 B2W2C（business-to-warehouse-to-customer，商家对仓库对消费者）。可以说，无论是哪一种情况，第二个 B 都是电子商务服务商，构建自己的物流供应链系统，对生产端和消费端同时进行整合，提供给供应商和消费者统一优质的服务，在供应商与消费者之间架起桥梁。B2B2C 是 B2B 和 B2C 的完美结合，能够适应全球电子商务的发展环境，完善物流体系，缩短销售链，把"供应商、生产商、经销商、消费者"紧密整合在一起，为客户选择合适的物流公司并形成物流的整套解决方案，巧妙避开商品积压风险和物流配送风险，为客户节约时间、资金、风险等成本。我国各试点城市都在积极探索境内制造企业或外贸企业至其境外分支机构至境外消费者的业务模式，支持本地有条件的企业"走出去"，从产品向服务和品牌方向拓展，也将其与集结仓、监管仓、综合服务平台或海外仓相结合，探索与之相关的 9610、1210、9710 和 9810 的阳光化通关模式，形成相应的认定规范、业务流程、技术标准和监管模式。特别是对于海外仓的发展，已经开始专门试点跨境电商出口海外仓的 9810 监管模式，必然能够促进海外仓的发展，依托海外仓开拓海外销售渠道和布局全球供应链也将发挥 B2S2C 模式的更大价值。

五、跨境电商反向模式

跨境电商反向模式主要是指 B2M（business-to-manufacture，企业对工厂）、C2B（customer-to-business，消费者对企业）、C2M（customer-to-manufacture，消费者对工厂）、C2B2B（customer-business-business，消费者对企业对企业）、C2B2M（customer-business-manufacture，消费者对企业对工厂）等模式。跨境电商反向模式是对 B2B、B2C 和 B2B2C 传统流程的反转，突破了传统商业模式，颠覆了传统零售思维，不再是供应商生产什么产品，消费者消费就什么产品，使得海外用户需求成为生产的起点，用户订多少，工厂就生产多少，以海外用户需求驱动生产制造，形成定制化生产的新模式。定制化生产所引领的新一轮工业革命以德国工业 4.0、美国工业互联网和中国制造 2025 为代表，信息技术可以快速且全面嵌入制造业，打破传统的生产流程、生产模式和管理方式，向"制造 + 服务"的方向进行转型升级，高度灵活配置生产要素，迅速响应客户需求变化，满足客户个性化的定制需求，成为制造业未来的发展方向。反向模式下，跨境电商的新兴商业模式必须要具有移动互联网和大数据思维，以海外顾客需求为中心，以数字化为基础，以设计为方向，形成以技术资源共享、企业集成协调、快速响应全球市场柔性需求为主要特征的网络化制造模式，实现海外用户到国内工厂和设计师的直接联系，用户不仅可以享有顶级品质和个性专属的商品，也因去除了流通环节的中间加价，可以使用户拿到亲民价格。未来跨境电商的兴衰与否与能够对海外消费端做出更快反应紧密相关，与其他模式相比，反向模式则更加注重消费端的客户开发和营销，在未来有更大的发展空间。

第六节　跨境电商的外贸新业态

业态是指产业、行业和产品专业门类，与一定的企业核算、商务模式（赢利模式）相关联，在一定的市场体系中表现出各具特点的运营和业务流程，以及由此形成的不同运营状态。新业态顾名思义就是对原有业态所进行的创新，包括经营模式创新、商业模式创新以及由此形成的行业模式创新。针对跨境电商而言，新业态就是基于互联网信息技术所产生的产业链企业间的分化、融合和跨界整合，从而形成企业、商业和产业的新组织形态。相对于传统的国际贸易，跨境电商就是国际贸易的新业态，是"互联网＋国际贸易"融合互动所引发的一种全新业态，为"中国制造"创造内涵转变的契机。

一、网络化制造

跨境电商的网络化制造在全球范围整合协同技术、信息、资源等，实现制造企业的动态重组，突破传统时间和空间的阻碍，提高对全球市场的快速响应能力，向消费者提供更加优质的产品与服务。跨境电商网络化制造具有七大特征，一是全球化，可以突破传统产业聚集的地理局限性，依托跨境电商平台形成的虚拟组织推进技术、资源、信息等关键生产要素的全球共享以及实现市场的全球分布；二是数字化，可以在线发布信息、获取和处理订单、进行客户管理、"单一窗口"填报信息，电子化表格的生成与存储减少了纸质单据的处理环节；三是协同化，并行处理来自不同国家的制造企业对整个生产制造过程不同业务环节，各个企业根据其差异化的比较优势进行相互合作，实现优势互补和强强联合，从而促进制造过程的整体性提高；四是集成化，制造企业以资源集成、企业集成等方式参与网络化制造系统，成为整个系统密不可分的一员；五是动态化，整个过程根据全球市场变化动态调整资源技术和企业联盟，更有效地满足全球市场需求；六是柔性化，通过更加接近海外市场来精确区分消费者，更好地满足新时代消费者的个性化需求，为其提供定制化的产品或服务；七是敏捷化，快速重组企业组织结构和快速调整生产模式，可以快速响应全球消费者的需求变化。

二、地方化规划

跨境电商新业态对区域产业带的价值主要体现在制造业市场扩容和服务业升级两方面。制造业市场扩容有两种模式：一是存量盘活，对区域现有的制造业产能进行疏导，对接海外市场，释放已有的产能；二是增量提质，在海外市场建立产品品牌，追求产品质量和品牌影响力。服务业升级也有两种模式：一是转型升级，利用传统外贸服务业积累优势，结合跨境出口新需求，转型成为本地跨境出口电商服务商；二是服务开放，开放自由服务资源，形成集制造、贸易、服务一体的新发展模式。地方跨境电商新业态的形成需要地方有清晰规划：一是通过跨境业态影响和倒逼企业柔性供应链改造，促进产业升级；二是囊括全球优质平台开店资源和服务，洞察全球市场趋势，科学开店；三是实施站外营销和一站式"品牌出海"，通过市场调研、品牌打造、网站建设、效果营销、维护和应用知识产权等，助推中国制造成为国际品牌；四是将跨境教育前置高校，联动高校、社会引进新锐人才，为当地造血，在各地落地培训辅导，积蓄发展能量；五是以产业调研、大数据等为抓手，科学合理管理跨境业务，促进跨境企业运营的财税合规。

三、全流程化服务

全流程服务的融入可以实现跨境电商的合理化运营，对新业态的形成至关重要，目前进行全国推广的是杭州综试区的六大服务体系建设（见图4-7）。一是信息共享体系建设，促进电商企业、服务机构、监管部门

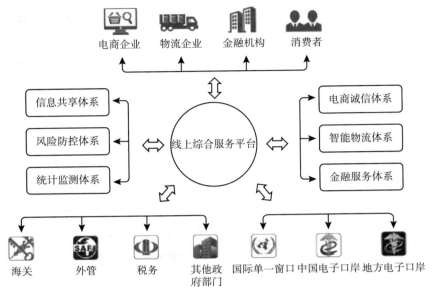

图 4 - 7　杭州跨境电商综合试验区服务六体系示意图

资料来源：杭州跨境电商综合试验区官网。

之间的信息联通，可以解决数据信息的重复填报问题，实现一次申报和数据共享；二是金融服务体系建设，形成金融机构和非银行支付机构的一站式金融服务，在风险可控和商业可持续的前提下依法合规地利用互联网技术为跨境电商真实交易提供在线的支付、结算、融资、保险等服务；三是智能物流体系建设，运用大数据、云计算、物联网等互联网技术，建设物流公共信息平台，实现物流仓储运营服务全流程各环节的可验、可测和可控，达到降成本和提效率的目标；四是电商诚信体系建设，记录和积累跨境电商各类企业的基础数据，对信息进行分类监管、部门共享和有序公开，纳入诚信评价、诚信监管、负面清单系统，建设跨境电商诚信记录数据库，解决商品假冒伪劣和商家诚信缺失问题；五是统计监测体系建设，建立跨境电商的大数据中心和统计监测体系，完善统计方法，为政府监管提供和企业经营提供准确的数据，促进决策咨询服务水平的提高；六是风险防控体系建设，建立国家、网络、交易、商品等各类风险信息的采集、评估、预警与处置机制，防范经济风险（如非贸易洗钱等）、技术风险（如数据存储、支付交易、网络安全等）和交易风险（如商品质量、主体信用、贸易摩擦等）。

四、线上线下化平台

线上的综合服务平台和线下的产业园区能够提供跨境电商业态形成的软硬件条件，促进政府与市场、部门与地方的有效结合，催生跨境电商生态圈。综合服务平台一般依托地方电子口岸平台资源进行建设，本着"一点接入"的原则，将海关、检验检疫、外汇管理、工商管理、税务管理等政府监管部门与各类电商企业的数据建立对接系统，汇集信息流、资金流和货物流，实现数据交换、信息共享和流程电子化，达到信息的快速运转和业务的快速办理，促进政府监管部门信息互换、监管互认和执法互助的同时，也为电商企业提供物流、支付、金融等供应链服务，促进企业操作流程的优化，解决企业出口的通关、结汇和退税等难题，实现出口业务的高效运作。产业园区一般采取"一区多园"的布局方式，可以对跨境电商的上下游企业进行整合，纳入产品研发、创意设计、平台运营、网络营销、物流仓储、供应链金融等模块，有效承接线上综合服务平台功能，优化通关、物流、信息、信用等综合配套服务，规范数据标准，搭建数据中心，实现数据共享，形成集产品资源、平台对接、数据化服务、数字化办公、物流仓储配送、人才培训与输送、第三方运营服务、公共服务为一体的电子商务全产业链综合服务园区，打造完整的产业链和生态圈。

第五章

跨境电子商务的全球价值链重塑机理

长期以来，全球价值链形成了两类主导模式，一类是掌握产品竞争力的生产者主导链，另一类是掌握海外渠道的销售商主导链。跨境电子商务是商业模式的变迁，其对于全球价值链的影响从最初的销售商主导链逐渐向生产者主导链延伸，从而对整个的全球价值链体系产生深远影响，在不断去中介和再中介的进程中培育各环节的实力，从而对全球价值量进行重塑。

第一节　我国传统贸易的中介价值链

一、传统贸易中介的经济学解释

所谓贸易中介，是指有中间人在相关各方协议和签订货品交易合同或供应服务合同的过程中做牵引角色，并且按照中介合同领取酬劳。鲁宾斯坦和沃林克赛（Rubinstein & Wolinksy，1987）将交易中介纳入完全信息下的双边谈判模型，证明交易中介能够提升买卖双方交易的匹配度。比格赖瑟（Biglaiser，1994）研究认为，贸易中介能够为产品质量提供保证，有效解决交易双方质量信息不对称和产品质量识别成本高的问题，在消费者转换成本较高的市场中，贸易中介可以缓解逆向选择，使得市场交易效率得以提高。斯普尔伯（Spulber，1996）定义贸易中介为专门对商品进行转买或转卖以及匹配买卖双方信息促进交易达成的经济中介，因各国文化和制度不同，国际贸易较之于国内贸易来说信息不对称问题则更加严重，贸易中介更有存在的价值。罗伯茨和塔伯特（Roberts & Tybout，1997）研究表明，企业所支付的对外出口成本中，信息成本是重要组成部分，贸易中介有利于降低企业的信息成本。安德森和范·温库普（Anderson & Van Wincoop，2004）研究发现，发达国家的出口贸易成本没有发展中国家的多，但也相当于对产品出口加征170%的关税，其中，运输成本占21%，语言、货币、关税、非关税、信息搜寻等边境贸易壁垒的相关成本占44%，来自批发商和零售商价格加成的国内市场交易成本占55%。罗德里克（Rodrik，2004）认为，因信息不对称，跨国交易合约中存在较高的道德风险，贸易实践中为降低这种风险和成本产生了许多交易制度，如信用证、关系网络、贸易中介等。阿克尔曼（Akerman，2009）和安等（Ahn et al.，2010）认为，贸易中介可以帮助低效率的边际企业进行产品出口，能够促进贸易扩张。彼得罗普鲁（Petropoulou，2011）认为较高信息成本不利于企业直接出口，与之相反，却能够激励贸易中介的形成，从而促进间接出口的发展，从而解释了贸易中介在信息不对称情况下的形成机制及作用。

二、我国传统贸易中介的类型

随着国际贸易的发展，贸易中介也逐渐由单个中间商发展为中介组织，类型日益多样化，主要有委托代理商、出口管理公司、对外贸易公司、独立出口商和国外经销商五种类型。委托代理商与生产厂商是委托代理关系，受生产厂商委托向特定的外国用户销售产品并办理交易相关事宜，并收取一定的佣金。出口管理公司代理生产企业的若干种产品，以生产企业名义寻找贸易机会和进行全部出口活动，甚至协助生产企业进行出口融资，可以收取生产厂商的一定佣金，也可以获得出厂价的加价利润，或者与生产厂商进行利润分成。对外贸易公司是独立贸易企业，不代表某个生产厂商，类似经销商或分销商，以公司名义对内组织和收购出口货源，对外寻找贸易机会和管理整个出口过程，收益来自价格加成。独立出口商有自己的品牌，找生产厂商加工产品，采购后会对出口产品重新包装和定价，再通过海外营销销售给外国客户。与前四种贸易中介不同，国外经销商是海外贸易中介，不是国内贸易中介，其直接向国内生产厂商购买产品，然后向国外零售商分销或者向消费者直销，类似国外批发商，有一定存货并提供售后服务，因对海外市场十分了解，国内贸易中介会与海外经销商共同打造海外销售渠道。

三、中介形成的我国传统价值链

（一）多贸易中介参与价值链

我国外贸发展初期是通过进出口公司来进行国际贸易。改革开放初期，广大中小企业从事出口业务仍然具有实质性障碍，不仅是因为不具备进出口经营权，也因为不了解贸易规则和流程，无法把控贸易风险，尽管有能够打入国际市场的产品，还是需要通过出口国的贸易中介的帮助来完成出口。出口国的贸易中介在传统渠道里主要通过交易会、展览会等形式来与海外采购方接洽。在以线下交易为主的时代，有实力进行全球采购的海外采购方大多为实力雄厚的进口商，其通过广泛参加线下展览会的方式来选择进口商品，然后再通过其所建立的进口国经销渠道，通过批发和零售环节最终到达消费者，形成了"国内制造商—国内出口商—海外进口商—海外批发商—海外零售商—海外消费者"这一传统贸易中较长的价值链。贸易中介也是价值增值环节，贸易中介参与生产厂商的出口产品分销意味着生产厂商不可能获得全部价值增值，其盈利必须与贸易中介分享，也意味着贸易中介数量越多，贸易中介的增值部分必然会附加到商品上，海外消费者最终为高价格进口商品买单。国与国的商品渠道信息越不通畅，贸易中介越能获得更大的价值增值。

（二）国内贸易中介服务价值链

出口国贸易中介能够长期存在并不断发展，与其独到的优势密切相关。首先，出口国贸易中介凭借长期的贸易实践经验和全球客户网络资源，对世界市场信息和最新动向了如指掌，能够给出口企业提供帮助。其次，出口国贸易中介作为专业性贸易机构，较之一般出口企业，在贸易流程方面专业技能水平更高，各环节的完成更加具有经济性和高效率。最后，贸易中介的外贸营销网络和渠道是长期积累的结果，并不是一朝一夕形成的，刚进入的中小企业想要在短期内建设这样的网络和渠道并非易事，耗费大量人、财、物的同时也未必能够获得经济性，与贸易中介联手，利用贸易中介的出口营销渠道，更能迅速实现其全球化的目标。最后，贸易中介能够根据海外贸易的需求设置专业性强的服务，包括市场分析、外贸融资、信用证结算、各类通关等，而随着分工的发展，在贸易中介周边还出现了一些服务中介，使得贸易中介可以专注于海外客户的寻找和谈判，后续的运输与保险可以委托货代处理，报关通关则与报关行合作。但是，出口国贸易中介的目标只是为国内生产商的出口服务，其触角并没有延伸至海外市场，和国内生产商一样，只是价值链的其中一环，并不具有主导价值链的力量。

（三）海外采购商主导价值链

由于国内企业与海外消费者之间存在多级贸易中介，生产厂商主要从贸易中介那里获得订单，接受的是过滤的市场信息与消费反馈。这种间接性的海外市场联系使得生产厂商缺少接触国际市场的直接感受和刺激驱动。而海外采购商掌握渠道信息，能够敏锐洞察终端消费者的喜好，进而出现海外采购商提供产品样图或样品由我国的外贸工厂进行代加工的情况，从而形成了海外采购商主导传统价值链的加工贸易局面。虽然"三来一补"的加工贸易形式经营风险很低，只专注于产品的加工环节，不用考虑产品的外销问题，但也因对海外市场无法把控，所获的价值增值较少，而且，加工环节只要有廉价的劳动力就能够发展，不断有不发达的国家或地区挤入这个环节，导致该环节的竞争越发激烈，进一步降低了该环节的价值附加。加工贸易曾被誉为我国贸易的"半壁江山"，但从全球价值链角度来看，庞大出口额的背后所获得的价值增值并不大，且被深深嵌入全球价值链的低端加工环节。可以说，如果没有特别的变革点，因长期的代加工已形成路径依赖，前后端演进必然遭到价值链主导方的围追堵截，其他代加工国家和地区也在虎视眈眈希望取代位置，固守本已有的价值链位置已不容易，仅仅靠外贸企业或外贸工厂自觉向价值链的前后端演进几乎没有可能。

第二节　跨境电子商务的　"去中介化"　价值链

跨境电子商务在"跨境交易"和"电子商务"双引擎的拉动下，能够适应小批量、多批次的碎片化国际贸易发展趋势，使得企业的国际市场渠道得以拓宽。跨境电子商务作为国际贸易的新模式和新业态在全球范围内异军突起，市场交易规模在高速增长。跨境电子商务制造了制造生产端和海外消费端网络化联通的机会，必然会对原有的价值链体系产生冲击，"去中介化"成为必然趋势。

一、"去中介化"的经济学解释

"去中介化"是指通过电子商务方式，制造商直接与消费者交易，可以不经过贸易中介。"去中介化"现象的发生表明，贸易中介在电子商务时代存在条件的变化使得其处于逐渐退化与消亡的状态。马龙等（Malone et al., 1987）认为，传统的中介市场交易因电子商务对进货商货源搜寻成本的大幅降低最终会消失。本杰明和维甘德（Benjamin & Wigand，1995）和霍夫曼等（Hoffman et al.，1995）均认为，交易模式因信息技术的应用会发生显著变化，供应商能够直接与消费者交易，使得供应商可以大幅缩短商品营销链和提高交易效率，以及减少甚至消除导致价格提升的多级代理，重置产品价值链，让消费者获得更优惠的价格。格尔曼（Gellman，1996）和安德昂（Andeon，2002）认为网络的使用大幅度提高了信息的透明度，许多制造商会与消费者直接接洽，从而出现"去中介化"的现象。

二、我国出口的"去中介化"

出口国的贸易中介主要是为本国的制造生产商的产品出口服务，也就是帮助制造生产商寻找海外客户，通过磋商谈判拿到订单，还可以延伸至跟单出口，从中分得一部分利益。即使不出现跨境电商 B2C 模式，仅仅是跨境电商 B2B 的发展，就已经对出口国的贸易中介产生大的影响。跨境电商 B2B 发展之初主要是为了打破供需双方的信息不对称局面，进而向贸易全流程的综合服务发展方向进行革新演进。发展初期的跨境电商 B2B 平台主要起到撮合交易的作用，也就是在平台网页上展示出口国卖家和其产品信息，海外买家浏览同类信息选择合适卖家，并通过站内信方式进行进一步的业务磋商。跨境电商 B2B 平台在发展之初是受到贸易中介欢迎的，这为贸易中介提供了新的寻找海外客户的方式。但是，平台的效益是随着网络用户的增加而呈指数化的增长，其开始的盈利模式主要是会员会和竞价排名，必然会不断争取新的用户进驻，向供给端前移是必然趋势。处于供给端的制造生产类企业，通过贸易中介的方式进行出口，必然要分一部分利润给贸易中介，如果能够实现自行出口，则能带来企业的更大效益。跨境电商 B2B 平台给予了这些企业这样的机会，而随着更多工贸类企业入驻平台，跨境电商 B2B 的产品详情页也更加趋向于工厂化，除了展示有图片之外，更多的工贸类企业贴出了工厂全景、生产场景以及产品质量认证证书等更多信息，较之于贸易中介不透明的货源情况，工贸类的企业更加受到海外买家的欢迎。不仅如此，跨境电商 B2B 平台还在不断整合出口端的各种业务和服务中介的服务功能，将其从线下搬至线上，打造出口一体化的供应链服务体系。现代的跨境电商 B2B 平台，对于不熟悉出口流程的卖家来说，可以选择平台的物流、支付、报关、退税、融资等服务，进一步压缩了传统贸易中介的生存空间。可以说，跨境电商 B2B 平台实现了制造生产类企业的工贸一体化发展，出口端的"去中介化"已成大势。

三、海外进口的"去中介化"

跨境电商 B2B 的发展早于跨境电商 B2C，主要原因在于跨境电商 B2C 存在跨境物流、支付、信用等难题。在这种情况下，国际贸易具有规模化的优势，大宗贸易出口的各项成本费用要远远低于小批量出口。进口采购商往往资金实力雄厚，能够垄断海外进口渠道，批发商和零售商越过进口采购商直接进口的成本费用会更高，使得进口国批发商和零售商直接进行海外采购的意愿并不强烈。这种发展态势在 2008 年金融危机之后有了很大改观。金融危机改变了海外消费模式，海外消费者一方面需要更为便宜的商品，另一方面也有了更多个性化的要求，单一商品的大批量贸易已不适合，取而代之的是小批量多品类的"碎片化"贸易。面对贸易的新趋势，越来越多的出口国企业开始顺应潮流，从整集装箱出口到集装箱拼箱出口，再到接受更少数量的快递发货。对于原本牢牢控制进口渠道的采购商来说，消费端和供给端"双改变"的发展趋势使其丧失了原有优势，不再具有规模优势的同时，也无法做到进货的无限多样化。而原本只做国内批零业务的分销商们，更加适应这种新变化，也随着跨境电商 B2B 平台海外推广的深入，逐渐加入海外采购的行列。而且，在国内电商日益成熟和竞争日趋激烈的情况下，跨境电子商务这片蓝海必然成为发展的新方向。跨境电商 B2C 模式在危机后逐步起步，并开始飞速发展，随之带来跨境电商物流和支付等基础设施的建设和逐步完善，使得跨境电商消费也能实现与国内电商一样的体验。当海外消费者可以通过平台下单的方式很方便地购买到国外商品，从价值链的角度来看就是价值链进口端的"去中介化"又能够进一步将批发商和零售商去除，原本批发商和零售商所获得的价值增值变为消费者所获得的实惠。

四、"去中介化"的价值链演进

跨境电商对于国际贸易传统价值链的"去中介化"基本上是从出口贸易中介开始，逐渐向进口国的渠道商过渡，从进口采购商，再到批发商和零售商，都有可能从价值链上去除。最为极端的"去中介化"则是所有贸易中介全部去除，形成从出口国生产者到海外消费者的最短价值链。没有众多贸易中介参与的价值链，生产者原本分给贸易中介的利润一部分重新回归，另一部分则回馈给消费者，消费者可以享受优质低价的实惠。但是，这种"去中介化"是一种比较理想化的状态，实现的难度较大，原因在于终端消费者的数量要远远大于采购商的数量，价值链虽然短了，但价值链的数量在呈现几何数级的增加，业务会十分烦琐，企业运营和管理这些价值链的难度和成本会增加。只有实力雄厚的企业有此战略意图，甚至去除跨境电商平台去自建平台，内部化所有的跨境服务，实现网络时代对最短价值链的主导。

第三节　跨境电子商务的"再中介化"价值链

"去中介化"虽然对制造生产商和海外消费者有利，但也使得众多的贸易中介失去生存的空间。"再中介化"是贸易中介创造出适应电子商务发展的新功能，重新嵌入价值链，成为价值链上的新型中介。跨境电商的"再中介化"和"去中介化"看似矛盾，但却能够同时发生。传统国际贸易价值链中之所以能够存在众多的贸易中介，与进出口流程的复杂程度有关，才会给贸易中介提供服务的机会，进而能够在价值链上分得一部分利益。"再中介化"也必然能够让贸易中介重新面对"去中介化"后生产者面临的新问题来创新发展，从而实现与"去中介化"共生的跨境电子商务生态。

一、"再中介化"的经济学解释

"再中介化"基于网络经济的虚拟性会增加交易双方筛选信息的额外成本，认为贸易中介在电子商务时代会发生功能与特征变化，但不会消失。萨卡尔等（Sarkar et al.，1995）和巴科斯（Bakos，1998）指出，因市场交易的信息不对称不可能被电子商务完全消除，新的贸易中介会被催生出来去进一步降低交易成本。基尔库和考夫曼（Chircu & Kauffman，1999）论证了新型贸易中介由传统贸易中介结合电子商务发展转型而来的可能性。胡宏力（2010）认为，在电子商务市场中，中介仍可以存在，主要是因为中介可以把交易双方的协调成本降得更低，商品的不确定性和信息的不对称性需要中介去控制风险。奥尔松等（Olsson et al.，2013）发现，贸易中介在电子商务活动中具有资源整合和专业化协调的作用，其网络分销功能显著增加。茹玉骢和李燕（2014）指出，电子商务为贸易中介提供了新平台，新型电子商务贸易中介可以克服时空障碍和文化障碍，迅速进入海外市场和灵活满足消费者需求，有利于出口的进一步扩大。钟本章（2015）认为，贸易中介的传统功能被弱化的同时，降低中介成本和提供细节服务的新功能在不断强化。

二、我国出口的"再中介化"

当前，能够自建平台实现跨境电商闭环运营的企业数量并不多，大多数的企业还需要借助第三方平台来实现线上的跨境运营。当前，跨境电商平台大致可以分为 B2B 和 B2C 两种类型，每一类里还含有综合型平台和垂直型平台，也有出口国平台、进口国平台和全球平台。每一类平台都有各自的优势，越多地纳入各类平台，则对国际市场的开发越具有广度和深度。但是，多平台运营也会存在运营成本和难度增加的问题。许多出口企业专门针对跨境 B2B 设立外贸部，对于我国而言，阿里巴巴国际站已经建立起很好的口碑，在海外推广上的优势也让许多企业专门依托阿里平台来进行出口业务。随着业务的增多，企业通过多开国际站账号的方法也可以多建价值链。在跨境电商 B2C 兴起之后，企业按照传统做法再设电商部，但只依托一个平台来建设 B2C 的价值链就存在很大问题。面对海量的海外消费者，任何一个平台都不可能面面俱到，即使是全球性的平台，也并不能做到对各国市场的开发都非常有效，进驻本地化平台进行针对性的销售也往往可以带来好的效果。基于这样的市场认知，一些具有战略发展眼光的出口企业除了公司运营若干平台之外，还纳入更多的运营代理商。公司运营平台的目的是对海外消费端有所把握，掌握核心竞争力，而纳入运营代理商，其实是一种海外分销的模式，可以借助更多的中介力量去开拓和深耕更多市场，从而达到企业在更多平台在更多国家运营的目的。当然，这类贸易中介也可以延伸至海外，接受海外运营代理商。而更多的中介参与分销模式，也给相关的服务市场提供生机，催生一批供应链服务商等新产业，丰富了业态，完善了服务链条。

三、海外进口的"再中介化"

进口国的"再中介化"不仅是进口国贸易中介在争取嵌入，也是出口国中介进军海外市场的努力方向。跨境电子商务属于线上操作，具有虚拟性，容易产生信用、质量和信息等问题。虽然跨境电子商务促进了价值链的收缩，但是，消费者还是需要可靠信息来甄别产品，从而有更好的购物体验。因此，渠道商仍然有存在的价值，只要其能够针对跨境电子商务开发出更加适合消费者的购物情景，走 O2O 的发展路线，辅之以线下模式，就能够获得比直接在线购物更好的效果。当前，我国跨境电商保税进口模式在跨境电商综合保税区进行的试点非常成功，货物在海外进行集中采购，可以大幅度降低商品的采购成本和物流成本，进口后暂时存放保税区仓库，单件货物在平台下单后直接从保税区仓库发出，可以省去国际物流的时间，消费者则可以在较短时间内收到货物，从而获得良好购物体验。通过保税方式进口的海外商品，海关已增列"1210"监管代码，进口通关的各流程阳光透明，监管严格，可以保证商品的质量，而且，跨境电商综合保税区一般都设有进口商品展厅，消费者可以现场体验各类产品，优选更为适宜自己的产品，从而获得更好的购物体验。甚至，一些综合保税区在做进一步的创新，如门店自提模式，消费者在综合保税区可以现场报关，缴纳进口相关税款后可以现场提货，从而更快拿到货物。保税进口模式已经使得一些贸易中介成功嵌入价值链，通过从海外筛选优质产品来破除跨境电商虚拟性所带给的消费者体验问题，形成自身的价值增值优势。另一方面，我国也在鼓励跨境电商出口方面能够积极尝试O2O模式，支持海外展览厅、体验馆、海外仓等的建设。无论是我国的企业"走出去"自建，还是选择与当地企业合作，都是出口国贸易中介打破关境界限，将触角延伸至进口国，嵌入价值链的进口国环节。

四、"再中介化"的价值链演进

跨境电商的"再中介化"并不是简单地恢复到之前的传统贸易价值链，与传统贸易链相比，已经有了很大的变化。首先，原本泾渭分明的进口国和出口国贸易中介已经可以跨越关境进入对方国家开展业务，进口国的贸易中介可以直接成为出口国生产者的分销代理，通过在本国电商平台上直接运营出口国产品来获利；出口国的贸易中介也可以"走出去"，通过设立在海外线下的仓库或门店推广出口国产品来获利。其次，贸易中介并不必然以公司的形式存在，创业团队或个人也可以加入海外分销体系，以适应价值链几何倍数递增的需要，甚至可以采取与政府合作的方式以获得更大的实力。最后，贸易中介之间更多的是竞争关系，与之前海内外贸易中介合作共同嵌入的链式不同，每一类中介都是帮助制造生产商来获得海外市场的消费者黏性，更多的分销商进入同一市场只能带来中介之间的竞争加剧，需要中介实现错位竞争，才能保证其价值链的收益。

第四节　跨境电商价值链的主导机理

当今的国际竞争已从单个企业间的竞争转向完备供应链和价值链形成的链群之间的竞争。跨境电子商务时代，随着价值链"去中介化"和"再中介化"的演进，无论是制造生产商，还是嵌入的新型贸易中介，抑或是相关的服务中介，只要能够掌控海外消费端，借此整合供应链资源，就能够提升在全球价值链中的位置，成为价值链的主导者。

一、制造生产商主导机理

有实力的大制造生产商可以创造跨境电子商务的闭环运作，从设立平台，到在海外社交媒体平台进行推广，建立自己的物流中心，形成自己的支付体系，再到生成产品的消费大数据等，可以内部化跨境电子商务的所有创新，跟随消费者需求变化及时推出新产品，甚至接受定制化的柔性生产。这类大企业凭借对于需求的准确把握，必然能够促进海外销售的规模化发展。对于消费端的掌控能力也可以体现在供应端，规模化的销售必然带来规模化的生产，必然对中间产品、零部件、原材料等上游产业形成影响，无论是在本地建立集群式的上下游集聚，还是跨区域跨国界的采购，都能够形成以该产品制造生产商为主导的价值链体系。即使制造生产商不能实现完全的闭环，也可以通过拓展跨境 B2C 业务来达到掌握消费端的目的；即使不能做到对各国消费市场面面俱到，以及所有的跨境电商 B2C

平台都了如指掌，但只要能够控制主要国家市场和主流 C 端平台，将其他国家市场和非主流 C 端平台交给其他分销商运营，并将相关数据与自身数据合并形成产品大数据，也能够掌控海外消费端的变化，形成制造生产商主导型的价值链。

二、出口国贸易中介主导机理

新型出口国贸易中介很多是传统的贸易中介转型而来，较之于制造生产商而言，更加专注于对海外市场的开发。随着目标市场的下沉，其也在积极进行多平台运营的尝试，特别是在跨境电商 B2C 业务领域。跨境电商 B2C 平台上早期的卖家大多是贸易中介，海外市场销售价格与国内采购价格之间存在十分大的价差，即使没有稳定供货渠道的创业个体，从国内批发网站购货通过跨境电商平台卖到海外都能够赚取很大利润。随着跨境电商平台上店铺规模的扩大，店铺品牌显得越来越重要。虽然店铺可以经营各种品牌的商品，但杂牌的结果可能是海外客户既没有记住商品牌子，也没有记住店铺名字，"一锤子买卖"的做法获得不了客户黏性。这类贸易中介可以成为品牌产品的分销商，但还有很多贸易中介认为分销品牌并不能在产品中添加自己认为的流行元素，商机有时会白白浪费。这种情况下，一些贸易中介开始有控制工厂的想法，甚至会反向购买工厂，一旦海外新的流行元素兴起，其可以迅速指挥工厂开模生产，打上自己店铺的品牌，使得商品品牌和店铺名字合二为一，品牌宣传变得更为容易，也易被客户接受和记住。出口国贸易中介依靠海外客户黏性，发展自有品牌发展，使得制造生产商受其控制，从而形成贸易中介主导型的价值链。

三、国内服务中介主导机理

跨境电商的发展需要各类基础设施的建设，其中最为关键的是物流和支付。随着跨境电商的发展，本着为客户提供更好的服务，物流和支付领域也在进行着业务版图的逐步拓展，出现第三方物流和第三方支付这样更为专业的企业来提供与之相关的更多服务。从第三方物流来看，除了开拓空运专线、铁路专线之外，海外仓的发展也在其重点发展之列。海外仓原本只是为了解决国际物流时效和退换货难题的跨境仓储方案，但因其能够与海外消费者直接接触，也会帮助海外仓用户处理退货和存货，其业务拓展至销售领域存在必然性。当前，一些大型的第三方物流都开始在各大海外市场布局海外仓，并在前期建仓的基础上发展"前展后仓"新模式。而且，物流行业历来十分重视大数据的分析，将此运用到展销之中，就能够通过分析海外消费者在商品前的停留秒数等信息敏捷捕捉消费信息。可以说，第三方物流将服务从仓储再延伸至代销，一旦能够掌握消费大数据，其就可以反向控制更多的店铺卖家，进而将这种影响力传导至供给制造端，形成服务中介主导型价值链。从第三方支付来看，其业务拓展更多的是嵌入生产商和分销商之间，帮助不太擅长多平台运营的制造生产商建设多平台运营体系，对外招募更多的分销商参与海外分销，形成海外分销平台，汇集海外分销的大数据，从而也能够敏锐掌握海外消费端变化，从而对整个价值链起到主导作用。

四、进口国贸易中介主导机理

随着跨境电子商务的发展，出口国无论是制造生产商还是各类贸易中介和服务中介，其开拓海外市场和掌握海外需求的动力都被极大限度地激发出来，同样，随着我国收入水平的提高，我国消费者对于海外商品的需求也在迅速上升，通过跨境电商平台直接下单购买海外商品越来越便利。这必然会给进口国原本稳定的消费市场带来冲击，从跨境电商立法、加征关税、开征所得税、降低行邮税标准等就可见一斑。我国在发展跨境电商方面的理念是"买全球，卖全球"，对海外开放我国的跨境电商进口市场是必然的选择，但开放市场并不意味着放弃价值链的主导权。消费者初期从海外平台上网购，如申请亚马逊美国买家用户下单，其间汇率、进口税、物流等问题对购物体验影响很大，更多的国内平台随之跟进，开通海外购频道，如苏宁、京东等，也有专门做跨境进口的新平台产生，如小红书、蜜芽网等，演变成为最大的海外采购商，采取海外集货模式，帮助消费者直采优质海外产品，甚至可以采用保税进口方式来缩短消费者等待收货时间，在海关特殊监管区，如综合保税区、物流保税区等开设线下门店，来帮助消费者获得更好的购物体验。越来越多的国内平台开始嵌入零售进口，已从服务型平台发展成为贸易中介类平台，随着其海外直采渠道更加健全，其也具有主导价值链的可能性。

第六章

契合重塑机理的我国
跨境电子商务战略布局

跨境电子商务是新生事物，我国在探索其发展途径上积极采用试点的方式来稳步推进，在规范发展跨境电子商务的同时，也使得跨境电子商务朝着有利于实现外贸发展新优势的方向发展，对全球价值链的重塑产生重要影响。

第一节　跨境电商零售进口模式及试点推进

跨境电商零售进口模式是从价值链的需求端来探索在原有一般进口模式外贸代理制逐渐弱化的情况下如何加强我国进口中介对价值链销售渠道的控制力。我国跨境电子商务起步阶段采取城市试点的方式进行，起初是以跨境电商通关为切入点来推进，选取一些城市探索跨境电商进口通关或出口通关，条件较好的城市可以同时进行进口和出口通关的探索。之后，随着跨境电商综合试验区在全国的普遍设立，其在探索方向上与跨境电商试点城市开始有所区分，跨境电商综合试验区的探索向跨境电商出口方向转变，而跨境电商试点城市则以跨境电商零售进口为试点特色，并逐步以跨境电商零售进口试点城市来命名。随着跨境电商零售进口模式的逐渐成熟，我国的跨境电商零售进口逐渐普惠化，也预示着我国对于跨境电商进口价值链的掌控力重新加强，"买全球"的收益性稳步提升。

一、全球价值链视角的跨境电商零售进口模式

跨境电商零售进口在发展过程中形成了海外直购、集货直邮、保税备货三种进口模式，其中，海外直邮进口模式有去进口中介化趋势，而集货直邮进口和保税备货进口则有加强进口中介控制力的作用，加之能够实现国家的跨境电商阳光通关，必然成为国家在零售进口方面推进的模式。

（一）海外直购进口

海外直购进口（也被称为"海外直邮进口"）是指客户在跨境电商平台下单购买的海外商品由境外供应商以国际快递或邮政小包方式进行国际运输、完成进口通关后由国内物流直接配送给消费者的跨境电商零售进口方式。海外直购进口走的是邮件通道个人清关，无须海关单据全部报关，海关只对包裹进行抽查。该模式比较灵活，有业务时才发货，比较适合小微型跨境电商业务量较小的情况，基本上是为海淘转运服务的，但是，业务量扩大后并不能有效控制快递成本，而且，由于商品是按照邮件邮递，与其他邮件混合，物流通关效率较低。从全球价值链的角度来看，海外直购进口实现了从海外供应商直接到境内消费者的直接通道，是将在此过程中所有的贸易中介都去除的一种链式发展。进口供应链会被海外供应商所掌控，国际物流巨头也会对跨境物流形成相对垄断的局面，不仅导致原有的外贸进口中介大量消失，从而影响国内相关领域的就业，也使得价值链的价值分配更多留在国外，特别是我国进口产品以轻奢型产品为主，较之于之前的外贸进口代理制，我国并没有从中获得比跨境电子商务发展之前更多的收益。虽然贸易中介价值的去除使得红利在供应商和消费者之间重新分配，国内消费者能够获得一定的实惠，但是，因国际快递的成本较大，使得这种实惠会大打折扣，或者因邮政小包的时效性较差，丢包率较高，使得海外直购进口的体验感较差。此外，对于国家而言，碎片化订单

不仅会使海关业务量急剧上涨，海关人员被大量细碎烦琐业务所累，监管也会存在疏漏，不利于海关对进口货物的查验、统计等，存在灰色进口的通关付汇问题。

（二）保税备货进口

保税备货进口需要用到保税仓库。保税仓库是经海关批准设立的仓库，用于存放保税及其他未办结海关手续的货物，在保税制度中应用很广泛。保税备货进口是指商家提前预测热卖商品的种类和销量，在海外集中采购并批量运至国内保税仓库存放，待消费者下单后，商家为所订购商品办理进口通关手续并委托国内快递派送至消费者。保税备货进口使用的保税仓系统能够直接对接海关、商检等通关部门，订单产生后根据前置信息仅需 1 小时便可迅速完成清关环节。相较于传统海淘，保税备货进口模式有诸多优势，如商家可以批量运输备货，节省物流和人力成本，物流速度还几乎与国内订单无异，可及时响应售后服务要求，用户体验最佳；保税货物能够以个人物品进行清关，不用像传统进口货物那样缴纳 17% 的增值税；保税备货进口的清关过程相对简单，享有检验检疫上的优势。保税备货进口模式与一般进口有些类似，都是商家事先将货物进口，不同的是，一般进口需要及时报关，通关后由层层代理分销商品，而保税备货模式则是货物暂存保税仓，无须层层代理，直接对接国内消费者分销商品。但该模式也会占用资金，货物存放保税仓会产生仓储成本，需要考虑备货量，以及如何迅速销货。从全球价值链的角度来看，保税备货进口模式是对原有一般进口模式的改进，消除的是层层进口代理，但没有去除进口贸易中介，反之，正是由于进口贸易中介可以直接面对国内消费者销售，其中介实力不仅没有削弱，反而有所增强。而且，保税备货进口模式通过"三单合一"等制度安排，国家能够掌握贸易中的准确信息和真实数据，实施有效监管，增加部分税收，这种零售进口的阳光通关模式得到了国家的认可和推行，必然能够进一步强化新价值链中我国进口贸易中介的渠道控制力。

(三) 集货直邮进口

集货直邮进口模式实行预售制，国内客户下单后，我国商家在国外进行采购并存放海外仓，货物达到预定数量后被整批包装出运并经国际物流进入国内保税仓或保税物流中心，单件包裹再由商家办理通关手续并委托国内快递派送至客户。集货直邮进口模式属于代客扫货，不占压商家资金，也可以有效降低物流成本，与邮件和快件清关相比，整批进口的通关效率更高；与保税备货进口相比，没有在仓库囤积未出售的货物，资金成本和销售风险都得以极大降低。但是，集货直邮进口需要海外建仓存放货物并完成整批包装的操作，海外仓储和包装的费用有所上升，且预售制导致整个的物流时间较长，消费者从下单到收货平均历时 30～40 天左右，因此，对于采购量较大的可以快速成批发货的热门商品使用集货直邮进口模式比较流行。集货直邮进口模式下，国内消费者下单的平台不再是境外直购平台，而是转为国内海购平台，从全球价值链的角度来看，国内海购平台相当于在价值链上充当进口贸易中介的角色，实现了新价值链的重新嵌入，新型中介因帮助客户国外扫货、仓储、物流和配送，从而在价值链中分享一定的价值，而且，随着平台扫货能力的加强，必然也能够形成一定的渠道控制能力。集货直邮进口较之于海外直邮进口也更受监管部门欢迎，大量零散的个人采购和运输行为能够变成集中采购和运输，货物实现的是批量进口，减轻了碎片化进口的通关压力，且入境后进入保税仓的国家监管区域，有利于海关对进口货物进行查验、统计等，打破国际物流巨头对跨境物流相对垄断的局面，是阳光通关渠道。此外，集货直邮进口模式因需要在海外建仓，实际上也促进了海外中介重新嵌入价值链，因海外仓储而获得一部分价值增值。可以说，海外集货进口模式实际导致了两类贸易中介重新嵌入价值链，即进口中介和海外仓中介，其中，进口中介对价值链有控制力，但海外仓中介会因进口中介建仓需求的增大而获得部分增值收益。

二、跨境贸易电子商务服务试点城市的探索起步

(一) 跨境贸易电子商务服务试点城市的开展

跨境贸易电子商务服务试点城市由发改委总体推动，海关总署牵头率先进行，由试点城市所在省市的发改委具体管理，以试点企业为依托，采取试点项目的方式推进。2012 年 5 月，国家发展改革委《关于组织开展国家电子商务示范城市电子商务试点专项的通知》提到，跨境贸易电子商务服务试点工作主要针对快件或邮件难以快速通关、结汇退税不规范等问题，由海关总署组织一些示范城市开展提升通关管理和服务水平的试点工作，支持建立和完善跨境贸易电子商务综合服务系统和企业在线业务申报应用系统，研究相关基础信息标准规范和管理制度。2012 年 11 月，《关于开展国家电子商务试点工作的通知》将杭州、郑州、上海、重庆、宁波设为国内首批的 5 个跨境贸易电子商务服务试点城市开展试点工作。2012 年 12 月，海关总署在郑州召开试点工作启动部署会，批准 5 个城市对跨境贸易电子商务服务先行先试，依托自身的优势，寻求解决跨境贸易电商快速通关、规范结汇及退税等问题的改革之路，解决跨境电商发展过程中遇到的问题，制定基础信息标准和管理制度，提高通关管理和服务水平。

(二) 试点城市的零售进出口通关服务

随着试点工作的不断深入，试点工作由"关"环节向"检、汇、税"等多个环节延伸。2013 年 8 月，国务院办公厅《关于实施支持跨境电子商务零售出口有关政策的意见》提出，在 5 个试点城市试行适应电商出口的 12 项政策，主要涉及经营主体分类、海关监管模式、海关专项统计、检验监管模式、收结汇服务、支付服务、税收政策和信用体系。该意见明确定义了跨境电商零售出口，提出并建立了跨境电商标准及业务管理规

范，划分了各部门的出口监管职责，解决了通关、检验、支付、税收等环节的问题。2014 年 1 月，《关于增列海关监管方式代码的公告》增列跨境贸易电子商务监管方式，监管代码为"9610"，以方便跨境电商零售进出口业务的企业通关、海关管理和贸易统计。2014 年 7 月，《关于增列海关监管方式代码的公告》增列保税跨境贸易电子商务监管方式，监管代码为"1210"，适用于经海关认可跨境电商平台下单且经海关特殊监管或保税监管区域的零售进出境商品。

（三）零售进出口试点的区别对待

自 2013 年 9 月始，跨境电商试点城市逐步扩大到全国有条件的地方，其审批流程改为地方城市申请，海关总署审批即可，如海关总署的《关于广州市开展跨境贸易电子商务服务试点工作的复函》。2013 年 9 月，广州和苏州成为试点；2014 年 1 月，银川和长沙成为试点；2014 年 2 月，青岛、牡丹江和哈尔滨成为试点；2014 年 3 月，烟台和西安成为试点；2014 年 5 月，长春成为试点；2014 年 7 月，深圳成为试点；2014 年 8 月，绥芬河成为试点。仅一年时间，新增跨境贸易电子商务服务试点城市 12 个，可以探索电子商务 9610、保税电商 1210、市场采购 1039、外贸综合服务平台等业务监管模式，施行"清单核放、汇总申报"的通关手续。2014 年 3 月，海关总署《关于跨境贸易电子商务服务试点网购保税进口模式有关问题的通知》进一步规范保税进口模式，明确试点的进口商品范围、金额、数量、征税等规定，并将模式试行控制在 6 个有跨境电商进口试点资格的城市（首批的 5 个试点城市＋广州）。之后，深圳也被纳入可以同时开展跨境电商零售进出口试点，其他 10 个试点城市则仅被准许进行出口试点，表明海关总署鼓励更多城市探索零售出口，但对零售进口业务的开展持谨慎态度。

三、跨境电商进口零售试点城市的局部试验

（一）跨境电商进口城市试点的逐步形成

2015 年之后，跨境贸易电子商务服务试点城市范围进一步扩大，2015 年 9 月，张家港成为试点城市；2015 年 10 月，天津成为试点城市；2016 年 1 月，福州、平潭、合肥、成都和大连成为试点城市。其中，天津、成都、大连可以开展进出口试点，张家港仅准许进行出口试点，福州、平潭、合肥仅准许进行进口试点。苏州、青岛 2017 年获得跨境电商进口试点资格，成为可以开展进出口试点的城市。由于跨境电商快速发展对平台、物流、支付、通关等环节提出了新需求，原有以进出口业务试点为核心的政策体系存在较大局限，2015 年，国家从战略层面启动了跨境电子商务综合试验区的试点工作。相应地，跨境贸易电商服务试点城市中审批较严的进口零售试点城市被单列出来，开始以跨境电商进口城市试点来命名。2015 年 9 月，海关总署《关于加强跨境电子商务网购保税进口监管工作的函》明确指出，地方政府未经国家层面批准自行设立的跨境电子商务产业园区的跨境保税业务一律叫停。至 2016 年，共有 15 个城市获批跨境电商进口城市试点，分别是上海、杭州、宁波、郑州、重庆、广州、深圳、天津、福州、平潭、合肥、成都、大连、苏州和青岛，保税进口模式只在这 15 个城市进行试点，非试点城市仅能开展直购进口业务。

（二）"四八新政"的推出

海关对行李和邮寄物品征收行邮税，不同物品实行不同税率，税额 50 元以下的免征行邮税。跨境电商零售进口商品征收行邮税，特别是免征的规定，使得跨境电子商务的关税政策明显优于传统大贸，体现了国家对跨境电子商务的大力支持和积极引导。但是，这种明显的优势也对传统贸易产生冲击，对国内产业产生影响，需要在跨境零售与传统大贸的税收

政策之间做出平衡。2016年3月，财政部、海关总署和国家税务总局三部门联合下发《关于跨境电子商务零售进口税收政策的通知》，宣布将于2016年4月8日起对跨境电商税收政策进行调整，这一新关税政策被称作"四八新政"。2016年4月，海关总署《关于跨境电子商务零售进口商品有关监管事宜的公告》对跨境电商零售进口的企业管理、通关管理、退货管理、税收征管、物流监控及其他事项进行了规范，当月，还公布了两个批次分别为1 142个和151个8位税号的商品。可以说，跨境电商零售进口"四八新政"之前基本按照物品监管方式征收行邮税，品类准入尺度宽且有50元免征税额，"四八新政"之后基本按照货物监管方式征收跨境电商综合税（包括关税、增值税和消费税），正面清单的推行也将准入品类卡得很紧。

（三）"四八新政"的暂缓执行

2016年5月，海关总署《关于执行跨境电子商务零售进口新的监管要求有关事宜的通知》给予跨境电商零售进口新监管要求1年的过渡期，在此期间可以继续试点原有模式的监管。2016年11月，海关总署通告进一步延长过渡期至2017年底。2017年9月，又将监管过渡期政策延长至2018年底。实际上，这也是"四八新政"出台后第三次延期执行。"四八新政"暂缓执行有诸多原因：一是企业一时难以接受，跨境电商进口产品多数为市场采购方式，难以满足一般贸易进口监管要求，且一般贸易备案周期长也会降低进口产品的丰富度，少量商品之间的竞争必然会加剧，多批次少批量的采购方式也会导致过高的抽检比例和检测成本，加大企业成本负担；二是政府各个部门重视方面不同，如财政和税务部门重视税收，质检和食品药品监督部门强调质量和风控，商务和海关部门关心通关的便利性和标准化，导致新政实际操作中不易协调，如批量进入保税区的货物若按个人物品监管，海关业务加重，若按一般贸易监管，则原本由消费者个人承担的海购质量风险，进出口检验检疫部门也需承担责任；三是把正面清单外的商品从保税备货模式转为海外直邮模式开始增多，导致保税模式受到排挤，保税仓储开工率普遍断崖式下降，与新政前供不应求的情况形成很大反差，境外仓需求上涨，保税功能外移，相关服务业、投资、就业等也随之转移至境外。

四、跨境电商进口零售试点城市的普惠发展

2018 年 11 月，商务部等多部门联合印发《关于完善跨境电子商务零售进口监管有关工作的通知》，明确了过渡期后的跨境电商零售进口相关税收监管等政策，并推进进口零售在更多城市开展，从 2019 年 1 月 1 日起开始执行。这表明保税备货进口模式受到更多支持，在全国实现普惠发展。

（一）过渡期后的进口零售监管新政

一方面，新税收监管政策明确跨境电商零售进口监管总体原则，按个人自用进境物品对跨境电商零售进口商品进行监管，且对首次进口不执行许可批件、注册或备案要求，保证监管安排有连续稳定性。另一方面，新税收监管政策统筹考虑行业发展和消费者权益保护，强化事中监管和事后监管，防控质量风险，也明确跨境电商零售进口各参与主体责任，如跨境电商企业的商品质量安全主体责任、跨境电商平台的履行先行赔付责任、境内服务商的如实申报责任、消费者的纳税义务、政府部门的质量安全风险监测责任等，便于各参与主体进行自身行为规范，确保政策的可落地和可执行。在某种程度上说，新政能够适应国内消费升级的需要，还能够促进海外购物需求回归国内，消费升级的趋势对平台型进口中介进行资源整合、全程把控能力也提出了更高的要求，为电商企业从不同领域着手建立竞争优势提供了切入口。

（二）过渡期后的进口零售税收新政

税收新政做出以下一些调整：一是每人每年的年度交易限值由 2 万元提升至 2.6 万元，每人每次的交易限值由 2 000 元提升至 5 000 元；二是

明确 50 元限额以内免征关税，按法定应纳税额 70% 征收进口环节增值税和消费税；三是订单下仅一件商品，其完税价格超出单次交易限值，但在年度交易限值之内，可从跨境电商零售渠道进口，但交易额需计入年度交易总额，且按货物税率全额征收进口关税、增值税和消费税；四是超出年度限额不再以个人自用物品进行管理，而按一般贸易进行管理；五是调整商品清单，纳入消费需求旺盛的商品税目 63 个，如葡萄汽酒、麦芽酿啤酒、健身器材等，对前两批清单进行技术性调整和更新，调整后的税目共有 1 321 个。税收新政能够兼顾和平衡调节跨境电商进口和一般进口，增强了税收的跨境电商适应性。

（三）新政后跨境电商进口零售试点城市的全面推开

新政后政策使用范围扩大，对试点城市的支持力度加大。2018 年 11 月，新政为进一步完善零售进口的跨境电商区域布局，促进行业发展和满足消费需求，在已有的 15 个试点城市基础上，跨境电商零售进口试点的政策使用范围扩大至 22 个新批的跨境电商综合试验区所在城市①。2020 年 1 月，经国务院同意，跨境电商零售进口试点将 50 个城市（地区）②和海南全岛纳入范围，可开展网购保税进口 1210 业务。纳入的 50 个城市各有特色，有符合海关监管条件的自由贸易区所在城市，有设立综合保税区的国家物流枢纽城市，有新设立为跨境电商综合试验区的所在城市，也有符合海关监管条件的国家级贫困县所在城市，用于支持相关地区扩大消费和开放发展。经过本次的试点范围扩大，跨境电商零售进口试点已扩大至 86 个城市（地区）和海南全岛，能够覆盖 31 个省（自治区或直辖市）。试点城市的全面推开标志着跨境电商零售进口从特许阶

---

① 22 个试点城市包括北京、呼和浩特、沈阳、长春、哈尔滨、南京、南昌、武汉、长沙、南宁、海口、贵阳、昆明、西安、兰州、厦门、唐山、无锡、威海、珠海、东莞、义乌。

② 50 个试点城市包括石家庄、秦皇岛、廊坊、太原、赤峰、抚顺、营口、珲春、牡丹江、黑河、徐州、南通、连云港、温州、绍兴、舟山、芜湖、安庆、泉州、九江、吉安、赣州、济南、烟台、潍坊、日照、临沂、洛阳、商丘、南阳、宜昌、襄阳、黄石、衡阳、岳阳、汕头、佛山、北海、钦州、崇左、泸州、遵义、安顺、德宏、红河、拉萨、西宁、海东、银川、乌鲁木齐。

段进入普惠阶段，标志着保税备货进口模式在各个方面已经成熟，并在全国范围内推广，有助于各地探索跨境电商零售进口新型中介，掌控进口价值链。

第二节　跨境电商综合试验区的战略推进

中国改革开放 40 余年的经验充分表明，中国经济的快速发展在很大程度上受益于试验区的发展模式，基于试验区试点探索的体制机制是驱动中国经济改革和转型发展的重要动力之一。跨境电商的发展也是如此，从起初探索与跨境电子商务发展相适应的大通关监管体系发展而设立跨境贸易电子商务服务试点城市，到提升对跨境电子商务的战略认识，逐步推进跨境电商综合试验区的设立。

一、跨境电商综合试验区的战略目标升级

跨境电商综合试验区是由国务院批准设立的跨境贸易电子商务试验区域，起初是对所划区域内的跨境电子商务活动给予特殊优惠政策，鼓励探索适应跨境电子商务的政策体系和监管体系，实现跨境电子商务的贸易便利化。随着认识的升级，跨境电商综合试验区成为国家在跨境电子商务领域设立的先行先试区域，除了继续探索贸易便利化措施之外，开始涉及跨境电子商务领域的经济体制、政治体制和社会治理等领域的综合改革，通过对跨境电子商务各环节在技术标准制定、业务流程规范、监管模式创新、信息化建设等方面先行先试，通过跨境电商三大创新（制度创新、管理创新和服务创新）的协同发展来直面深层次矛盾和破解体制性难题，打造完整的产业生态链，引导各地跨境电子商务的规模化、集群化、标准化、规范化发展，形成可复制和推广的经验并逐步成为引领全球跨境电子

商务发展的制度和规则。各地跨境电商综合试验区统一以"中国（城市名）跨境电子商务综合试验区"来命名。试验区采取试点的方式逐步推进，终极目标是提高中国参与全球经济的竞争力，变全球价值链弱势地位为优势地位，真正实现我国外贸的转型升级。跨境电子商务是我国少数处于全球第一方阵的经济或产业领域，在跨境电子商务日渐成为全球贸易主流形态的今天，跨境电子商务中国模式的全球输出将更加引领相关国际规则与标准的制定，逐步掌握重要话语权，帮助我国尽早成为参与全球治理的大国和强国。从全球价值链的角度来看，较之于跨境电商零售进口城市试点对于 B2C 进口的探索，跨境电商综合试验区的出口探索并不以零售出口 B2C 为重点，而是坚持 B2B 大贸出口的主流方向，在 B2C 和 C2C 零售出口创新的基础上，积极探索海外仓模式来促进 B2C 零售出口向 B2B 大贸出口的转型发展，或者是对原有的 B2B 大贸出口进行线上化的全新改造，使得其更加具有竞争力，以跨境电子商务发展为契机来创立我国外贸供应商或出口贸易中介的全球价值链主导优势，并结合外围的"一带一路"等倡议的实施，通过帮助沿线国家发展新经济和培育共同市场，来巩固在新的全球价值链中的领导地位。从具体的探索来看，跨境电商综合试验区陆续提出并积极探索海外仓、外贸综合服务平台、大宗商品跨境电商等进出口业务试点模式，其中，海外仓模式能够掌控海外销售渠道，外贸综合服务平台能够提升传统外贸进出口效率，二者配合发展可以形成我国制造生产型大国主导下游分销渠道的全球价值链局面和实力；大宗商品跨境电商模式则针对我国批量进口大宗原材料却无法掌控大宗商品价格的现状而设计，有助于改善的同时逐步形成我国制造生产型大国主导上游原材料供应的全球价值链。

二、跨境电商综合试验区与跨境电商进口零售试点城市的区别

跨境电商进口零售试点城市由跨境贸易电子商务服务试点城市发展而来，与跨境电商综合试验区因探索方面不同而分别发展，又因跨境电商综

合试验区试点的全面性而存在部分的交叉重合。二者存在以下四点不同：一是实施范围不同，跨境电商进口零售试点城市仅限于所获批的城市，而跨境电子商务综合试验区是立足所获批的城市，其创新举措经试验与评估可复制推广，能够以该城市为中心向外梯次推进、在全省推开、最终实现跨境电商在该省域的共同发展；二是发展方向不同，跨境电商进口零售试点城市侧重探索跨境电商进口零售 B2C 模式，主推保税备货进口模式，跨境电商综合试验区除继续深化原有跨境电商零售进出口业务外，侧重于跨境电商 B2B 出口业务，以扩大出口为主，兼顾对进口的规范，从而实现进出口协调发展和"买全球卖全球"目标；三是工作重点不同，跨境电商进口零售试点城市主要针对线上零售交易进行通关监管方面的探索，跨境电商综合试验区则借跨境电商的发展来推动外贸领域的供给侧改革和贸易便利化发展，探索形成相关的制度体系和营商环境，以跨境电子商务的发展来实现我国外贸的"优进优出"和转型升级，以"互联网＋外贸"和"互联网＋流通"促进产业线上线下的联动发展、相互支撑和有机融合；四是规格要求不同，跨境电商进口零售试点城市属于部级试点，由海关总署牵头的有关部委共同批准实施，主要对进口网购便利化进行单向探索，跨境电商综合试验区是国家级试点，设立程度严格，需要各省上报请示并由商务部等 12 个部委共同审核同意后经国务院批准才可设立，是跨境电商试点城市的升级版，建立了国家有关部委和省、直辖市人民政府协同推进的治理模式，在具体工作落实上更为规范与成熟，能够积累丰富的政府监管经验。

三、跨境电商综合试验区的设立状况

我国在 2015 年开始设立从第一个中国（杭州）跨境电子商务综合试验区，在短短 6 年期间（截止到 2020 年底），我国已经分五批设立了 105 个跨境电商综合试验区（见表 6－1）。

表6-1　我国各省（自治区、直辖市）第五批次跨境电商综合试验区数量名单

地区数量	加入城市	加入批次	地区数量	加入城市	加入批次
广东 21个	广州、深圳	2	四川 6个	成都	2
	珠海、东莞	3		泸州	4
	汕头、佛山	4		德阳、绵阳	5
	梅州、惠州、中山江门、湛江、茂名、肇庆	5		南充、眉山	6
	韶关、汕尾、河源、阳江、清远、潮州揭阳、云浮	6	辽宁 5个	大连	2
				沈阳	3
				抚顺	4
江苏 13个	苏州	2		营口、盘锦	5
	南京、无锡	3	安徽 5个	合肥	2
	徐州、南通	4		芜湖	4
	常州、淮安、盐城、宿迁、连云港	5		安庆	5
	扬州、镇江、泰州	6		马鞍山、宝城	6
浙江 12个	杭州	1	江西 5个	南昌	3
	宁波	2		赣州	4
	义乌	3		九江	5
	温州、绍兴	4		景德镇、上饶	6
	湖州、嘉兴、衢州、台州、丽水	5	湖南 4个	长沙	3
				岳阳	4
	金华、舟山	6		湘潭、郴州	5
山东 9个	青岛	2	宁夏1个	银川	4
	威海	3	湖北 4个	武汉	3
	济南、烟台	4		黄石	4
	东营、潍坊、临沂	5		宜昌	5
	淄博、日照	6		襄阳	6
福建 6个	厦门	3	内蒙古 4个	呼和浩特	3
	福州、泉州	4		赤峰	4
	漳州、莆田、龙岩	5		满洲里	5
				鄂尔多斯	6

地区数量	加入城市	加入批次	地区数量	加入城市	加入批次
河南 3个	郑州	2	新疆 3个	乌鲁木齐	5
	洛阳	4		喀什地区、阿拉山口	6
	南阳	5	广西 2个	南宁	3
吉林 3个	长春	3		崇左	5
	珲春	4	海南 2个	海口	3
	吉林市	5		三亚	5
黑龙江 3个	哈尔滨	3	贵州 2个	贵阳	3
	绥芬河	4		遵义	5
	黑河	5	甘肃 2个	兰州	3
河北 3个	唐山	3		天水	5
	石家庄	4	山西 2个	太原	4
	雄安新区	5		大同	5
陕西 3个	西安	3	青海 2个	海东	4
	延安	5		西宁	5
	宝鸡	6	天津市1个	天津市	2
云南 3个	昆明	3	上海市1个	上海市	2
	德宏	5	重庆市1个	重庆市	2
	红河哈尼族彝族自治州	6	北京市1个	北京市	3

资料来源：根据国务院2015年3月、2016年1月、2018年7月、2019年12月、2020年4月和2022年2月发布的在若干城市和地区设立跨境电子商务综合试验区的批复文件整理而得。

（一）第一批跨境电商综合试验区的设立

2015年3月，为推进杭州探索并形成"两平台六体系"的跨境电商地方发展模式，国务院同意在杭州设立中国（杭州）跨境电子商务综合试验区。"两平台"是指线上的"单一窗口"和线下的综合园区，这两个平台需要综合发力来加速跨境电商通关以及实现申报、查验和放行的一次完成；"六体系"是为跨境电商发展提供数据信息、融资汇兑、智能物流、信用评价、统计监测、风险防控的六大服务体系，连通跨境电商生态链上的相关监管主体，实现了服务、评价、监管的全面电子化。一方面，"两平台六体系"促进海关、检验检疫、税务、外汇管理等政府部门之间的信息互换、监管互认和执法互助，促进贸易通关一体化和便利性；另一方面，促进电商与物流、银行等服务机构之间的数据交换，提供金融和物流的更多便利服务，以及降低服务成本。杭州通过"两平台六体系"已形成全国跨境电商创新创业中心、服务中心和大数据中心，"两平台六体系"模式得到了国家层面的高度认可，成熟经验开始面向全国复制推广。

（二）第二批跨境电商综合试验区的设立

2016 年 1 月 6 日，国务院常务会议决定，在经济基础、国际物流条件、电商氛围、城市人口等方面有明显优势的 12 个城市（包括天津、上海、重庆 3 个直辖市，广州、大连、宁波、青岛、深圳 5 个沿海城市，以及合肥、郑州、成都、苏州 4 个内陆城市）设立第二批跨境电子商务综合试验区，着力于跨境电商 B2B 的技术标准制定、业务流程规范、监管模式形成和信息化建设，开展相应的先行先试工作。获批的试验区都能够因地制宜，突出本地特色和优势，如深圳定位为跨境电商交易中心、金融服务中心和物流枢纽；上海定位为全球跨境电商运营、物流、金融和创新的四大中心；苏州设立跨境电商产业集聚、大数据信息、创新创业和配套服务的四大中心；广州要打造全国跨境电商中心城市和发展高地，成为跨境电商创新发展先行区，做外贸优化升级的加速器；宁波定位跨境电商产业升级引领区、监管服务创新区和仓储物流示范区；郑州打造四大区，分别是对外贸易转型升级试验区、内外贸融合发展试验区、进出口商品集疏交易示范区和监管服务模式创新探索区；青岛打造"互联网＋大外贸"创新示范高地和区域性电商服务中心。2016 年 12 月 26 日，商务部印发《对外贸易发展"十三五"规划》，总结评估和复制推广各个跨境电商综合试验区的经验，推动全国跨境电商的持续健康发展。

（三）第三批跨境电商综合试验区的设立

2018 年 7 月，国务院同意在 22 个城市（包括北京 1 个直辖市，海口 1 个热带岛屿地市，南京、厦门、唐山、无锡、威海、珠海、东莞、义乌 8 个沿海发达省份地市，呼和浩特、沈阳、长春、哈尔滨、南宁、昆明 6 个延边省份地市，以及南昌、武汉、长沙、贵阳、西安、兰州 6 个中西部内陆省份地市）设立跨境电子商务综合试验区。第三批跨境电商综合试验区已向东北地区和中西部地区的省会倾斜，也开始纳入一些沿海发达地区跨境电商基础好且发展潜力大的中小型城市，已基本覆盖中国主要的一二线城市，从示范试点向普惠推广方向发展。本次试点的重要任务是加速传统外贸格局的转变，标志着跨境电子商务这一新兴外贸模式得到国家层面的高度认可，已成为推动传统外贸转型升级的重要抓手，是新型数字贸易发展的重要增长点。此外，大多数试验区都位于已开通中欧班列的城市，与"一带一路"倡议高度吻合。

（四）第四批跨境电商综合试验区的设立

2019 年 12 月，国务院同意在 24 个城市（包括石家庄、太原、济南 3 个省会城市，赤峰、抚顺、珲春、绥芬河、徐州、南通、温州、绍兴、芜湖、福州、泉州、赣州、烟台、洛阳、黄石、岳阳、汕头、佛山、泸州、海东、银川 21 个二、三线城市）设立第四批跨境电商试验区。第四批设立的跨境电商试验区是在已有基础上根据地方意愿增设的试点城市，以二、三线城市居多，旨在推动跨境电子商务对地方产业发展和经济增长的辐射带动作用。至 2019 年底，全国已有 59 个跨境电商综合试验区。综试区数量的不断增加进一步表明我国对外贸进出口的重视，跨境电子商务已成为经济新增长点，可以倒逼国内产业升级，释放消费潜力，促进流通业发展，带动创业创新，以及创造大量就业。

（五）第五批跨境电商综合试验区的设立

2020 年新冠肺炎疫情暴发，传统外贸受到较大冲击，2020 年 4 月，国务院常务会议决定增设 46 个跨境电商综试区，以跨境电子商务的全面发展来稳住外贸基本盘和推进转型升级、品牌建设等高质量发展。2020 年 5 月，国务院批复第五批跨境电商综合试验区的 46 个试点城市名单（包括乌鲁木齐 1 个省会城市，雄安新区 1 个经济特区，德宏傣族景颇族自治州 1 个，大同、满洲里、营口、盘锦、吉林、黑河、常州、连云港、淮安、盐城、宿迁、湖州、嘉兴、衢州、台州、丽水、安庆、漳州、莆田、龙岩、九江、东营、潍坊、临沂、南阳、宜昌、湘潭、郴州、梅州、惠州、中山、江门、湛江、茂名、肇庆、崇左、三亚、德阳、绵阳、遵义、延安、天水、西宁 43 个地级市），政策覆盖面拓展至外贸基础较好的三四线城市。全国跨境电商综合试验区经过 5 次扩围试点城市数量已达 105 个，覆盖全国 30 个省、自治区和直辖市（不包含西藏），相应地，也开始着手建立评估、考核和退出机制，以保证跨境电商综合试验区能够按照既定战略发展。除了鼓励跨境电商综合试验区在跨境电商 B2B 出口各环节各方面进行探索创新之外，也支持具备条件的综合试验区所在城市试点跨境电商零售进口，允许探索保税备货进口方式，该方式下的进口商品按个人自用物品进行监管，并适用交易限额内的优惠税率，以及支持企业共建共享海外仓，使得更多城市可以探索跨境电商进出口的双向流动。2022 年 2 月，跨境电子商务试验区再度扩围，新增 27 个城市和地区，总数已达 132 个，又有更多的三四线城市获得重大发展机遇期。

第三节 "互联网＋外贸" 的传统外贸 "触网" 行动

"互联网＋" 概念于 2012 年开始出现，阿里巴巴、腾讯、百度等互联网企业迎来新的机遇期，可以与各个行业密切结合，成为国民经济创新发展的新引擎。2015 年 3 月，政府工作报告首次提出"互联网＋"行动计划的国家战略。2015 年 7 月，《国务院关于积极推进"互联网＋"行动的指导意见》倡导各行各业积极引入"互联网＋"，变革传统业态，增强创新能力，从而提升产业发展水平和实现新的经济增长。在互联网的推动下，外贸商业活动各环节开始网络化、数据化和透明化，国际分工继续深化，全球贸易内容、方式和规则发生了相应的变化。"互联网＋外贸"催生了蓬勃兴起的跨境电子商务，也为传统外贸带来机遇，对我国外贸创新发展模式起到强劲的推动作用。传统外贸的"触网"行动，既有来自政府层面和平台层面的推动，也有传统外贸企业积极适应变革，寻求更好发展的内在动力。

一、"互联网＋外贸"的政府行动

政府层面的"互联网＋外贸"行动主要是建设外贸综合服务平台，因外贸综合服务平台也有企业搭建型的，因此，政府的外贸综合服务平台一般被称为国际贸易"单一窗口"（简称"单一窗口"）建设。

（一）"单一窗口"的概念

"单一窗口"的权威定义来自《建立"单一窗口"的建议与指南》（联合国贸易便利化与电子业务中心 No. 33 建议书），是指设置贸易各方进入的单一入口且允许贸易各方一次性提供符合进出口监管的标准化信息和单据的便利化设施。"单一窗口"不以营利为目的，为电商企业提供高效便捷的一站式公共服务，是数据交换枢纽和综合管理服务平台，具有政务服务（备案登记、报关、报检、退税、收结汇等）和综合服务双重功能，实现政府部门之间、政府与企业之间，以及企业之间相互联通、资源整合和信息共享，企业不再分别向政府相关部门提交纸质单据，而是线上平台一次性提交所有数据，数据可以顺畅传输至政府各部门和外贸综合服务企业并与之数据库相衔接。"单一窗口"是互联网时代贸易便利化的有效创新，适应了国际贸易发展的现实需要，能够使得企业和政府之间的数据交换更为畅通便捷，简化贸易程序，实现各部门间的信息互享，促进贸易便利化，提高监管效率，以及提升企业运作效率。

（二）"单一窗口"的建设内容

"单一窗口"主要进行四种服务建设，一是提供标准服务，"单一窗口"的互联共享需要各方共建信息标准，在政府主导标准制定的同时，也要充分重视市场应用需求，促进市场制定标准与之协同发展，构建完备、高效、协调的跨境电商标准体系；二是提供交换服务，打破各类跨境电商业务主体之间的信息交换壁垒，通过构建基于统一技术标准的基础交换网络，解决国家间、区域间、行业间、政府部门间、产业链上下游企业间的信息交换问题，如表述不标准、传递效率低、集成水平低、交换成本高等；三是提供政务服务，以"信息互换、监管互认、执法互助"为目标，依托跨境电商"单一窗口"推动政务信息资源共享和业务协同；通过重构跨境电商交易、支付、结算、物流、退税等不同应用场景，加快汇集多部门、多渠道、多类型的数据，推进政府与企业之间的跨境贸易大数据共享，为提高跨境进出口资源配置效率提供基础支撑；四是提供综合服务，积极推动支付、物流、金融等各类服务资源的在线集聚，为在平台注册、备案及登记等各类型企业提供各类在线增值服务，如在线通关、物流、结汇、税收、数据交换、商务信息等，为消费者提供通关状态查询、质量风险预警及召回、税单查询等服务。目前，"单一窗口"基本涵盖备案、申报、查询、物流跟踪、统计分析和风险预警等服务功能，但信息共享、监管互认、执法互助等方面有待加强，还处于局部试点，如试点数据通用、系统联通、国际数据交换、电商交易数据交换、执法结果互认等，还未在全国范围内普及推广与应用。

（三）"单一窗口"的建设推进

我国"单一窗口"在电子口岸基础上发展而来。"单一窗口"的雏形来自 2012 年海关总署联合国家质检总局启动的"三个一"（即一次申报、一次查验、一次放行）改革试点工作。2014 年 6 月，上海自贸区的洋山保税港区开通国内第一个"单一窗口"。2015 年 6 月，杭州跨境电商综合试验区正式上线"单一窗口"的综合服务平台，为跨境电商企业提供备案登记、数据申报、查询统计、电商信用、风险防控、金融服务、智能物流、统计监测等服务，信息数据对接各大跨境电商 B2B 平台，如阿里巴巴、中国制造、敦煌网、大龙网等，实现跨境电商各方参与主体之间的信息互通与共享。杭州经验为各大跨境电商综合试验区复制推广"单一窗口"平台建设提供了参考。2016 年 3 月，国务院政府工作报告将"单一窗口"建设列为重点工作；2016 年上半年，已有上海、天津、浙江、福建、广东等 11 个沿海省市启动该项工作；2016 年 8 月，重庆、陕西等内陆延边 6 省市开始试点"单一窗口"；至 2016 年底，共有 20 多个省份开展"单一窗口"建设工作。2018 年 8 月，全国深化"放管服"改革转变政府职能电视电话会议给出的重点任务分工方案中提到进一步完善"单一窗口"，实现其功能在海关特殊监管区域以及跨境电商综合试验区等相关区域的全覆盖。

二、"互联网＋外贸"的电商平台行动

（一）外贸综合服务平台

外贸综合服务平台是外贸供应链服务企业为众多中小型企业提供的外贸全方位一站式服务平台。互联网的兴起改变着国际贸易格局，传统外贸大单逐渐小单化和碎片化，贸易主体不再是大型企业，众多中小微型企业甚至个人都能够积极开展外贸活动。但是，中小微型企业自身能力有限或受管理成本限制，独立完成通关、结汇、退税、物流等手续较为困难，超 30% 的流通成本占比也有些过高，迫切需要提高外贸流程效率。外贸综合服务平台是基于互联网的第三方平台将传统外贸中买卖商家的"自行交

付"方式转变为"平台交付",既可整合外贸流通服务资源,为中小外贸企业提供规模化、标准化、集约化和专业化的外贸服务,以更低成本和更高效方式来完成出口流通环节,也能根据第三方交易数据,改善交易信用,存在服务红利的增值空间。外贸综合服务平台因此应运而生,如世贸通、一达通、利贸通、自贸通、豫贸通、丝贸通、慧贸通、广贸通等,针对中小微型外贸企业运行效率低和专业度弱的现状,能够整体提升企业的外贸效率,使得中小微外贸企业可以将外贸环节中的服务流程外包,集中精力做好生产和贸易本身,足不出户即可委托外贸综合服务平台企业办理报关报检、口岸通关、核销退税、外汇融资、物流保险等业务,大大降低了从事外贸的成本和门槛。与此同时,基于外贸综合服务平台的物流、退税等交付数据可以帮助企业积累外贸信用,扩大信保出口支持,改善企业的融资条件,提高企业接单能力;推动外贸数字化发展,通过大数据筛选、精准匹配为企业推送客户,让跨境贸易(B2B)在线交易成为新趋势;通过海外布局设点、与他国电子口岸和电商平台合作、组团海外参展等措施,为广大中小外贸企业开发和拓展国际市场增添信心和底气,使其订单不再过度依赖海外大买家。综合而言,外贸综合服务平台提升了企业自主贸易、自主定价、自主品牌的价值,从而改变全球价值链的利益格局。

(二)外贸综合服务平台与"单一窗口"的关系

"单一窗口"和外贸综合服务平台不是竞争关系,而是服务与被服务的关系。外贸综合服务平台是由企业主导建设的经营性平台,以满足企业自身跨境贸易业务需求或者向跨境贸易市场提供有偿服务,需要依托政府的"单一窗口"来建设,从而实现与政府各部门的信息数据互通。目前,"单一窗口"已和25个部委所建系统实现"总对总"数据对接和信息共享,与68个部门之间上线运行有联网合作项目,已有495项企业服务事项,覆盖12大项基本功能,包括企业资质办理、货物申报、运输工具申报、展览品申报、舱单申报、许可证申领、原产地申领、加工贸易保税、跨境电商、查询统计、缴税交费和出口退税,满足陆海空不同类型口岸以及特殊监管区、自由贸易区、跨境电商综试区的业务办理，业务覆盖了全国所有口岸。外贸综合服务平台对接"单一窗口"，可以分享"单一窗口"提供的跨境电商服务资源，使得其综合服务能力增强，也能够集结更多的物流、支付、融资类企业集结平台，从而打造更完备的供应链增值服务。仅就物流服务来说，外贸综合服务平台可以拿到船公司、一级货代、车队及仓储的最低价格，也可以在最短时间里向客户发布最新航线、运价、清关等方面的最新动态。"单一窗口"也更愿意将外贸综合服务平台作为服务对象，通过平台将众多的中小微外贸企业集中起来，可以大大减少政府监管对象，促进监管流程的扁平化发展和监管效率的大幅提高，也可以引导企业规范经营，打击违法侵权行为，使得政策传导更为精准有效，从而形成市场组织与政府监管机构相结合的"单一窗口"贸易便利化解决方案。而"单一窗口"和外贸综合服务平台之间若能够实现数据交换和共享信息，则可以形成整个区域的数字化贸易大数据，有助于提升该区域的外贸企业竞争力，获得更多的 B2B 价值链增值。

（三）外贸综合服务平台的设立状况

2013 年 7 月，国务院常务会议提出"支持外贸综合服务企业为中小民营企业出口提供融资、通关、退税等服务"，首次定义了外贸综合服务一个新行业。2013 年 8 月，国务院办公厅《关于促进进出口稳增长、调结构的若干意见》提出，对于外贸综合服务企业，要充分发挥其作用，抓紧研究促进其发展的支持政策。2014 年 3 月，外贸综合服务平台模式写入政府工作报告。2014 年 5 月，海关总署《关于支持外贸稳定增长的若干措施》提出，"从企业管理、企业分类、数据联网等方面支持促进外贸综合服务企业发展"。2014 年 7 月，国务院办公厅《关于支持外贸稳定增长的若干意见》提到，支持为小微企业出口提供专业化服务的外贸综合服务企业的发展。2017 年，商务部会同海关总署、税务总局、质检总局、外汇局联合下发的《关于促进外贸综合服务企业健康发展有关工作的通知》对外贸综合服务企业做出明确定义，"外贸综合服务企业是指具备对外贸易经营者身份，接受国内外客户委托，依法签订综合服务合同（协议），依托综合服务信息平台，代为办理包括报关报检、物流、退税、结算、信保等在内的综合服务业务和协助办理融资业务的企业"，并准确界定其为具有进出口专业服务、互联网技术应用、大数据分析处理等能力的代理服务企业，要求其完善内部风险防控体系。

外贸综合服务平台具有一定的地域性，如河南的豫贸通、广西的广贸通、天津的自贸通等，各省市都愿意扶植本省企业，并认定为示范企业。外贸综合服务平台有的是一些传统外贸企业、货代企业、报关行等转型做外贸综合服务，也有的是专门设立的创新类企业。外贸综合服务平台的发展较为灵活，一般情况下，需要企业先行申报，再由各省商务主管部门定期进行分批认定，但也可以由企业在认定前先行先试。外贸综合服务平台在各省市的支持下企业服务能力迅速增强，如 2019 年仅宁波市就认定了 10 家外贸综合服务平台，每家平均服务超 3 000 家企业。一些外贸综合服务平台因被电商平台收购而变得实力更强，如 2001 年成立的一达通是全国第一家外贸综合服务平台，最初和阿里巴巴进行合作，为其提供信保订单等服务，2014 年成为阿里巴巴的全资子公司，通过在全国范围内广泛设立分公司的形式，逐步打破了外贸综合服务平台地域化的分割，有利于推动更大的数字贸易发展。

三、"互联网 + 外贸"的外贸企业行动

外贸企业，特别是中小微外贸企业，开始从最初的低端生产到借助"互联网 + 外贸"试水跨境电子商务。

（一）优化 B2B 大贸出口

外贸企业在跨境电子商务大发展之前就已经有一些"触网"行动，即通过外贸 B2B 平台，如中国制造网、环球资源、环球市场、阿里国际站等，获取境外供应商或采购商的商品或服务信息，获得与线下展会、企业

名录等传统渠道一样的客户开发效果，但合同谈判、签订和履行仍在线下进行。随着跨境电商的兴起，外贸 B2B 平台也在积极革新，打造线上化的一体化外贸服务。无论是专门的外贸综合服务平台的打造，还是平台提供的外贸综合服务平台，都能够促使外贸企业外包其非核心业务，降低其非核心业务的较大成本占比，使其专注于生产和交易本身。外贸企业在平台的推动下，可以更加专注做核心业务——市场开发和精准营销，如做好企业网站和链接搜索，使信息得以准确、高效地传递；进行多平台运营，打破了文化和地域的限制，增强其在产品市场的竞争力，高效地开发新的市场；注重海外社交营销，通过经营社群高度聚合消费信息和深度细分海外客户，进而对不同目标人群进行精准定位和有效营销，获得"互联网＋外贸"的新核心竞争力。

（二）试水 B2C 零售出口

跨境电商促进了零售出口业务的创新，越来越多的小额批发零售平台开始出现，如敦煌网、阿里速卖通、易唐网等。中国制造商通过跨境电商 B2C 平台可以将产品以在线零售或者小额批发方式直接销售给海外消费者或零售商。C 端业务的发展可以解决传统外贸发展的难题。一是解决传统外贸市场订单不足的问题。传统外贸并不是没有市场，而是没有发现市场，跨境电商"买全球卖全球"的战略发展大大扩展了外贸企业的市场信息来源渠道，有效解决了信息不对称导致的外贸订单减少问题。二是解决传统外贸利润空间变小的问题。互联网外贸能够直达客户终端，减少中间环节，使外贸链更加扁平化，国际贸易成本在产品价格中的比重得以大幅度降低，提高我国外贸利润分配的话语权，帮助"中国制造"实现利润回归。三是解决传统外贸价值链低端固化的问题。在线经营模式可以大大提升企业直接触及客户的机会，有利于企业创建自主品牌和自主掌控营销渠道，增强挖掘价值的能力。正是意识到跨境电商 C 端业务的创新变革作用，很多外贸企业开始在传统外贸部之外再设立跨境电商部门，专门用于拓展跨境 B2C 业务。

（三）转型贸易服务商

因跨境电子商务的发展，原本由生产企业、外贸代理、货运代理、报关代理、报检代理、税务代理等构成的出口流程逐渐转变为"工贸企业＋外贸综合服务企业"的新模式，工贸企业专注于生产和销售，而外贸综合服务企业则专注于高效通关出口。更多工贸企业的出现是跨境电商去中介化的趋势体现，或者是更多的工厂企业希望能够直面国际市场，或者是原本专注于国际市场开拓的外贸中介因市场的做大需要掌控生产。但去中介化的同时，也存在中介化的新倾向，如对于很多传统外贸企业而言，跨境电子商务是新事物，如何做好运营并不是一件易事，因而专门服务于这类企业的代运营企业开始出现，形成"外贸企业＋代运营企业"的新模式。此外，还有一些贸易中介演化成为采购商，买断货源并自建平台 B2C 平台，将产品销往海外，如兰亭集势、米兰网、DX（帝科思）、大龙网等，成为跨境电商时代更加具有实力的贸易中介。外贸综合服务企业很多是从原来的外贸代理或者是货运代理转型而来，综合服务的业务发展将原本分散的代理体系综合化，能够提供一站式的专业化服务，使得专业化服务更加高效的同时，也能够以规模化来降低成本，并能够有效拓展涉外业务的增值空间，从而获得服务红利，因而能够成为具有更强生命力的价值链体系上的新型服务中介。可以说，贸易中介并不会因跨境电商的发展而逐渐消亡，因其更加具有专业性和综合性，其逐步向海外销售和综合服务方向发展，因能够做大价值链增值服务而获得更强的生命力。

第四节　跨境电商产业园区的新业态推进

跨境电商产业园区的建设源于跨境电子商务这一互联网时代新兴商业形态的出现，可以有目的地集聚更多的力量推动这一新生事物更好的发展。

一、跨境电商产业园区的含义

产业园区一般是为促进某一产业发展而人为在规划区位创立的特定环境，能够将产业相关的创新资源集聚在一起，促进现有产业的调整升级和新兴产业的孵化培育，是推动区域经济发展和城市化建设的重要空间集聚形式。电子商务产业园区作为数字经济时代产业园区的一种重要类型备受关注，是指依托互联网发展的电商企业以及相关服务辅助企业在地理空间和网络平台的集聚体，可以促进电商产业链上下游的整合和区域电商行业优势的发挥。在"互联网+"时代，互联网在促进产业价值链线上化的同时，电子商务产业园区则在促进电商资源的线下集聚发展，从而形成服务枢纽，以带动辐射周边电子商务的发展以及保证各项电子商务政策的落地。跨境电商产业园区的兴起与电子商务产业园区有着密不可分的关系。跨境电商产业园区是指在一定空间范围内，围绕跨境电商产业链，设立明确的经营管理机构来提供跨境电子商务发展需要的基础设施保障和公共服务，将一定数量的跨境电商企业聚集起来形成跨境电商产业为主导且跨境电商业务特色鲜明的跨境电商聚集生态群落。国内电子商务竞争日益激烈的同时，跨境电子商务作为蓝海越来越受到重视，并针对其进行专业化服务的园区建设。跨境电商产业园区能够带动本地跨境电商行业的发展，更加有效地促进本地特色产业的经济发展和转型升级。为促进跨境电商的产业集群发展和全球化布局，完善跨境电子商务的产业链和生态链，各级政府纷纷以跨境电商产业园区的建设作为破解制约跨境电子商务发展的深层次问题和体制性难题的抓手。

二、跨境电商产业园区的类型

从建设条件来看，根据产业园区选址区位的差异，可以分为城镇综合型、产业主导型、枢纽便利型和创业孵化型4类。城镇综合型园区建设面积一般不小于3 000平方米，重点集聚跨境电商企业、物流企业、金融企业等第三方服务企业，形成相对完善的跨境电商生态链及与之配套的现代服务业，具备较完善的城镇综合服务功能，适合政府主导型管理，成立代表地方政府的园区管委会，由管委会负责园区的管理及相关政策的制订工作。产业主导型园区以区域范围内的经济开发区、专业市场或块状产业经济为依托，以制造企业外贸 B2B 或 B2C 为主，侧重于为传统外贸企业转型升级提供专业的配套服务，适合政府主导型管理，可以依托原有的园区管委会来进行运营，或者协会主导型管理，也可以依靠跨境电商协会来组织资源。枢纽便利型园区或者依托交通物流枢纽而设立，或者依托出口加工区、保税区、保税物流区、自贸港区等海关特殊监管区域而设立，具备便利的通关服务体系，侧重于保税物流、进出口商品展示体验、通关监管等特色功能，一般为政府和企业的联合管理，其中，园区的决策和行政管理职能由政府设立的园区管委会行使，园区的日常经营管理工作由合作企业（一般为多家行业企业的联合体）负责。创业孵化型园区以商业楼宇、众创空间等创新创业载体为依托，以孵化和培育初创型跨境电商企业为目标，重点集聚中小型跨境电商企业、跨境电商服务企业、跨境电商创投机构等，侧重于商务办公、创投服务、创业服务等功能，适合企业主导型运营，园区的发展方向、发展战略、主营业务可由企业自主决策。

对于试点城市而言，四种类型的跨境电商产业园区都可以尝试建设，且在运营方式上也可以尝试政府主导、政府与企业联合、企业主导等不同类型，可以不拘泥于固有模式进行先行先试的创新活动。随着跨境电商综合试验区建设目标的逐步清晰化，即推动外贸健康持续发展，园区的建设也不再拘泥于试点地区，许多非试点地区开始以跨境电商产业园区为重要支点来探索本区域跨境电子商务的发展，从而争取以业绩来获得国家层面上的试点支持，或者本地区试点城市为扩大跨境电商产业的影响，也积极支持周边非试点地区的地市设立跨境电商产业园区。无论是哪种情况，非试点城市的这类跨境电商产业园区的内涵相对较小，不具有探索枢纽型产业园区的资格，综合性园区也不能与试点地区相提并论，一般在产业主导型和创业孵化型园区建设上更能寻求突破。跨境电商产业园区因跨境交易而产生复杂性和专业性，需要集聚涉外政府部门，需要当地更多的产业共塑集聚优势，其建设具有一定的难度，且一些地区的政策也没有完全放开，园区建设需要有一定的政策把握度。因此，这些地区由单个电商企业或服务商主导建设园区的难度大，而由地市主导建设较为普遍，政府可以借助招商引资与跨境电商大平台合作，共同做大当地的跨境电商产业，如阿里巴巴与许多地市合作建设的跨境电商产业园区。

三、跨境电商产业园区的集聚效应

跨境电商产业园区具有地方产业资源集聚的功能，能够人为打造跨境电子商务的产业集群发展，实现各类资源集聚和信息融通，达到跨境电商生态链的闭合和统一。

（一）打造供应链集聚效应

对于跨境 B2B 而言，外贸企业在长期的外经贸业务中，已经与货代、银行、保险、海关、商检、外管等机构形成业务关系，跨境电商产业园区的供应链集聚则更为倾向于"单一窗口"的打造，即促进各项业务办理的同一窗口化，以及与电商平台合作，如阿里巴巴国际站，促进 B2B 大贸交易的线上化发展；对于跨境 B2C 而言，由于跨境供应链已延伸至海外消费端，形成"数据分析—需求创新—采购制造—营销接单—跨境通关—物流仓储—渠道配送—售后服务"最长供应链，需要信息咨询、网络营销、店铺代运营、美工客服、邮包快递、第三方物流、第三方支付、大通关体系等供应链建设，添加跨境 B2C 的供应链建设，以促进跨境电商产业园区的多样化主体集聚效应，对本地经济能够起到更强的带动作用。

（二）打造产业链集聚效应

与传统的产业集群打造单一产业链不同，也与传统的工业园区集聚不同产业形成松散集聚状态不同，跨境电商产业园区只集聚电商企业的跨境电商业务部门，并不需要企业的整体搬迁，可以在有限的空间内集聚更多的电商企业，从而能够以跨境电子商务发展来集聚地区各类特色产业链，特别是跨境 B2B，既可以包括生产资料类企业，也可以包括消费品类企业，可以打造更为完整的上中下游产业链，多种特色产品的产业链则可以形成产业带，如许昌、漯河等和阿里巴巴合作所打造的地区产业带。

（三）打造创新创业集聚效应

当前，跨境 B2B 平台主要推动的是线下业务环节的线上化，并没有对原有流程进行实质性改变，跨境电子商务的商业模式创新主要在跨境 B2C 方面，C2C 的个人创业、规模化的 B2C 团队运营创新、O2O 的线上线下发展、B2B2C 的集货平台模式和海外仓操作等都与跨境 B2C 平台运营有关。跨境电商产业园区若瞄准跨境 B2C 来做创新创业，则集聚效应会明显增大，不仅可以集聚创业个人或团队，通过孵化促进其规模化发展，还可以组建运营团队，帮助 B2B 大贸企业创造跨境零售的新渠道，并和当地的高等院校进行人才合作，吸引更多的大学生创新创业团队入驻园区，或者让高等院校成为离岸园区，形成本地区创新创业的集聚氛围。

（四）打造综合集聚效应

综合集聚效应不仅具有供应链、产业链、创新创业的集聚优势，还可以延伸园区的功能，如信息共享、风险防控、统计监测、电商信用、智能物流、金融服务等，变跨境电商企业"一盘散棋，各自为战"的状态为统一步调，有条不紊地进行跨境电商经营操作，在促进园区跨境电商的自由化、便利化发展的同时，也可以探索跨境电商规范化发展的路径。

四、跨境电商的开发与运营特点

跨境电商产业园区是在产业园区，特别是电子商务产业园区的基础上发展而来的，除了具备园区的基本功能（如行政服务功能、创业孵化功能、生活配套服务功能等）之外，也有电子商务的特别功能设定（如商务办公综合功能、仓储物流功能、金融服务功能、人才培养功能、网货展示功能等），也添加跨境电商的特色功能模块（如报关报检功能、信息服务功能等），从而形成具有特色的跨境电商产业园区。跨境电商产业园区建设应分为开发与运营两个阶段，针对不同阶段采取不同的实施方案，持续做好园区的专业性和功能升级，才能形成园区的集聚力。

（一）开发模式的选择

全国跨境电商产业园区的建设在开发阶段主要存在政府开发型园区、工业地产开发型园区和行业企业开发型园区三种模式。政府开发型园区模式是指由政府主要提供园区的建设资金并完成园区的建设，如前期规划、土地征用和基础设施，整个园区因政府的主导可以降低开发建设的难度，以及快速推进建设进程，但因政府资金有限，租售园区设施用于园区的循环发展，往往建设规模上不去，无行业发展经验，后期的运营效率不高。工业地产开发模式是由政府以招投标方式引入投资开发公司进行园区的开发建设，投资开发公司可以享有政府的融资担保、土地税收等优惠政策，该模式可以解决建设资金不足的问题，但后期的运营也存在经验不足的问题。行业企业开发模式是由行业企业主导建设，虽然其资金实力和开发经验不如专门的投资开发公司，但其行业经验丰富，能够主导形成园区生态，有利于园区的可持续性运营。鉴于这三种模式各有利弊，在此基础上的联合开发模式也开始被一些园区进行尝试，即三方入股各发挥其优势。以郑州跨境电商产业园区的开发模式为例，云时代广场电子商务产业园、华南城跨境电子商务产业园等跨境进口网购展示为主的园区主要采取的是工业地产开发模式进行引资开发；中国中部电子商务港（总部基地）是政府与投资开发公司的共建模式；河南易通跨境供应链电子商务产业园、郑州邮政圃田跨境电商产业园是具有综合实力的行业企业所开发的跨境电商产业园区；郑州航空港经济综合试验区跨境电商示范园、航投物流双向跨境 E 贸易保税展示交易中心是依托综合试验区或保税区的行业企业所开发的跨境电商产业园区。

（二）政府的初期运营

政府参与园区管理的方式主要有三种，即企业管理型、政府管理型和管委会管理型。企业管理型指园区成立公司之类的非营利型管理主体，地方政府授予其一定权限来组织和管理园区的经济和社会事务，其在一定程度上可以突破体制性障碍，为招商引资提供各种服务便利。政府管理型园区指园区是行政区管理机构的编制和职能，党政领导担任园区书记或主任，可以统筹协调园区与行政区的经济事务和社会事务，具有充分的执法权限来进行园区的规划管理。管委会管理型园区是指管委会作为政府派出机构行使园区规划建设、土地利用开发、对外招商引资、提供公共服务等政府的一定行政职能。以河南为例，一些河南跨境电商产业园区是属于政府参与初期运营的模式，如济源虎岭跨境电商产业园，由济源市虎岭经济发展集团有限公司运营管理，而其是济源经济开发区管委会的独资企业法人；汝州市"互联网＋"电子商务产业园、开封电子商务产业园等是管委会运营管理；中国（漯河）电子商务产业园属于政府管理型园区，政府成立领导小组、园区管委会、招商指挥部、代办服务中心等入驻园区现场办公，市商务局、工信局推介园区项目。跨境电商产业园区开园运营后，政府参与初期的运营起到一定的作用。首先，政策优惠多，园区与政府之间存在密切关联，使得政府相关部门能够及时了解园区的运营难题，在税收、土地等政策上进行倾斜来助力园区的发展。其次，建设的规格高，与公司型的园区滚动式逐步发展不同的是，政府参与型都往往设立的规格较高，力求对跨境电商产业进行体系化建设，对多项工作能够全面快速推进。最后，输血功能强，跨境电商产业园区不同于传统园区可以有大规模的建设用地，其土地开发收入有限，初期仅靠出租园区办公或生活设施来盈利常常入不敷出，政府参与初期运营能够保障园区维持运营和持续建设的需要。

（三）市场化运营的必要性

政府运营跨境电商产业园区具有一定作用的同时，其弊端也显而易见。企业管理型园区需要自负盈亏，但用于公共项目的投资无法通过税收来弥补，又不能像传统园区那样土地开发收入中可以租售同举，仅靠园区出租办公或生活设施的租金往往会让陷入财政困境，难以做大园区；政府管理型导致过大的管理范围，容易顾此失彼，削弱原先的园区体制优势；管委会管理型因管委会大多不具备相应的法律地位和权限，行使职能受制于原派出机构，降低其服务效能。跨境电商产业园区与工业园区、科技园区等其他园区不同，其他园区可以把重心放在招商引资，只要招到大企业，园区的持续化运营就不会有太大问题，而跨境电商产业园区入驻的基本上都是企业的派出部门或区域代理，采取的是租赁园区办公场所的方式，对园区而言，必须围绕跨境电商供应链的建设来增加增值服务才能获得稳定的收益。也就是说，政府运营方式虽然输血功能强，但其在跨境电商业务方面不专业，不具有持续的造血功能。随着招商引资、财政补贴、专项基金等各种优惠政策的逐步取消，专业化公司的市场化运营势在必行。跨境电商产业园区的市场化运营主体主要有三类，即园区管理型公司、电子商务信息类管理公司和跨境供应链类管理公司。园区运营类公司具有园区管理经验，可以促进园区管理的专业化，有利于快速提升整个园区的综合竞争实力；由电子商务信息类管理公司运营跨境电商产业园区，与电子商务具有共同的运营特征，完全可以借鉴国内电商园的经验；跨境供应链类管理公司相比而言则更加具有跨境电子商务的专业性，其市场化的运营也最为成功。无论是哪一种市场化运营，找大电商、培育电商环境和促进跨境运营专业化都必不可少，可以说，三种市场化运营各有千秋，也需要互相借鉴，发展成为综合化的市场运营主体。

（四）软硬件建设的并重

跨境电商产业园建设的好坏并不体现在电商卖家数量的多少和销售额

的高低，而是能否形成跨境电商聚集生态群落，将跨境电商平台、跨境电商卖家、跨境电商服务企业等聚为一体。很多情况下，处于初创时期的跨境电商产业园区大都存在投入成本大且收益微薄的运营局面。这些园区通常只硬不软，只注重外在形象，硬件建设都很好，但在软件设施投入上还没有太多头绪，缺少软件配套服务，无法形成园区的凝聚力，影响入驻企业的数量，形不成规模化的发展，进而导致园区经营收入来源较为单一，只有出租设施的收入，基于跨境供应链的增值收入不多，持续化经营只能靠政府的持续优惠政策。园区在重视外在设施建设的同时，也应积极进行软件配套服务。一方面，园区要有优质的硬件环境，能够为跨境电商卖家提供商务办公、网络通信、仓储物流、网货展示、创业孵化等基础设施，系统整合产业链和供应链，聚集跨境电商服务企业为园区跨境电商卖家提供代运营、人才培训、拍摄美工、结汇融资、法律顾问等标准化一站式服务。另一方面，园区要提供看不见的软件环境，应尽可能集成各种信息化管理软件系统，覆盖办公、项目、客户关系、财务、仓储等各个模块，并低成本向园区内卖家开放。此外，园区应设立跨境电商公共服务平台，针对跨境电商多环节、多监管部门、多碎片订单等特点给予一站式线上零距离、零时限、零费用的公共政务服务，将外贸企业和跨境电商数据与政府公共信息平台数据对接，各个政府监管部门能够共享企业数据，并进行标准采集、交换对比、监管互认等工作，而通过"三单对比"，企业也可以享受正常的结汇退税服务，让灰色通关阳光化。总而言之，跨境电商产业园区的建设需要软硬兼顾，特别是软环境建设上，应不断吸收国内外先进技术和理念，在各方面都不断创新和突破以促进跨境电子商务的快速成长。

（五）地方特点的结合

跨境电子商务的发展因添加了"跨境"一词，使得整个业务操作与国内电子商务的发展有着较大出入，为了能够形成跨境电商的生态圈，宜建设专门的跨境电商产业园区，与国内业务的电商产业园区区分开来。跨境电商产业园区的种类可以多样化，从关境进出方向的不同分为进口园区和出口园区；从进出口规模大小的不同分为 B2B 大贸园区和 B2C 零售园区；从业务是否全面分为综合性园区和专业性园区；从产业发展情况分为不同的产业带园区。不同的跨境电商产业园区具有区域经济活动中不同的功能或属性，发挥不同的调控作用，地方政府应根据本区域特色经济、远景规划和现实情况，按照优先程度选择设计建设本区域的跨境电商产业园区类型。以郑州为例，郑州是跨境电商综合试验区城市和进口试点城市，能够同时积极探索跨境电商进口和出口，特别以进口保税为亮点。郑州的大多数示范园区都是以跨境保税进口为发展特色，如云时代广场电商产业园、郑州华南城跨境电商产业园、河南易通跨境供应链电商产业园等。郑州以跨境电商出口为发展重点的有 2 家，其中，中国中部电子商务港（总部基地）具有跨境出口 B2B 和 B2C 两大业务，合作平台有亚马逊、易贝、全球速卖通、敦煌、中国制造等，是河南目前最具规模化的跨境电商产业园区，而郑州邮政圃田跨境电商产业园主要探索邮政小包出口，重点在跨境 B2C 的发展，其业务量能够占据郑州市场的 80%。郑州之外地市发展的跨境电商产业园区与地方特色产业有关，如南阳卧龙、潢川县、西华县等的园区是将农村电子商务发展优势拓展至跨境电子商务；洛阳、安阳、新乡、三门峡、济源等园区以传统外贸产业为基础，选择跨境 B2B 大贸出口作为发展目标，其中，洛阳探索较为全面，也具有跨境 B2C 出口的特色。当地政府可以在设立示范园的基础上鼓励设立多个体现当地特色经济的跨境电商产业园，各个产业园之间可以功能各异且相互协作。同时，更高级别的地方政府可在辖区内布局设立特色行业的 B2C 电商产业园，以及能够支撑本地货源供应的 B2B 电商产业园，进而形成搭配有序且相互呼应的跨境电商产业集群。

五、跨境电商产业园区的推进状况

跨境电商产业园区的兴起与电子商务产业园区的兴起有着密不可分的关系。在"互联网＋"时代，互联网在促进产业价值链线上化的同时，电子商务产业园区则可以促进电子商务资源的线下集聚，形成服务枢纽，带动辐射周边电子商务发展以及保证各项电子商务政策的落地。据阿里研究院《2016 年中国电子商务园区研究报告》数据显示，2015 年 3 月至 2016 年 3 月期间，电子商务产业园区数量从 510 家猛增至 1 122 家，全国各省区市均建有园区，实现了园区的百分之百全覆盖。随着电子商务竞争的日益激烈，作为电子商务发展的两大趋势——跨境电子商务和农村电子商务开始受到重视，针对其进行专业化服务的园区建设也随之兴起，也有电子商务产业园区拓展跨境电子商务或农村电子商务的功能模块。与电子商务产业园区或专门的农村电商产业园区有所不同，跨境电商产业园区最早出现于 2012 年，自 2015 年 3 月杭州获批跨境贸易电子商务试验区，跨境电商产业园区在国内正式铺开。《2016 年中国电子商务园区研究报告》的数据显示，2015 年 3 月至 2016 年 3 月期间，我国跨境电商产业园区数量仅从 20 余家增至 50 余家，在跨境电商试点省市较为集中，主要作为跨境电商综合试验区配套的园区而存在，无法与遍地开花的电子商务产业园区进行数量比较。从浙江商务厅公布的《2017 年浙江省电子商务产业基地名录》来看，浙江省当年认定的电子商务产业基地共有 323 家，其中，明确设立跨境电子商务产业园区的只有 27 家，除了丽水没有，浙江省的其他地市都专门设有跨境电商产业园区。

2013 年 7 月，中国（杭州）跨境贸易电子商务产业园作为全国首家开设的跨境电商产业园区正式开园，打通了海关、检验检疫局、外汇管理局等政府部门和电商企业、电商服务企业之间的流程优化，能够实现园区内的"现场通关"并通过定期申报业务，有效降低货品通关成本。在成功探索跨境网购进口模式后，杭州又将创新转向跨境大贸出口，从而成功获批跨境电商综合试验区，开始向跨境电商进出口综合方向发展，从而对外贸产生深刻影响。从杭州的发展经验来看，跨境电商产业园区可以实现各类资源的集聚和信息的融通，享有更为优惠的政策支持，提供跨境电商企业成长的"温室"，是打造跨境电商完整产业链和生态圈的有效途径。自杭州首个跨境电子商务产业园设立以来，浙江就成为跨境电商产业园区发展的排头兵，以一区多园的布局方式建设了 13 个跨境电商产业园区，覆盖全市绝大数区县，很多园区扩容二期发展。杭州跨境电商产业园区的建设经验纷纷被各地复制推广，之后其他试点城市也迅速布局跨境电商产业园区。在跨境电子商务的形势被看好之际，仅仅半年时间，深圳、厦门、重庆等许多城市纷纷推进建设跨境电商产业园区，跨境电商产业园区在全国各地像赶趟儿般地"扎堆"出现，至 2018 年 3 月，跨境电商产业园区已超百家。

跨境电商产业园区在跨境电商试点城市和跨境电商综合试验区建设的数量较多。起初主要设立于综合保税区，以快递小包物流和进口产品展销为特色；对于跨境零售出口的探索，则推动园区创新创业功能的嵌入；在国家跨境 B2B 大贸发展战略的指导，许多园区通过集聚外贸企业电商、电商平台、相关政府部门、金融、保险、法务、美工、营销、培训等电商服务企业等来打造特定空间下的完整产业链和供应链。对于试点地区而言，跨境电商产业园区的内涵可大可小，既可以设立综合性园区，以制度创新来全面探索整个跨境电商进出口的自由化、便利化和规范化，也可以跨境网购进口或跨境 B2C 出口创业或跨境 B2B 出口大贸为单一目标来促进某一类跨境电商模式的创新发展。随着各地跨境电商综合试验区的范围扩大，很多非试点城市也开始将跨境电商产业园区作为融入跨境电商综合试验区的一大途径，各地不断推出跨境电商产业园区规划和建设。非试点地区的跨境电商产业园区的内涵相对较小，主要探索跨境 B2C 出口创业或跨境 B2B 出口大贸。随着跨境电商综合试验区的全国铺开，跨境电商产业园区必然随政策的变化而在更多省市全面铺开。

第五节　海外仓的新模式推进

海外仓不仅仅是简单的一个仓库，更是承接跨境贸易的基础设施，推动的是跨境贸易在目的国的本土化经营，是跨境电商行业发展的一个重要里程碑，无论是电商企业、电商平台、电商服务商还是地方政府，都在谋划海外仓的战略布局，推动海外仓模式的大发展。

一、海外仓模式的概念及流程

海外仓是在国外其他国家和地区布局的跨境电商物流仓储中心，可以是租赁形式，也可以是自建形式，主要面向跨境电商销售目的地的国家和地区，提供物业出租、仓储保管、海外分销、国际分拨、快递物流、虚拟注册和数据服务等功能，是提供跨境电商物流服务的重要基础设施。海外仓的发展促进了海外仓商业模式的出现，即出口卖家在海外消费者下订单之前先通过传统国际货运方式将货物批量运至海外仓进行存储，然后通过跨境电商零售平台展示与销售商品，实现消费者下单后直接从海外仓发货，去掉跨境零售长线物流的诸多中间环节，转变为"最后一公里"的本地销售与配送，并提供售后及咨询服务，具有时效性强、运输成本低、提升客户满意度等优点，能够满足品牌商的价值需求，用品质与服务保证提升品牌价值。海外仓的出现不仅对于低值快消品吸引很大，其需求量大且库存周转快，运营海外仓并无压货风险，也使跨境零售出口产品不再受限，如液体、带电、膏状类高风险和高利润产品，传统直邮及国际快递出口对超大、超限、超高产品或无法满足或收费昂贵，使用海外仓，即使周转不快，但不愁销路，将这些产品使用传统批量物流方式前置到海外仓，运营成本会大大降低。因此，海外仓也可以丰富产品品类，扩大销售市场，塑造品牌形象。

二、海外仓的供应链思维

跨境电子商务 B2C 的发展创造了直达海外消费者的新型跨境供应链，而海外仓作为这种新型供应链上的新节点，在解决跨境物流诸多顽疾的同时，也将跨境物流分成了头程运输、中端仓储和尾程配送三个阶段，随着海外仓战略重要性的日益显现，各方的海外仓发展势必要从物流思维转向供应链思维，反向整合跨境供应链才能达到跨境电商战略发展的要求。

（一）始发于中端的业务拓展

海外仓中端仓储的主要业务是货品进仓操作和仓储管理。由于海外仓熟悉海外环境，当前这两块业务都存在服务增值（见图6-1）。货品进仓操作方面，海外仓的头程运输需要出口电商将批量货品事先运至海外仓，实际上也就是要求出口电商在 DDP（delivered duty paid，指定目的地完税交货）术语项下将货物出口至海外仓，对于习惯于以 C 组或 F 组术语出口的外贸企业可谓麻烦不小。海外仓熟悉进口国环境，如果将其进仓操作延伸至关境接货，帮助出口电商完成进口通关和进口国至海外仓的运输，难度并不大，是海外仓容易增值的服务。仓储管理方面，由于是批量入库、单件出库，存在库内的包装整理和加贴条码服务，即使包装和条形码在出口时已经做好，在海外仓也存在拆分包装的服务。而且，无论是进境到仓还是仓储管理期间，出口电商虽掌握货品的所有权，但没有实际控制货品，潜在风险很大。海外仓可以与保险公司合作，延伸物流服务至运输保险和仓储保险。此外，海外仓的运营使得网络销售有了税收的实际载体，是未来跨境税收规范的一种做法，但是，各个国家对于销售税和增值税的征收并不一致，还有一些国家存在税收的灰色地带，协调与当地税务机构的关系显得十分重要。不仅是税务问题，还有政府监管，随着跨境经营的深入，也需要进行协调。海外仓作为出口电商在目的国的代理，成为目的国各方关系协调的重要节点。

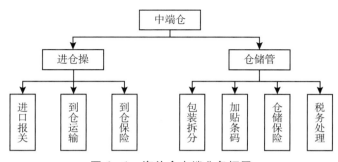

图6-1　海外仓中端业务拓展

（二）发展于尾程的功能转变

海外仓尾程发展之初主要是进行本地配送，完成送货上门服务即可，但是，送货必然会衍生出退换货问题。在直邮模式下，将货品退回国内所产生的逆向物流成本已很高，更谈不上提供换货服务。海外仓不仅可以将货品退回海外仓，换货成本也大大降低，能够将本地配送服务延伸至退换货服务。然而，退换下来的货品难免会在库内积压，此外，对于销售市场的预测不准也会导致待销品的库存积压。对于积压货品，仓储管理普遍会收取高额费用，而将这些货品批量退回，操作上就是从目的国向出口国的再出口，相关费用也十分可观。这种令出口电商左右为难的高额成本正在成为影响其海外仓体验的关键因素，迫使海外仓增加相应的积压库存处理服务，也就是将积压货品就地销售。从库内交易开始，海外仓可以很容易做到从仓储业到销售领域的跨越，而且，也可以从中了解客户需求以及积累客户资源。一些具有战略性的海外仓已经看到其中的巨大商机，开始投资建设销售网站和体验门店，从积压品销售慢慢走向正常品的海外推广，推动了跨境 B2C 向 O2O（online to offline，线上线下）的发展。海外仓从小物流节点向大贸易分销商的转变，使得海外仓成为跨境供应链上的关键一环（见图 6 - 2）。在客户导向的"拉式"供应链时代，由于海外仓可以掌握客户资源，能够促进新兴贸易中介的兴起，可以说，谁控制了海外仓，谁就可以在一定程度上控制跨境供应链。一些颇具实力的第三方物流，如飞鸟国际，都在积极布局海外仓。

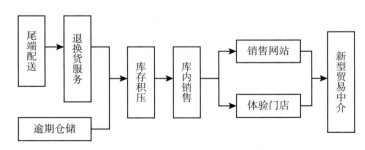

图 6 - 2　海外仓的尾端功能转变

（三）提升于头程的整合质变

海外仓的前端看似只是安排头程运输，但是，头程运输的货品选择和数量问题却是不容易确定的。如果出口电商尝试海外仓所选择的货品不被目的国市场所接受，难免出现后端库存积压的问题，还影响其对海外仓的体验度。海外仓的库存货品种类繁多，就可以根据货品进出仓数据来分析目的国的畅销货品，并对出口电商的选品给予指导。另外，如果货品在目的国十分畅销，一旦海外仓的储货量跟不上需求发展，也会影响出口电商的网上销售，及时进行补仓显得十分重要。但是，什么时候进行补仓，补多少数量的货品，以及如何按照轻重缓急选择合适的头程运输方式，从而达到成本最小和收益最大的目的，都考量着出口电商的仓储管理智慧。海外仓可以利用其数据信息优势做出头程运输方案，实现中端仓储的科学化，不仅满足出口电商动态化的跨境管理需求，也使得更容易集成跨境供应链的物流、信息、仓储、销售等各类服务。随着一些具有实力的海外仓建设主体开始与银行合作推出供应链金融，还可以完成对跨境供应链资金流的控制，从而形成以其为主导的跨境供应链新模式（见图6-3）。

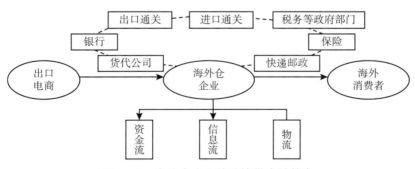

图6-3 海外仓企业的跨境供应链整合

三、海外仓的全球价值链攀升

海外仓也可以由海外国家的服务中介提供，但由我国企业出海建造或租用对全球价值链才会产生实质性影响，价值也会更大。从全球价值链的后向攀升来看，为提升海外客户的产品体验度，我国电商企业必然选择海外仓。如果只是单纯解决交货和售后服务问题，租用海外仓即可，但一些大的电商企业更加愿意自建海外仓，原因就是看重海外仓在销售方面的功能拓展，如库内交易。与我国不同的是，美国等发达国家仍然以线下交易为主，线上交易只是补充。若以海外仓作为开拓的起点，逐步向线下体验和销售服务拓展，则跨境电子商务不仅可以兼顾线上与线下的同步发展，也可以在国外树立品牌形象，吸引更多的海外批发商和零售商加盟，形成由我国贸易中介主导的多层次的海外分销网络，从而实现我国外贸全球价值链的后向攀升。这种后项攀升能力的提升，也可以促进价值链的前向攀升，海外仓的销售业务拓展使得我国电商企业掌握海外消费者需求数据和跨境经营经验，迫使其根据客户新需求对产品进行改进或创新，必然会提高我国电商企业在研发设计和采购环节的自主性，也使产品更加具有店铺品牌特色，这种实力的积累与增长将带动我国外贸前向攀升全球价值链。

四、海外仓的类型

海外仓的出现使得各方都开始努力探索海外仓模式，出现了各式各样的海外仓，可以从以下几个方面进行梳理：

（一）海外仓主体类型

根据建设主体的不同，可以将海外仓分为第三方物流海外仓、第三方平台海外仓和电商卖家海外仓。第三方物流海外仓由物流服务商建设并运营，可以和平台物流相对接，为电商卖家提供跨境物流服务，包括清关、入库、转仓、质检、仓储、分拣、配送、退换货等。第三方物流海外仓的优势在于物流体系的完善和灵活，可以不断丰富增值服务并形成市场化产品来供卖家选择，如关务、法务、增值税、仓间调拨、退换货二次销售、换标入库等。但是，随着海外仓展览、体验、分销等非物流功能的拓展，其也并不能独揽所有海外仓的建设。第三方平台海外仓由电商平台企业建设并运营，以亚马逊为代表，由平台将海外仓的仓储、拣货打包、派送等物流功能与平台收款、客服与退货处理等其他服务功能相结合形成一条龙式的综合服务，使用平台仓往往可以获得平台的各项优惠，如提高页面排名、标注特色卖家等，但毕竟其主营业务是撮合交易，有关平台仓的入仓难、收费高、退换货二次无法销售等问题则被广为诟病。电商卖家海外仓是电商卖家自己建立并运营海外仓，由自身控制整个跨境物流，为本企业产品提供跨境物流服务，原因在于第三方海外仓的服务水平较初级，平台海外仓的物流标准化要求和成本都高，并不能满足不同企业产品的个性化需求。电商海外仓的优点是卖家可以按自己的意图掌控和管理海外仓，但建设成本和风险都大，运营过程也需要自己解决物流、报关、仓储等问题，运货量不大的化也很难获得成本优势，一般大卖家会选择这种海外仓，从而形成整个交易的闭环运行，而大多数中小卖家则会选择平台海外仓或者第三方物流海外仓。

（二）公共海外仓类型

公共海外仓是具有区域公共性特点的特殊海外仓，是地方政府选择支持一些海外仓建设主体推进海外仓建设，要求所建设的海外仓除了企业自用，还能够为本区域其他跨境电商卖家提供海外仓综合服务，如通关、仓储、分销、展示等，并与本区域的外贸综合服务平台实行系统对接，以有效促进本区域的海外仓模式发展。鉴于第三方物流海外仓、平台海外仓和电商海外仓各具优势，地方政府在公共海外仓的建设上也会不拘一格，将公共海外仓分为物流型公共海外仓、平台型公共海外仓和贸易型公共海外仓，鼓励本区域内的物流企业、平台企业、外贸企业能够积极参与公共海外仓的建设，也有全国性的第三方物流企业积极与各地方合作建设公共海外仓。公共海外仓较之于电商海外仓而言，可以突破只有大企业才能自建仓的限制，实现本区域内企业"抱团出海"做大海外市场的目标，因而备受地方政府的重视，如浙江、广东、山东、河南、河北、陕西、湖南、江苏、安徽等省份都开始推出海外仓建设计划，特别是发达省份对公共海外仓的补贴力度很大，如浙江省对认定的省级公共海外仓给予主体企业不超过150万元的支持；福建对积极对接省"国际贸易单一窗口"，带动福建企业出口达到一定规模的跨境电商海外仓运营企业给予最高300万元奖励。

（三）海外仓升级类型

业界将海外仓模式分为"1.0模式"和"2.0模式"。海外仓"1.0模式"是初级模式，指货物先以一般出口方式批量出口到海外仓，由海外仓实现本地销售和配送的国际物流方式，发挥海外仓代收和发运的传统仓库功能。海外仓"2.0模式"是高级模式，指新型综合性物流仓储模式，不仅具有基本物流仓储属性，还能将中转、加工、维修、退换货、分销、金融等融为一体，致力于实现服务和流程的可视化，帮助卖家更好地管理货物，为其产品提供本土化、多样化的海外服务。海外仓"2.0模式"提供的是更全面的服务，已不仅仅是提供海外仓储方案，其向海外服务中心进发，卖家不出国门就可以触及海外市场和扩大产品知名度，使产品升级和品牌化发展成为可能。

（四）海外仓流程类型

按照贸易流程方向的不同，海外仓可以分为出口海外仓和进口海外仓。出口海外仓是跨境出口的境外备货点，实现的是出口贸易运营的本土化。进口海外仓是跨境进口的境外集货点，实现的是进口的供应链功能前置。无论是出口海外仓还是进口海外仓，都已形成"选品＋头程运输＋海外仓储＋线上交易＋本地配送＋售后保障＋本土化市场开拓"和"集货—报关—国际运输—清关—境外运输—海外仓储—配送"的海外仓基本运营流程。由于国内保税仓较之于进口海外仓而言更能够对国内经济起到大的带动作用，因此，单纯用于库存管理的进口海外仓较少。出口海外仓则不然，其推动的是跨境贸易的海外运营功能延展，具有很高的战略定位，也必然成为政策极力推动的一类海外仓。

五、海外仓发展的战略意义

海外仓之所以会受到传统外贸、平台企业、传统货代、电商企业和地方政府等各方的青睐，源于能够对各方的战略性发展起到重要的推动作用。

（一）有助于外贸行业的转型升级

在传统外贸方式下，跨境供应链牢牢掌握在海外贸易中介手中，我国外贸在全球价值链中处于微笑曲线上的最底端。随着人民币升值和国内成本上涨，这种状况还受到了成本更为廉价的东南亚国家和地区的挤压，而跨境 B2B 平台的信息流建设不仅没有改变这种被控制和受挤压的状况，反而增强了海外贸易中介的比价能力，使得我国外贸的转型升级更加艰难。B2C 直邮模式创造了直达海外消费者的新渠道，有利于打破海外贸易中介对跨境供应链的控制，2013 年以来得到了国家政策的大力推动。然而，受国内电子商务环境的影响，劣质低价、假货冒牌等现象开始在 B2C 直邮模式中涌现，我国外贸的转型升级发展仍然艰难。海外仓货物因客户体验度的提升而易增加客户黏性，促进品牌建设，而售价的提升也有利于电商摆脱低价的恶性竞争，走创新发展的新道路，从而形成创新、增值、品牌黏性、再创新的良性循环。与国外建设的海外仓相比，我国建设的海外仓有助于强化以本国为主导的跨境供应链。

（二）有助于电商平台的发展壮大

出口零售电商平台主要分为两类，一类是 B2B2C 平台，另一类是

B2C 平台。B2B2C 模式中，电商平台是大的贸易中介，从制造企业采购，再销售给海外消费者，整个供应链的价值增值主要被电商平台所获得。兰亭集势就是典型的这类电商平台，由于海外仓能够提升客户体验度，从而提高销售价格，并获得更为丰厚的利润，其已自建欧洲海外仓和北美海外仓，实行闭环运行。另一类是 B2C 平台，电商平台只是提供国内卖家和海外消费者进行交易的平台，但并不参与二者的交易，但是，电商平台作为庞大电商群体的载体，更容易成为贸易纠纷的攻击对象，如电商的偷漏税、假货冒牌、客户差评等问题更易被说成是平台提供相应的土壤。海外仓的出现使得跨境零售出口商品在海外仓存储期间更容易受到进口国监管，有利于这类电商平台海外形象的改善和业务的提升。阿里速卖通就是典型的这类电商平台，其于 2014 年底开始调研海外仓，在 2015 年初就开始大举招募海外仓电商，给予增加曝光率和海外推广的优惠条件，并积极与菜鸟网络合作推出平台的官方仓和认证仓，便利电商企业选择海外仓模式。

（三）有助于国际货代的转型发展

随着直邮模式的兴起，国际邮政业和国际快递业迎来了春天。万国邮政联盟的全球邮政网络也使得国际小包具有运费成本低的绝对优势，而国际快递市场则主要被天地快运（TNT）、联合包裹（UPS）、联邦快递（FedEx）和敦豪（DHL）四大国际快递巨头所占领，通过各自的全球快递网络，可以极大地缩短跨境物流时间，从而具备到货时间上的绝对优势。直邮模式侵占了国际货代传统的海运或空运的市场份额，为适应新模式，许多国际货代选择做国际专线，但只能做到比邮政小包稍微迅速，比国际快递稍微便宜，并没有明显优势。海外仓的出现给了国际货代很好的发展契机，不仅可以整合传统海运、传统空运、国际邮政小包和国际快递等各类国际货运方式，从而为客户提供更为灵活的方案，也可以将其触角进一步向跨境仓储业延伸，由仓储衍生出各类增值服务。可以说，海外仓不仅不会让国际货代在新环境下被抢占市场，还可以借机整合其他市场，加速其向第三方物流方向发展。海外仓的价值很早就被国际货代所发现，

2008 年金融危机后，出口易、递四方、斑马、四海邮等就已开始尝试海外仓业务的发展。

（四）有助于电商企业的模式优化

直邮模式下，客户下单后的邮寄或快递事宜是由出口电商同邮局或快递公司直接接洽，每一单都要重复这样的操作，而且，在货到之前，出口电商也需要对包裹进行跟踪管理，并及时向有要求的客户传递物流信息。当业务量激增或跨境运送时间长时，物流业务的繁杂会让出口电商不堪重负，而且容易受到客户的差评，不利于电商企业做大。海外仓看似是设置仓库，实则是设置海外仓代理，负责货物的海外仓储和本地配送，以及处理逆向物流问题。出口电商可以将海外仓业务交给第三方物流来做，这样一来，不仅可以采用传统货代方式将货发到海外仓，而且，客户下单后的事情也变得简单化，也就是指示第三方物流从海外仓发货。由于海外仓发货属于目的国的本地发货，到货速度和服务质量都会有很大提升，客户满意度会随之提高，从而带来电商产品销量与销价的双增长。可以说，出口电商通过外包海外仓业务，在摆脱烦琐物流事务的同时，还有动力去把精力和时间投入到产品创新、品牌营销和海外推广等主营业务上，从而实现企业的做大与做强。

（五）有助于地方经济的集聚发展

地方可以建设具有本地属性的公共海外仓，一是规范地方集群的发展，海外仓布展是地方集群产品的线下集体亮相，不仅可以扭转群内价格战，约束群内企业的跟风模仿行为，还可以建设海外消费者大数据分析，引导集群走品牌、产品质量、创新发展的新道路，提升增值空间；二是打造地方集聚品牌，公共海外仓在海外只服务于本地企业，使得这种海外仓具有地理特征，其又积极向展销功能拓展，可以将广义化的地理标识化作块状化产业的地理品牌，实现产品品牌、产业品牌和地理品牌的协同发展，从而共同做大集群品牌；三是实现地方集群企业的抱团发展，随着海外仓发展，跨境电商已经形成"数据分析—需求创新—采购制造—营销接单—跨境通关—物流仓储—渠道配送—售后服务"这一长长的跨境供应链，其运营的复杂性让越来越多的电商寻求海外仓方面的抱团发展，公共海外仓的适时推进必然会对地方产业集群产生更大的凝聚力；四是形成地方集聚的良性生态，海外仓所创新的跨境 B2B2C 模式可以融合 B2B 和 B2C，可以拓展至 O2O，也可以掌控消费端对已有跨境电商模式进行反转，从而打破各个模式之间各自为战的局面，形成统一的电商集聚生态环境。

六、海外仓的推进状况

自 2013 年起，有关跨境电商的政策密集出台，解决了跨境电商大通关难题。之后，国家一方面扩大跨境电商的国内试点，另一方面尝试推进海外仓的发展，从而更大程度地挖掘跨境电商的发展潜力。2014 年 5 月和 2015 年 6 月，国务院办公厅印发的两个指导意见——《关于支持外贸稳定增长的若干意见》和《关于促进跨境电商健康快速发展的指导意见》，都明确提出发展海外仓等国际营销网络建设，促进出口企业融入境外零售体系。2015 年 5 月，商务部的《"互联网+流通"行动计划》提出将推动各方力量建设 100 个海外仓。2016 年 3 月，政府工作报告将扩大跨境电商试点、支持建设海外仓和发展外贸综合服务作为促进外贸发展的三大举措。2017 年 9 月，国务院常务会议在提到"一带一路"互联互通外贸基础设施建设上鼓励海外仓建设覆盖到重要的国别和市场。2018 年 7 月，国务院常务会议将海外仓和全球营销网络作为打造跨境电商知名品牌，开拓多元化市场，稳定外贸发展和提高国际竞争力的重要途径，鼓励企业加快进行建设。2019 年 7 月，国务院常务会议在完善跨境电子商务等新业态促进政策上再次提到支持建设和完善海外仓，扩大海外仓的覆盖面。地方政府积极响应，浙江、广东、江苏、河南、山东、福建、河北、陕西、江西等诸多省份已将跨境电商产业园区与本地公共海外仓建设作为推动地方跨境电商大发展的重要举措。2017 年度的杭州跨境电子商务指数发展报告指出，外贸新业态被认为是传统外贸的跨境电商转型发展，外贸新模式是外贸综合服务、海外仓等新应用的发展。在政策的大力推动下，跨境电商企业开始全方位评估海外仓带来的机会和潜力，尽力去捕捉这个重要机遇。2019 年，广东省研究制定了《广东省推进外贸高质量稳定发展若干措施》，提到将认定和扶持一批公共海外仓，覆盖重点国别和市场。由深圳市易仓科技有限公司主办的海外仓两会已成为跨境电商行业盛会，自 2017 年 3 月以来已连续举办四届（2020 年因疫情停办），吸引了各界人士来共谋海外仓的战略发展。海关总署 2020 年第 75 号公告《关于开展跨境电子商务企业对企业出口监管试点的公告》提道，从 7 月 1 日起，在 10 个地方海关（包括北京、天津、南京、杭州、宁波、厦门、郑州、广州、深圳和黄埔）试点跨境电商 B2B 出口监管，并将跨境电商 B2B 出口细分为两类，即 B2B 直接出口监管（9710）和出口海外仓监管（9810），符合条件的企业开展 B2B 出口业务不用再走过去的一般外贸出口流程，还能享受跨境电商在税收、外汇等方面的优惠待遇。9810 是海外仓模式的通关便利化措施，有利于促进跨境电商新业态发展，推动外贸促稳提质，标志着海外仓受到的政策支持力度会越来越大，必然激励越来越多的区域和企业去探索海外仓模式的发展。

第七章

我国跨境电子商务的发展成效

我国跨境电子商务的顶层设计和试点推进激励了众多地方政府、平台企业和电商企业积极投身跨境电子商务的创新发展之中，取得了良好的效果。

第一节　我国跨境电子商务的地区实施成效

当前，我国的跨境电子商务已经在省市层面上全面铺开，无论是传统的外贸大省，还是极具创新活力的外贸强省，抑或是赶追型的中西部欠发达省份，都在积极创造发展跨境电子商务的优势，促进了我国跨境电子商务在地区层面上的新业态形成。

一、传统型外贸大省广东的跨境电子商务发展成效

广东省的跨境电子商务发展以广州市为示范效应，随着其跨境电商试点城市和综合试验区在不断增加，成为我国获批跨境电商综合试验区城市最多的省份，已形成"以点带面"格局特色的发展格局，发展后劲十足。

（一）跨境电子商务发展的广州模式

广州开展的跨境电商业务模式有直购进口、保税进口、保税出口、零

售出口等多种，属于全国极少数能够同时开展这些业务的试点城市，具有跨境电子商务先试先行权、海关特殊监管区域、南沙前海自贸区等政策优势和创新优势。自广州设立跨境电商综合试验区以来，广州结合自身优势积极进行综合改革和开拓创新，将跨境电子商务作为传统外贸企业转型升级的重要路径，推动"海关、商检、结汇、税务、商业、物流、金融"一体化的公共服务平台发展，并与跨境电商特色园区进行融合发展，促进新型监管服务模式和制度体系的形成，以服务优化、产业融合、区域协作和线上线下融合来打造跨境电商发展的广州模式。

1. 政策推动

广州市政府将跨境电子商务作为新业态加以扶持，从 2013 年起，广州支持电子商务和跨境电商发展的政策文件先后出台[①]，投入较大资金支持，市财政每年 5 亿连续 5 年投入扶持资金，扶持奖励政策已覆盖平台建设、物流仓储、支付结算、人才引进等多方面，并在跨境电商公共服务平台建设上安排有 3 320 万元的专项资金，对本市跨境电商重点企业和重点项目也进行扶持和奖励。广州服务于跨境电商企业的具体需求，最大限度放宽市场准入条件，降低跨境电商的业务门槛，2015 年开始试行跨境电商备案制管理，在试点城市中属于率先试行的城市，能够极大激发市场活力[②]。广州跨境电子商务协会于 2015 年 2 月 3 日成立，由从事跨境电子商务的企业联合发起，如唯品会、广交会、贝法易、易票联、京东、苏宁、广新外贸、威时沛运、绿地集团等，是具有独立法人资格的社会团体组织，在与政府对接政策资源的同时，加强行业的规范和约束。

2. 完善线上服务平台

在线上，广州依托国际贸易"单一窗口"设置跨境电商模块，加快推进跨境电商公共服务平台建设，已完成的一期综合服务平台被极力推广应用，对二期建设提出改进要求和建议，不断优化完善平台功能，截至

---

① 如《关于加快电子商务发展的实施方案（试行）》（穗府办〔2013〕13 号）、《关于全市电子商务与移动互联网集聚区总体规划布局的意见》（穗府办〔2014〕41 号）等。

② 杨露.跨境电商的"广州速度"如何炼成［J］.南风窗，2017（20）：3.

2019 年底，平台已上线有进出口通关、数据分析应用等 10 个子功能，2020 年 1 月增添"出口退货"功能。平台服务功能的齐全与便捷吸引众多企业使用平台申报进出口通关业务，其中也不乏不少外地企业，使得备案跨境电商企业 2019 年底已超 2 300 家，申报进出口清单超过 1.8 亿份[①]。广州综合服务平台为强化信息的集成，以"身份可查、便捷通关和共享共治"为特点，一是建设全球商品溯源体系，依托"智检口岸"的大数据和云计算平台，使用二维码溯源技术，打造闭环监管，使得所有商品可溯源头，可查去向，可追究责任方；二是推动政府各部门的信息共享，如市场监管、民政、编办等涉及不同性质企业的信息，保证企业代码信息能够实时获取，利用大数据技术便捷企业数据的上报监测、跨境电商的自主数据采集和统计分析的系统应用；三是实现订单、支付单、物流单、仓储单的"四单对碰"，完善跨境电商零售进口退货流程，进一步提升消费者体验感；四是建设消费维权的"红盾云桥"智能协作平台，加大网络消费的维权力度，营造跨境电商交易的公平有序环境；五是打造跨境电商区域合作平台，如"一带一路"建设服务平台、粤港澳跨境电子商务合作平台等[②]。

3. 布局线下园区经济

一方面，广州结合海港、空港、陆港区位优势打造特色园区载体。目前机场综合保税区、广州保税区、南沙港保税区保税仓库面积总和已超 66 万平方米。广州白云国际机场利用其超高的国际化水平进行空港建设，依次设立有港国际物流园、空港保税物流中心、机场综合保税区和跨境电商枢纽港，跨境电商进出口总值连年居全国空港首位[③]；广州保税区的网购保税业务增长迅猛，2020 年全年网购保税进口包裹约为 1 900 万个，同

---

① 黄舒旻. 全国领先的跨境电商"广州速度"是如何炼成的？［EB/OL］. 南方网 http：//static. nfapp. southern. com/content/202007/17/C3761001. html，2020 – 07 – 13.

② 封梅康，李承恒，杨兆中. 广州打造跨境电商发展新模式［EB/OL］. http：//tradeinservices. mofcom. gov. cn/article/news/gnxw/202004/103634. html，中国服务贸易指南网转引国际商报文章，2020 – 04 – 28.

③ 林琳，关悦. 广州白云机场综保区（南区）正式开园［N］. 广州日报，2021 – 03 – 18.

比增长 80%，包裹货值达 45.6 亿元，同比增长 102%；据黄埔海关统计南沙保税港区主打"粤港澳合作"牌，不断提升粤港澳货物通关时效，如建设粤港跨境货栈，将香港机场的货物收发点延伸至南沙港保税区，以及推出粤澳跨境电商直通车项目，支持港澳货物南沙清关等[①]。另一方面，广州积极建设各种跨境电商产业园区，优化跨境电商产业链，支持外贸企业加快线上线下融合，通过跨境电商实现转型升级发展。广州拥有良好的跨境电子商务发展基础，对于跨境电商产业园区的建设充满热情。按照《广州市跨境电子商务产业园区认定办法（试行）的通知》（穗商务规字〔2020〕7 号），广州跨境电子商务产业园区的认定仅需入驻的各类跨境电商企业在 20 家以上，可以有园区、商务楼宇或产业集聚区等多种表现形式，认定有效期为三年，期满后需重新认定。在原有的电子商务产业园区的基础上，广州发展的跨境电商产业园区数量超过 50 个，并且还有产业园区在开发建设中。这些园区普遍在壮大直购进口业务的同时，积极开拓直购出口业务。白云区 211、高新区新银河世纪、花都区万达城 O2O、天河区南方易磐、黄埔区状元谷、广州空港等跨境电商产业园区已有较大名气。

4. 创新通关监管体系

广州的跨境电商通关监管水平全国首屈一指。一是能够不断提升通关效率，其推出的空运进口货物"提前申报、货到验放"通关模式和空运出口货物"提前申报、运抵验放"通关模式[②]，可以保证 95% 以上的跨境商品实现通关"秒放"，使得海购运到保税区的商品可以实现省内订单最快 1 日送达和国内订单最快 2 日送达；在全国率先实现申报、监管、执法"三统一"；采取"简化申报、清单核放、汇总统计"方式，将零售进口通关环节由 7 个精简为 4 个；实现标准化和自动化报关，以及无纸化和智能化通关，通过监管场所虚拟卡口与园区出区实际卡口的信息互通，可以

---

① 关悦，马汉青. 广州海关多措并举助力粤港澳大湾区建设 [N]. 羊城晚报，2018 – 12 – 19.

② 金鑫，杨纯华. 机场海关新通关模式助广州空港物流提速 [EB/OL]. www. Carnews. com. cn/ 2014/0424/90909. shtml，2014 – 04 – 24.

有效压缩货物通关时效达 30%；借助 App 手机应用程序预约、AI 人工智能识别和 3D 三维立体扫描理货等技术，大大提升货物出入库的效率①。二是提高便利化水平，广州的跨境电商通关便利度位居全国前列，主要是依托广州市公安局"微警认证"在线身份认证服务平台自动核验跨境电商消费者的身份信息，借助"人工智能＋机器人"推广全程电子化的商事登记新模式，促进跨境电商企业备案登记的便利化，通过开展跨境电商经营者网上亮标亮照活动推动跨境电商个体经营者的注册登记工作；将跨境电商进口商品通关状态、税费信息查询、消费者个人信息自助核实等功能拓展至"粤省事"、支付宝等渠道②。三是不断拓展新功能，广州海关率先在全国将跨境电商直购进口纳入贸易统计；广州海关、黄埔海关在全国率先针对跨境电商零售出口退货制定监管流程；2020 年 5 月，广州海关在全国首创跨境电商出口退货"合包"新模式，支持企业将海外仓退货商品回迁至南沙保税港区作为保税货物在区内存储并实施便利化监管③。亚马逊、京东、一号店、网易考拉、唯品会等大型跨境电商纷纷选择广州海关通关，就是对其顺畅通关环境和优质通关服务的一种肯定，成为广州外贸经济的新增长点④。

5. 重视海外仓渠道建设

广东省很多有远见的跨境电商企业都在积极布局建设海外仓，至 2016 年底，开展跨境电商海外仓业务的企业已有大约 210 家，建仓面积达 150 万平方米，遍布欧美和"一带一路"沿线国家（地区），海外仓数字化和智能化水平在不断提高，推进跨境电子商务从纯粹的网络渠道向线上线下的全渠道转变。在此基础上，作为广东省的排头兵，广州市还积极

---

① 封梅康，李承恒，杨兆中. 广州打造跨境电商发展新模式［EB/OL］. http：//tradeinservices. mofcom. gov. cn/article/news/gnxw/202004/103634. html，中国服务贸易指南网转引国际商报文章，2020 – 04 – 28.

② 2019 年广州跨境电商总规模全国第一跨境电商已形成"广州模式"［EB/OL］. http：//sw. gz. gov. cn/swzx/swyw/content/post_5637216. html，广州商务局网站，2020 – 01 – 21.

③ 陈晓，昌道励. 广州海关创新出口退货"合包"模式［N］. 南方日报，2020 – 08 – 07.

④ 张卓敏. 跨境电商"广州模式"精耕细作占鳌头［N］. 国际商报，2017 – 03 – 03.

推进公共海外仓建设。根据广东省商务厅《关于开展 2019 年广东省公共海外仓认定工作的通知》（粤商务电函〔2019〕60 号），广州市的公共海外仓具有以下标准，首先是海外仓的注册情况，需要在广东省内依法注册的企业法人，具有仓储经验，经营情况良好，海外仓运营在 2 年以上；其次是对海外仓条件的要求，仓储面积需要达到 5 000 平方米以上，具有 ERP（企业资源管理）、WMS（仓库管理系统）等完备的信息化管理系统进行订单管理、头程运输管理、库存管理等管理，能够提供通关物流、入库质检、入库分拣、本地配送、本地展示、营销推广、售后维修、退换货处理、信息数据提供、供应链金融等综合服务不少于 3 项；最后是要求企业的数量，海外仓需要满足 50 家以上的外贸经营主体需求，其中，广东本土企业所占比例不低于 60%。出口易是贝法易集团的物流平台，总部设在广州，其服务网络已经基本覆盖国内活跃的跨境电商地区，在海外设立有 10 个海外仓储物流处理中心及海外业务拓展团队，覆盖美、英、德、澳、西、加、俄等海外活跃的跨境电商国家或地区。广州也培育出一批本土的跨境电商龙头企业，如唯品会、洋葱、棒谷、卓志、高捷、中远、鸿杰、国祥等，这些企业的海外仓业务发展也带动了本地物流企业的发展，如卓志物流、中远国际、威时沛运等，也积极发展其成为广东省的公共海外仓，如 2019 年高捷物流香港海外仓入选广东省公共海外仓，从而形成完整的跨境电商海外仓生态圈。

（二）广州跨境电子商务的发展成绩

广州跨境电商综合试验区致力于打造跨境电子商务的中国发展高地和亚太地区中心城市，其跨境电子商务的促进体系秉承"广州元素、中国特色"的发展特点。广州作为中国最早的开放城市，在发展中不断积累其外向型基因禀赋，已是珠三角乃至华南地区小商品的主要集散地，全国最大的电子商务货源地，其商品品种繁多、交通物流便捷、价格优势明显，专业批发市场就有 644 个，其中天河路商圈在全国是首个跨入"万亿俱乐部"的批发市场，广交会素有"中国第一展"乃至"世界第一展"的美誉，一直以来都吸引着众多外国客商常驻广州开展小商品出口贸易。广州产业基础良好，工业基础发达，能够为电子商务发展提供质优价廉、品种丰富的网货货源，也是其发展跨境电子商务的优势所在，特别是其3C类、玩具及纺织服装等产品因符合跨境电商产品特征，如体积小、重量轻、单品价值低等，使得广州跨境电子商务的发展在全国显现出了明显的优势。与此同时，广州为开展跨境电子商务提供了良好的发展环境。广州在电子商务领域复制了其商业"小而散"的发展经验，没有出现如阿里、腾讯那样的超大型电子商务企业，单有很多成长性高的中小型电子商务企业，企业间能够分工明确，紧密合作，共同将规模做到足够大。至2019年，广州统计在案的跨境电商企业已达777家，其中电商企业、物流企业和支付企业分别占到630家、112家和35家。① 根据广州市跨境电商行业协会的初步估计，若将一些没有统计进来的中小卖家包括进去，则广州跨境电商数量会超过1万家，其中，跨境电商出口企业占到85%，中小型卖家占到85%，充分说明广州"小而散"的跨境电商发展特征。广州跨境电商近年来的爆发式增长，除了与其制造业基础雄厚、产业资源丰富多样、市场经济内通外达有密切关系，与其互联网创新发展意识强也关系极大，"广货"通过跨境电商渠道被精准直销给海外消费者，"广州制造"的品牌知名度在日益增强。广州的跨境电商进出口额逐年爆发式增长，2014年14.6亿元、2015年67.5亿元、2016年146.8亿元，特别是2016年获批国家跨境电商试验区之后，跑出了领先全国的"广州速度"，广州的跨境电商规模占全国的29.4%，占广东省的64%。2017年广州跨境电子商务进出口总值227.7亿元，同比增长55.1%，占全国25.2%，继续保持试点城市首位②。2019年，广州跨境电商进出口额达444.4亿元，同比增长80.1%，位居全国首位，其中，通过海关跨境电商管理平台的进出口

---

① 广州创建跨境电商综合试验区将重点做好七方面工作［EB/OL］. http：// supplier. alibaba. com/trade/domestic/PX 6BL790. htm, 阿里巴巴转引雨果网文章，2019－11－12.

② 引自《广州市商务局关于市政协十三届会议第2065号提案答复的函》（穗商务函〔2019〕1230号）

额从 2014 年的 14.6 亿元增长到 2019 年的 385.9 亿元，规模增长了 25 倍①。即使在新冠肺炎疫情影响最严重的 2020 年一季度，广州海关跨境电商平台的进出口额也达 65.1 亿元的，同比增长 5.6%，实现疫情下的逆势增长。在广州的带动下，整个广东省的跨境电商进出口总额也实现爆发式增长，2017 年 441.9 亿元、2018 年 759.76 亿元、2019 年 1 107.9 亿元，始终位居全国第一。

（三）其他地市跨境电子商务发展的特色格局

截至 2020 年 5 月，广东省跨境电商综合试验区的数量已增至 13 个，位居全国第一。从 2020 年 7 月广东省发布的梅州、惠州、中山、江门、湛江、茂名、肇庆 7 个跨境电商综合试验区实施方案可以看出，整个广东省的跨境电商发展各地市已各具特色，能够形成优势互补、共同发展的新局面。

1. 梅州跨境电商发展特色

梅州以"世界客都"和"长寿之乡"闻名于世，也属于原中央苏区所在区域，计划打造 3 个跨境电商特色集聚区，引进和培育 5 家销售额能够过亿元的跨境电商骨干企业，对接"一带一路"沿线国家及客属地区跨境电商合作平台，在"一带一路"沿线重要海外节点城市布局陶瓷品、电声品、工艺品、嘉应茶、客都米等品牌产品的展示体验馆，打造跨境电商综合营商环境的原中央苏区示范城市，成为粤、闽、赣三省交界地带的区域性进口消费中心城市。

2. 惠州跨境电商发展特色

惠州依托现有的专业市场，如家电、灯饰、乐器、电子、服装、鞋帽、箱包等，打造 3～5 个跨境电商特色产业园，促进相关产业形成跨境电商集聚区和外贸转型升级示范区，培育多个跨境电商 B2B 平台，引进

---

① 2019 年广州跨境电商总规模全国第一跨境电商已形成"广州模式"［EB/OL］. http：//sw. gz. gov. cn/swzx/swyw/content/post_5637216. html，广州商务局网站，2020 - 01 - 21.

和培育 10 家以上跨境电商知名品牌企业；打造中韩产业跨境电商合作平台，建设中韩各类物流商贸中心，如航线对接和全球网购快件中心、韩国进口消费品集散中心、韩国进口商品展示交易中心等，申建进境水生动物、进境冰鲜水产品、进口水果、进口肉类指定口岸。

3. 中山跨境电商发展特色

中山跨境电商面向全球市场和辐射大湾区城市建设轻工产品（如服饰、鞋帽、玩具、箱包、五金、灯饰、家电、锁具、美妆、护理等）的出口供货集采基地、零售进口商品分销基地和创新创业基地，推动中山优品与跨境电商平台积极对接；通过大湾区的"粤港澳跨境货栈"积极开展出口空运业务，利用通关便利化的"跨境一锁"（即安装各地互认的电子锁和全球定位系统设备）模式，实现进出口货物在往来机场的无障碍快速通关；创新跨境电商产品的担保和退货流程，实行进口税务的"税款担保、集中纳税、代扣代缴"；在符合条件的区域打造质量安全试验区。

4. 江门建设数字商务先行区

江门跨境电商面向境内外和辐射粤西地区建设数字商务先行区、监管服务示范区、物流仓储核心区和金融试点深化区；借助华侨资源，建设侨贸电子商务引领区，共建跨境电商全球供应链的协同和服务平台，发展海外展示体验、仓储转运配送、售后服务和商品信息交互等中心；在 LED 灯具、红木家具、水暖卫浴、小家电、小五金、日用品、箱包、摩托车等雄厚产业基础上打造名地、名品和名企，形成跨境电商出口品牌集群；试行"先出区后报关"的海关特殊监管区跨境电商 B2B 出口模式，支持建设虚拟前置仓，探索设置电子围栏，实时动态监管跨境电商进口货物。

5. 湛江创新"保税 + 实体新零售"业务

湛江跨境电商主要辐射粤西地区和环北部湾城市群，打造跨境电商服务基地和促进制造业转型升级示范区，支持临港企业利用跨境电子商务实现转型升级发展；利用"一带一路"海上合作支点城市以及毗邻海南自由贸易港、背靠大西南的区位优势，拓展和链接海外终端销售网络；依托其小家电、羽绒、海产品、特色食品、家具等特色产业重点打造五大跨境电商产业集群；积极开展跨境电商"保税＋实体新零售"的业务创新。

6. 茂名建设荔枝交易集散中心

茂名立足粤西、辐射大西南地区主打农产品跨境电商先行试验区，建立跨境电商农产品溯源体系，建设世界荔枝电子商务平台和交易集散中心；利用其大西南地区最近出海口的区位优势打造该区域的进出口货物集散地，吸引跨境电商进出口货物在茂名集散；茂名综试区建设"港珠茂空陆联运快速干线"的跨境电商进出口新通道；建设智能化、园林式的粤西（化州）空港跨境保税物流产业园。

7. 肇庆探索绿色农副产品"线下展示＋线上交易"

肇庆为吸引跨境电商配套资源的集聚，计划培育跨境电商龙头企业3家以上和特色产业带5条以上；依托怀集绿色农副产品大湾区集散基地，开展跨境电商O2O出口业务；推动四个主导产业和四个特色产业内的制造企业与平台合作建设海外直销网络；立足珠三角枢纽广州新机场规划建设项目，依托临空型高科技产业和优质农业，打造跨境电子商务空港经济区。

二、创新型外贸强省浙江的跨境电子商务发展成效

2015 年，中国（杭州）跨境电子商务综合试验区作为全国首个跨境电商综试区而设立，通过六大体系构建，包括信息共享、金融服务、智能物流、电商诚信、统计监测和风险防控，以及两个平台建设，包括线上综合服务平台和线下综合园区平台，实现跨境电商的"三流合一"，即信息流、资金流和货物流的统一。截至 2020 年 5 月，浙江跨境电子商务综合试验区数量都已增至 10 个，只有舟山不在综合试验区，但舟山作为自由贸易试验区，也已获批跨境电商零售进口的业务资格，从这个意义上说，浙江已实现跨境电商试点的全省覆盖。作为首个设立跨境电商综合试验区的省份，浙江一直以来都高度重视跨境电子商务的发展，在跨境电子商务的监管创新、体制机制建设、主体培育、配套支撑等方面不断取得大的进

步，发展水平始终居全国前列。

（一）跨境电子商务发展的浙江优势

1. 具有全球领先的电子商务产业优势

浙江省的电子商务产业不仅在全国，在全球也处于领先地位。浙江涌现了一批跨境电商领军企业，拥有全球最大的跨境电商 B2B 交易平台——阿里巴巴国际站、全球领先的跨境电商 B2C 交易平台——速卖通、全国最大的第三方支付平台——支付宝、全国领先的大宗商品现货交易平台——新华大宗、全国领先的生产资料 B2B 交易平台——网盛科技。

2. 具有先行先试的试点创新优势

作为全国跨境贸易电子商务试点城市，杭州、宁波、金华、义乌等城市对跨境电商监管大胆进行创新，形成了一些宝贵经验。一方面，创新"集中监管＋定期申报"的跨境电商出口监管模式，建立数据交换平台，实现报关报检、纳税结汇、下单发货、物流支付等各类电子单证的信息互认和联网协同，形成行业信息标准和接口规范，被全国学习和复制推广；另一方面，创新电子商务产品的质量监管机制，采用云信息技术进行云监管和云服务，对网上产品质量形成风险监测、高效抽查、信用管理、责任追溯和属地查处的全方位监管。

3. 具有条件优越的综合优势

浙江省开放基础雄厚，信息产业扎实，物流商贸发达，园区特色突出，形成综合优势，成为网上自贸区建设的坚实保障。特别是线下园区的发展基础好，杭州、宁波、金华、义乌等地拥有众多的跨境电商产业园区，均具备优质便利的产业配套服务，如店铺运营、跨境物流、海外仓储、金融结汇等，能够吸引和集聚一大批跨境电商企业，也能集聚相关政府部门提供窗口服务，从而促进跨境电商通关、结汇、退税等监管方面的创新。

4. 具有适宜电子商务发展的区域优势

浙江省地处长三角地区，产业集群的块状经济特征十分明显，各地都具有众多的细分专业化市场，在小商品生产上独具优势，十分契合跨境电商产品种类丰富、门类齐全和网货货源充足的特点和要求。浙江的中小微企业众多，已超过 100 万家，能够占到全省企业总数的 96%。这些中小企业经营机制灵活，很多也有良好的外贸发展基础，十分适合也容易转型发展跨境电子商务，使得浙江的跨境电子商务发展能够有充足庞大的网商群体基础。

（二）跨境电子商务发展的浙江模式

1. 规划明确

2014 年底，浙江省领跑全国的首个省级跨境电商政策出台，在对跨境电商企业进行明确界定的基础上，对跨境电子商务的发展从不同主体出发分业务体系、服务体系、管理机制进行战略规划，并设计组织实施制度来保障推进，从而形成政府推进、各方主体积极参与的发展格局。

（1）确定跨境电商经营主体。浙江对跨境电商经营主体实行备案登记管理，将跨境电商经营主体划分三类，分别为自建平台企业、电商应用企业和电商服务企业，根据不同主体资格区别办理经营、报关、检验、检疫、结汇、退税、结汇等业务的相关手续。

（2）健全跨境电商业务模式。浙江省跨境电子商务已形成中小网商、专业跨境电商和传统外贸企业积极参与、第三方平台和自建平台同步推进、境内电商服务企业和境外电商服务企业互动发展、买全球和卖全球有序结合、B2B 和 B2C 多模式衍生并存的发展格局。为健全业务模式，浙江积极创造条件为行邮包裹类跨境电商解决仓储、支付、结汇、售后服务等问题；引导并鼓励有条件的跨境电商企业进驻海关特殊监管区域通过正式报关等环节开展业务；支持有条件的跨境电商企业积极设立境外服务网点，或者依托电商服务企业，采取 B2B2C 方式出口，也就是一般贸易方式出口至境外服务网店后再由境外消费者网上下单进行销售；推动 B2B 跨境电商平台由信息发布模式向在线交易模式发展；稳步发展进口跨境电商业务，逐步建立进出口并行的跨境电商完整业务体系。

（3）建设跨境电商服务体系。一是建设各级跨境电商园区，省级跨境电商示范园由省商务厅会同财税、海关、检验检疫、外管等部门联合创建，也可根据海关特殊监管、检验检疫监管、物流仓储功能等需要单独设立跨境电商仓储物流中心。二是建设跨境电商物流服务体系，鼓励传统货代和物流企业为众多中小微跨境电商提供物流、仓储与配送等服务，择优遴选一批国际物流企业或快递企业对接园区或物流仓储中心的业务，加强跨境电商平台与交通物流公共服务平台的信息对接。三是发展跨境电商支付服务体系，鼓励银行机构提供跨境人民币结算服务，推动银行机构和第三方支付机构进行支付产品创新，鼓励符合条件的机构试点园区或仓储物流中心的支付服务。四是发展跨境电商境外服务体系，提前谋划浙江跨境电子商务的全球布局，鼓励跨境电商企业建设境外服务网点，支持有条件的企业建设境外浙货公共服务平台。五是完善省级跨境电商综合服务平台，开通各类行政管理业务接口，如外贸备案、报关、检验检疫、结汇、退税等，为浙江跨境电商企业提供一站式的便捷服务。

（4）完善跨境电商管理机制。一是建立并逐渐完善跨境电商报关监管方式，对邮寄、快递类跨境电商出口产品通过"海关集中监管、清单核放、汇总申报"方式便利通关手续的办理。二是不断完善跨境电商进出口检验监管模式，贯彻执行一般出口工业制成品不法检等政策，对跨境电商出口产品以检疫监管为主，基于风险分析探索跨境电商产品的质量安全监督与抽查机制。三是支持跨境电商经营主体货物出口的正常收结汇，使用便利化通关方式的经营主体可凭报关信息办理收结汇业务，采取行邮包裹直寄出口方式的中小经营主体则可通过第三方外汇支付试点机构办理收结汇。四是加强监管银行机构和支付机构的跨境支付业务，对其跨境支付服务行为进行规范。五是实施适应跨境电商出口的税收政策，对符合条件的出口货物实行免退增值税和消费税的政策。六是开展跨境电商进口管理机制的研究，探索建设进口型跨境电商园区，制定和出台相应的管理政策和措施。

（5）保障跨境电商制度有效实施

一是全省统一部署、各市分步推进。专门设置电子商务工作领导小组来统筹安排推进全省各地的跨境电子商务发展，合理布局跨境电商园区或仓储物流中心，协调与落实具体实施过程中的业务流程、推进计划和目标考核等事宜。各地市根据地方情况制定跨境电子商务方案和工作机制。二是商务厅（局）主抓具体建设，省商务厅会同发改委、财政厅、交通厅、工商管理局、质监局、统计局、国税局、中国人民银行、外汇管理局、海关、检验检疫局等各部门共同推进省级跨境电商综合管理服务平台建设，明确跨境电商业务操作流程，落实一批培训机构和实践基地，全口径统计各类经营主体的各种跨境电商业务。各地商务部门会同相关部门加强对当地跨境电商园区或仓储物流中心的建设指导和支持。三是加大各级财政部门对跨境电子商务发展的支持力度，境内重点支持园区建设、优秀电商服务商培育和专业人才培训，境外重点支持服务网店建设，给予出口信用保险保费一些补助，并积极落实相关支持政策。

2. 财政支持

当前，在跨境电子商务发展上，浙江省的支持力度很大，从 2019 年杭州市出台《关于加快推进跨境电子商务发展的实施意见》可见一斑。

（1）支持主体和项目。

杭州将培育跨境电商经营主体放在了优先支持的位置，支持各类经营主体开展跨境电商业务，以及传统外贸企业和传统制造企业转型发展线上数字贸易。一方面，对成长性好、市场潜力大、影响力强、带动行业发展的跨境电商各类重点经营主体，给予最高 100 万元的资金支持。另一方面，对于跨境电商重点项目，如跨境电商平台企业和服务企业提供的物流、金融、人才、氛围、综合服务、创新、运营、海外中心、公共仓储、智能化设施等创新服务类项目；跨境电商企业自建独立站和创新商业模式等经营发展类项目；跨境电商园区孵化器、产学研、智慧化等基础支撑类项目，经评审符合条件的单个项目给予不超过 50 万元的一次性资金扶持。

（2）支持品牌营销活动。

对跨境电商企业的品牌营销活动给予政策扶持。跨境电商单个企业在出口目的国注册自有商标，可以给予一次性的资金扶持，最高为当年境外商标注册费用的 70%，当年总扶持金额最高为 20 万元；在线上综合服务平台备案的单个企业利用跨境电商平台所开展的境外推广活动，能够给予最高推广费用 25% 的资金扶持，总扶持金额最高为 50 万元；跨境电商单个企业使用自主品牌借助搜索引擎和社交媒体类数字化平台开展推广业务，能够给予一次性资金扶持，最高为推广费用的 50%，总扶持金额最高为 10 万元；单个企业参加经跨境电商综试办认定的跨境电商展会，能够给予最高展位费 70% 的一次性资金扶持，单次参展的资金扶持最高为 6 个展位费。

（3）支持园区和海外仓建设。

一方面，支持现有园区做大做强，以及有条件的地区扩建园区。为鼓励线下跨境电商产业园区的做大做强，浙江省开展园区的争先创优活动，择优奖励的单个园区最高可获得 50 万元的奖金；鼓励新建跨境电商产业园区，新开设的跨境电商产业园区经认定一次性给予主办方最高 100 万元的资金扶持；鼓励扩建跨境电商产业园区，新扩园点经认定一次性给予主办方最高 50 万元的资金扶持。另一方面，鼓励公共海外仓等境外仓储物流设施建设。对省级公共海外仓建设试点名单上的企业，在省级扶持资金之外再给予一次性资金扶持，最高为 20 万元；对市级公共海外仓建设试点名单上的企业，给予一次性资金扶持，最高为 75 万元。对跨境电商物流单个企业，若其 6 个月内能够为 5 家以上跨境电商企业提供物流服务且服务总额不低于 50 万元，可以给予补贴 3 万元；若其通过线上综合服务平台提供物流服务且服务总额全年不低于 50 万元，综合考虑其为跨境电商企业在杭相关业务的物流降费情况，可以给予资金补贴，最高为电商企业物流实际订单费用的 8%，每家物流企业最高为 50 万元。

（4）支持规范发展。

主要在线上通关申报、运行监测点建设和保税公共服务提供方面给予政策扶持。对符合跨境电商 B2B 认定标准的跨境电商企业提供线上跨境 B2B 通关申报的外贸综合服务企业、货运代理企业、报关行等相关企业，给予单家企业的资金扶持最高不超过 15 万元。对监测经认定的 50 家以上线上申报企业的跨境电商运行监测点，按照其运行实际业绩每年给予所属跨境电商主管部门一次性资金扶持 5 万元；对监测企业数量增长的运行监测点，达到 20％ 及以上，可以给予所属主管部门同增长比例的资金扶持，最高资金扶持不超过 10 万元。对提供跨境保税业务公共服务的单个经营主体，按照其在公共信息和电子口岸业务平台上开展的保税进出区联网管理和清单管理的服务业务量，可以给予最高不超过 200 万元的资金扶持。

3. 特色推进

浙江以制度创新、管理创新、服务创新为引擎，在跨境电商发展模式、业务流程、口岸监管、信息建设等方面积极探索与实践，实现跨境电商业务从 B2C 为主向 B2B 和 B2C 并重转变，从进口为主向以出口为主转变，推动跨境电子商务从自主发展向规范发展转变，汇集外贸产业链、电商服务链和跨境供应链，形成上下游企业和创业者共同参与的产业生态系统，打造"互联网＋外贸"发展新优势，构建开放型经济新体系。除了深化"单一窗口"建设、拓展外贸综合服务平台功能、推动智慧物流信息平台和综合基础平台建设、建设跨境电商产业园区、完善信息共享机制等常规的跨境电商建设外，重点培育各类电商企业，促进产业集群和跨境电商交互融合，进而形成跨境电商生态圈，成为浙江推进的重点。

（1）大力推进产业集群跨境电商的发展。2016 年 4 月，浙江省商务厅等七部门印发的《浙江省大力推进产业集群跨境电商发展工作指导意见》要求全省结合外贸发展和产业特点，推进跨境电商和产业集群的融合互动，推动外贸和经济转型，突破原有的海外品牌垄断、渠道垄断和价格垄断，将浙江制造推向世界，打响浙江品牌。浙江产业优势明显，外贸基础扎实，发展产业集群跨境电商可以叠加产业集群优势和信息经济优势。浙江成为率先提出产业集群跨境电商发展的省份，2015 年首批了 25 个发展试点。产业集群跨境电商已成为浙江促进供给侧结构性改革和开放强省建设中具有方向性和引领性的发展工作，已基本形成"政府助推、市场主导、政企联动"的良好工作格局。为促进产业集群跨境电商的发展，浙江积极支持块状经济、产业集群与各个跨境电商平台的产业带项目进行合作，如阿里巴巴跨境产业带等，也支持其与外贸综合服务平台合作开展海外分销业务，产业升级路径形成"产业集群 + 中国制造 2025 + 跨境电商"的协同创新发展模式，引导集群企业依托跨境电商实现数据化和线上化发展，通过生产、销售与消费的对接，运用 C2B 客户驱动模式，建立柔性化的生产供应链，实现智能化生产和产业转型升级。在跨境电商产业资源相对集中的区域，培育若干跨境电商特色小镇；推动外贸基地转型升级，引导基地拓展跨境电商应用的广度和深度；探索在集群区域内设立跨境电商公共服务中心，提供政策宣讲、企业培训、资源对接、市场拓展等相关公共服务。

（2）加大对跨境电商经营主体的培育。2020 年 6 月，浙江发布"店开全球"方案，面向全省各类企业和创业青年实施跨境电商万店培育专项行动，解决跨境电商"开店难"问题，使得跨境电商应用得到普及与深化，实现跨境电子商务在产业规模、经营模式、资源整合、服务质量、配套支撑等方面的新突破，力争到 2020 年底整合全球和区域知名跨境电商平台资源和服务资源达 30 个，新增跨境电商店铺达 1 万家，实现跨境零售出口达 1 000 亿元。具体措施有举办精准对接店活动，如资源对接会、高管沙龙、孵化班等形式，在全省范围内举办 100 场左右；整合平台和服务资源，培育和引进各类服务企业和资源，鼓励平台设立卖家孵化中心和运营中心，支持第三方机构成立"全球电商平台开店服务中心"，开发"店开全球一码通"；打造产业特色鲜明、功能配套完善、线上综合服务功能对接的跨境电商产业园（基地或孵化园区），认定一批高起点高标准规划建设的省级跨境电商产业园（基地、孵化园区），将优质园区纳入浙江省级电商产业基地名录加大宣传推广力度；组织跨境电商企业各类人员及创业青年参加多层次的跨境电商培训，培养理论与实操相结合的复合型人才，支持第三方机构开发培训系统，提供涵盖多平台业务的线上课程资源和实操资源，为企业开店提供技能支持。

（3）持续推进电商平台类服务企业的发展。至 2017 年底，浙江重点培育的跨境电商服务试点企业共计 28 家，获评企业服务项目涵盖了行业平台及供应链、物流海外仓、代运营及其他服务类别。2019 ～ 2020 年重点培育的电商平台企业有 103 家，其中包括 13 家跨境电商平台企业（包括速卖通、执御、嘉云、集酷、网易无尾熊、tt 海购、全麦、保宏境通、物产通、桥品汇、新联鞋帽港、杰妮芙家具和唯妮海购）。2018 年 6 月国贸云商为推动跨境电商生态体系建设而打造的"麒麟计划"综合服务项目启动仪式在杭州国际博览中心举行。"麒麟计划"是根据浙江省国贸集团商贸流通板块"搭平台、建渠道、创品牌，促转型"的总体思路，基于"跨境电商供应链集成服务商"的基本定位，以推动省内中小微企业"走出去"为己任，依托其资源整合、优良信誉等各类国企优势，与地方政府合作搭建电商孵化园，全面整合跨境电商（包括电商平台、物流仓储、支付融资、创投孵化、客服咨询、展会营销、数字信息、业务培训等）的国内外顶级服务资源，培育优质电商企业，促进产业创新升级，建设和完善浙江的跨境电商生态体系。"麒麟计划"目标是实现"12310100"愿景，即搭建 1 个平台，整合 2 方资源，实现 3 大功能需求，提供 10 项服务，建设 100 个园区，以跨境电商服务体系的构建来更好地推动跨境电商的发展和外贸新优势的培育。

（4）首创并积极布局公共海外仓。海外仓试点是一项全新的、探索性工作，浙江做了很多探索，提出建设公共海外仓，也率先在全国开展公共海外仓培育工作。具体措施有：一是标准引领，全球布局，明确布点原则，制定"星级"评价体系和认定标准；二是严格审定，好中选优，公开评审和严格筛选各地区的海外仓项目；三是加强宣传，推介对接，做到宣传材料编印的多样化，积极参加"浙交会"展览和专题论坛；四是年度评价，掌握动态，实现初步数据对接，对浙江省海外仓建设试点情况进行阶段性评估。从 2015～2019 年，浙江已分四批次累计支持建设省级公共海外仓 43 个，省财政统筹安排资金 6 150 万元，支持公共海外仓的仓储设施建设、信息系统建设等，基本形成了与全球贸易格局相匹配的智能化、本地化的跨境外贸服务体系。浙江公共海外仓试点取得了一定的进展，带动出口的效果比较明显，有以下一些成就：一是覆盖主要出口市场，公共海外仓在各大洲国家均有分布，包括欧美日等主要出口国家，捷克、西班牙等"一带一路"重要节点国家，沙特阿拉伯、尼日利亚等新兴潜力市场国家……已基本覆盖浙江重点目标市场及全球贸易枢纽地区；二是设施完善位置优越，公共海外仓总仓库面积已达30万平方米，单个面积超过1万平方米的有6个，大部分位于位置优越、交通便利的枢纽地区，部分还位于海关特殊监管区域内；三是公共服务专业齐全，可以为浙江近1 500家企业提供几十个大类商品的服务，不仅包括日用快消品，还包括大件的机电产品和特殊的化工产品等，服务种类也多样化，有传统的一件代发、仓储物流等服务，也提供展示、交易、售后、金融、线上线下对接等外延服务。

（5）推进电商质量管理体系建设。一是推进产品质量管理，探索口岸与产地联动的质量安全监测机制，推进以机构代码和商品编码为基础的产品质量追溯体系建设，构建跨境电商进出口商品的质量安全投诉与受理体系。二是推进企业信用管理，以真实交易为基础设立电子商务诚信体系，对跨境电商企业推行信用评价标准，支持第三方机构的大数据技术提供信用评价服务，加强信用评价体系与各部门的信息共享，跨部门建立信用奖惩机制，严肃查处假冒伪劣、商业欺诈等行为。三是推进质量安全风险管理，设立国家跨境电商质量安全风险的监测分中心，建设质量安全风险预警机制。四是推进质量信息管理，完善主要出口地商品的质量标准信息目录，提供出口商品的质量检测与咨询服务。五是推进品牌建设与管理，加快各个综合试验区的跨境电商品牌建设，将品牌管理体系的数据链路与企业诚信体系、质量管控体系的数据链路打通，实现实时对接，为海内外各类主体提供品牌查询、品牌评价、品牌追踪和品牌培育等综合性服务。

（三）浙江跨境电子商务的发展成绩

1. 发展势头迅猛

浙江省2016～2019年的跨境网络零售出口分别为319.26亿元、438.1亿元、574.4亿元和777.1亿元，同比增长率分别为41.69%、37.2%、31.1%和35.3%，是仅次于广州的中国第二大跨境电商零售出口中心。其中，金华市、杭州市、宁波市居全省前三名，2016 年占比分别为 58.62%、18.24% 和 8.56%，三地市总占比达 85.42%[①]；2019 年占比分别为 51.7%、21.6%、9.9%，三地市总占比达 83.2%。浙江省2017 年跨境电商零售进口 165.8 亿元，增长率为 96.6%；2019 年为274.41 亿元，增长 16.3%，进口与出口相比，没有出口成绩亮眼，说明浙江省从日益竞争激烈的跨境电商进口市场转向拓展跨境电商出口市场的发展策略是相当明智且成功的。

2. 规模逐步扩大

浙江省 2015 年底已有跨境电商卖家 4 万多家，各大平台上开设的跨境出口网店有 30 多万个，在亚马逊、eBay、Wish、速卖通、敦煌网五大第三方跨境零售平台上的销售均位居前三位[②]，截至 2017 年底共有各类跨境电商出口活跃网店 6.7 万家，同时也有自建平台进行跨境销售的电商企业，如全麦、子不语、执御、潘朵、吉茂等，自建平台销售占整个跨境电商网络出口零售的比重约为 5%。至 2019 年底，浙江省在主流第三方平台上的出口活跃网店约 9.7 万家，较上年年底增加 1.5 万家，服饰鞋包、家居家装、3C 数码等 3 大行业优势明显，位居全行业前三名，网络零售额占全行业的比重分别达到 37.5%、17.7% 和 13.1%，销售区域能够覆盖全球 200 多个国家，包括美国、欧洲、俄罗斯、巴西等主要的跨境电商销售市场。

3. 发展趋于集聚

浙江的跨境电商能够与各地产业融合发展，依托现有的产业集群，或自发或在政府引导下，集聚化的跨境电商产业园区纷纷出现。至 2015 年底，浙江省已有 20 家高质量园区被评定为省级跨境电商园区，这些园区主要分布在杭州、宁波、金华、台州等地市。当前，杭州市已初步形成下城、下

---

① 浙江省电子商务工作领导小组办公室浙江省商务厅《浙江省电子商务发展报告》2017 年3 月。

② 陈以军，沈日华. 浙江聚焦电商人才发展，助力数字贸易走向全球［N］. 浙江日报，2018 - 10 - 22.

沙、空港三大跨境电商园区错位发展的格局；金华市在规划建设金义跨境电商新城；衢州市推动邮政跨境电商产业园和浙西跨境电商产业园的建设；舟山港综合保税区所建设的跨境电商示范园区已正式开园运行[①]。

4. 配套日渐完善

跨境电商的发展以经营企业和第三方交易平台的业务为主，但为之服务的跨境电商服务商作用也不能小觑。2017 年，浙江省商务厅开展了全省的跨境电商服务体系建设，对评选认定的优秀服务企业加大培育力度。浙江递四方、专线宝等物流供应链服务商形成的是海外仓、物流专线等新型物流业态，通过全球仓储布局、先进系统管理和便捷配送保障，提供灵活物流方案，助力网购运营，创造销售先机；浙江点库、物产等电商企业也纷纷建设海外仓，已在美国、澳大利亚、德国等国设立仓点；融易通等外贸一站式服务平台提供融资、通关、退税等"一条龙"服务，跨境电商企业效率大大提升；Pingpong 支付、连连支付等第三方跨境支付机构成长快速，招商银行、贝付公司、深圳钱海等金融服务机构在浙创新跨境电商结汇业务；浙江推进的世界电子贸易平台（eWTP）取得阶段性进展，杭州实验区是首个国内试点，马来西亚数字自由贸易区是首个海外试点，均已落地实施，浙江电商在全球的影响力在不断扩大。

5. 氛围日益良好

浙江创业氛围浓厚，杭州跨境电商综试区下城园区积极建设跨贸小镇，下沙园区积极打造"跨境电商创业新城"，促进产城融合，推进淘宝店主转型做跨境电子商务。浙江传统外贸企业也积极涉足跨境电商业务，生产制造企业通过跨境电商拓展外贸渠道。阿里巴巴、聚贸、敦煌网等跨境电商产业链龙头企业集聚跨境电商综合试验区，对生产链、贸易链和价值链进行重构，通过创新跨境 B2B 商业模式帮助传统企业拓展海外市场。浙江各县（市、区）已根据当地产业特色，积极与亚马逊、速卖通、Wish 等跨境电商平台合作，支持电商综合服务企业提供一站式服务，推

---

① 浙江省跨境电子商务发展报告（2016 - 08 - 01）商务部网站。

进产业集群企业开展跨境电商零售业务来拓展销售渠道，推进浙江制造和浙江品牌的国际化。

三、赶追型中西部省份河南的跨境电子商务发展成效

自 2016 年 1 月成功获批建设中国（郑州）跨境电商综合试验区以来，河南省不断抢抓跨境电子商务的重大发展机遇期，在培育市场主体、建设服务平台、创新监管模式、完善生态体系上统筹规划，跨境电商产业规模得到持续扩大。继郑州之后，洛阳、南阳跨境电商综试区又相继获批，河南由此步入跨境电商"三驾马车"领跑、全省联动发展的新格局。

（一）河南发展跨境电子商务具备的优势条件

河南发展跨境电子商务的优势条件表现在区位交通、市场基础、产业体系和营商环境四个方面。一是区位交通条件优越，河南已形成通达便捷的铁路、公路、航空立体交通网络①。铁路运输方面，截至 2019 年，河南铁路营运总里程 6 080 千米，其中，高速铁路营运里程已超 1 915 千米；郑州市是普通铁路的国内"双十字"中心和"米"字型高速铁路网中心，是亚洲最大的列车编组站和国内最大的铁路集装箱货运中心；郑欧货运班列各项指标都在中欧班列中位于前列，2019 年全年开行 1 000 班，总累计开行 2 760 班，2019 年总货值 33.54 亿美元，总货量 54.14 万吨，可以通达 30 个国家的 130 个城市②。公路运输方面，河南公路运输网络四通八达，高速公路的通车里程有 6 966 千米③，是全国进口分拨中心，已建有功能性口岸 9 个，在内陆省份中属于功能性口岸最多的省份。航空运输方面，郑州新郑国际机场是全国八大区域性机场之一，在全货机航线量、航

---

① 知识交易所. 2021 年央视春晚小品中郑州东站到底有多牛［EB/OL］. https：//www.qq.com/amphtm/20210214a03ZLY00，2021 - 02 - 14.

② 王延辉. 中欧班列（郑州）实现年度开行 1 000 班"陆上丝路"打响河南开放品牌［N］. 河南日报，2020 - 01 - 01.

③ 宋敏. 河南省4条高速正式通车高速公路里程达 6 967 公里［N］. 河南日报，2020 - 01 - 02.

班量、货运能力和通航城市上均位居全国第一方阵。二是市场基础条件好，河南作为人口大省，总人口已超 1 亿，以郑州为中心方圆 500 千米内能够覆盖 4 亿多人口，以郑州机场为中心 2 小时航程内能够覆盖大约 12 亿人口和 GDP 43 万亿元的大市场，覆盖率达到全国总人口的 90% 和全国 GDP 的 95%[①]，市场潜力巨大能够为河南建立跨境电商快速分系统创造条件。三是产业体系齐全内生动力足，河南作为农业大省和工业强省，特色农产品和工业品丰富，尤其是绿色食品、装备制造、电子信息和现代农业具有明显的优势，实体经济加速融入"一带一路"，黎明重工、宇通重工等装备制造业的跨境电商业务年均增长率为 20%～30%，荣盛耐材、郑州锅炉等传统制造产业的跨境电商销售额年均增长率超过 50%[②]。四是国际贸易营商环境不断改善，"单一窗口"便利化了国际贸易，多式联运全面连接了郑州与全球的货运枢纽，河南保税物流中心（中大门）是河南本土创立的"买全球，卖全球"跨境电商平台，属于国内对外开放度最高的平台，河南也积极培育和评定省级跨境电商示范园区和跨境电子商务人才培训暨企业孵化平台，跨境电商发展氛围日益浓厚。

（二）河南加速发展跨境电商的战略选择

河南跨境电子商务的发展破除不沿边和靠海的劣势，创新推进"买全球、卖全球"，从量变到质变，助推河南打造内陆开放新高地。

1. 拥抱"一带一路"

以 2016 年获批跨境电商综合试验区为契机，河南省基于"买全球卖全球"的战略目标抢抓战略机遇，科学谋划推进，积极搭建以跨境电子商务为依托的"网上丝绸之路"。从地理区位来看，河南省，特别是省会郑州，作为全国重要的交通物流枢纽，西可融入"丝绸之路"经济带，东可链接海上"丝绸之路"，北可与京津冀协同发展战略对接，南可与长江

---

① 刘丽雅. 郑州 2 小时航空圈覆盖 12 亿人，10 年建成航空都市. 河南日报，2012 – 10 – 15.
② 河南省人民政府新闻办公室. 河南"第三届全球跨境电商大会"新闻发布会，2019 – 05 – 07.

经济带战略联动。河南虽然没有被列为"一带一路"发展核心区，但可以积极融入"一带一路"建设的发展，打造的"网上丝绸之路"助推了河南海陆空三条实体"丝绸之路"的贸易增收与融合发展。郑州航空港建设的具有包机货运竞争力的国际航空货运枢纽为河南开通了一条当代"空中丝绸之路"，已全面融入"一带一路"建设；郑欧班列推动陆海相同，打造无水港，发展"海洋—铁路—公路"联运，其常态化运营水平的提升做大做强了班列贸易业务，打造了"运贸一体化"中欧班列高质量发展的郑州模式，助力郑州建设国家中心城市。

2. 积极进行通关监管创新

创新驱动是河南加速发展跨境电子商务的关键所在。河南通过打造区位交通优势，率先获得跨境进口零售通关上的先行先试，在错位发展中不断获得试点机会和发展先机，不断创新体制机制。郑州相继获批国家跨境贸易电子商务服务试点城市、中国（郑州）跨境电子商务综合试验区和中国河南自由贸易试验区，河南保税集团利用政策创新的先行先试权创新设置了跨境电商海关监管 1210 监管代码，形成"保税区内备货 + 个人纳税 + 邮政快递终端配送"的郑州模式，开启全国保税电商之路。1210 监管模式属于全球首创，曾受邀亮相世贸组织公共论坛，更被国际海关组织确定为全球推广的监管样板。2020 年 6 月，海关总署开始开展跨境电商 B2B 的出口监管试点工作，郑州是 10 个试点中唯一的内陆试点，充分肯定了河南在跨境电商通关监管方面的创新力。河南正在进一步整合海关、税务、外汇、金融、信保等政策资源，弥补河南的内陆出口劣势，能够真正实现增销增收，获得新的发展机会。

3. 举办全球盛会汇聚资源

全球跨境电子商务大会由商务部国际贸易经济合作研究院、中国国际电子商务中心、河南省商务厅、郑州市政府共同举办，已永久落户郑州，于 2017 年开始，每年 5 月 10 日举办一次，已连续成功举办 4 届，2020 年第四届因疫情影响延期至下半年。邀请嘉宾有国际组织、各国政府部门、行业协会、知名跨境电商企业，会议阵容强大。大会围绕跨境电商发展的制度创新、规则研究、产业链打造、质量共治体系、互联网技术创新、供应链整合等问题推动各方加强政策研讨、协商沟通和经验分享。已达成的成果包括形成《郑州共识》，成立跨境电商标准与规则创新促进联盟，发布《中国跨境电商创新发展报告》《中国跨境电商综试区城市发展指数》和《中国郑州跨境电商零售发展蓝皮书》等。河南借以盛会对外宣传和推荐，引发海内外关注，并与敦煌网、全球贸易通等一批企业达成战略合作，协调推动在河南的加速布局；对标国际先进通行准则和最优标准，推动河南在完善顶层设计、培育生态链、创新治理体系、实践新贸易规则等方面积极进行持续探索。

4. 打造"E 贸易"核心功能区融合发展

2014 年，郑州开通"E 贸易"试点平台，主要有中大门、万国优品、保税国际、世界工厂网、西联坐标、郑欧班列等，吸引了韩国 3 000 余家、德国 310 余家、以色列 100 余家企业到郑州对接国家馆业务。随着全国跨境电商综合试验区的扩围，河南积极思考如何继续保持跨境电子商务的领先优势，以跨境电子商务带动物流、商贸等相关产业的更大发展。2017 年 9 月，河南省 EWTO 核心功能集聚区正式成立，集聚区以河南保税物流中心为依托，形成汇集商贸、物流、会展、金融、大数据为一体的产业链和生态圈，探索创新和试验示范新型贸易方式、规则和监管方式，促进线上线下、监管服务、商贸物流合、会展体验等四大融合，形成全球跨境商品集疏分拨中心、"一带一路"商贸合作交流中心、内陆地区国际消费中心和全球跨境电商大数据服务中心等四大中心，打造跨境电子商务的政策洼地、创新高地、投资理想之地，服务全国、辐射全球。此外，郑州顺应新型城市化和休闲旅游品质化的发展趋势，不断创新商贸服务模式，依托中大门 O2O 购物体验中心拓展休闲共享空间，打造城市中央休闲区和中部地区国际现代化消费城，支撑郑州的国际商都建设。

5. 形成跨境电商 B2B 产业集聚特色

河南积极推动外贸企业"上线触网"，利用阿里巴巴国际站、中国制造网、敦煌网等跨境电商 B2B 大贸或小批类平台，或者谷歌等搜索引擎类平台，开展跨境电商 B2B 业务。阿里巴巴国际站已与河南各地市政府开展合作，提供一站式外贸整体解决方案，线上提供专区资源，线下提供专业团队，促进传统外贸匹配线上线下业务，助力各地市特色产业打造线上产业带，形成河南跨境 B2B 贸易的重点产业集群，进而带动"互联网＋行业"的地方跨境电商生态建立。2017 年，阿里巴巴中西部区域跨境电商服务中心落地河南进行建设；2019 年 9 月，阿里巴巴（河南）有限公司在河南省人民政府主办、郑州市人民政府承办的 2019 数字经济峰会暨河南智能产业生态建设国际交流会上正式揭牌。河南成为阿里巴巴重点的赋能地区，已是阿里巴巴中原区域中心的总运营公司，业务涵盖电子商务、跨境电商、新零售和物流，能够促进阿里巴巴产业链上下游企业在郑州集聚，并逐步推至全省各地市，扩大河南制造的全球影响力。

（三）河南跨境电子商务的发展成就

河南跨境电子商务的发展规模、应用水平和综合试验区建设水平，均稳居中西部首位。

1. 整体发展迅速

受跨境电商综合试验区成功获批的利好因素影响，河南省 2016 年跨境电商交易额比 2015 年翻了一番，达到 767.5 亿元[①]。2017 年，河南省对境内外知名跨境电商企业的吸引力增强，UPS、DHL、联邦快递等知名国际快递公司加速布局河南，菜鸟智能骨干网、国美全球仓等跨境电商项目落地河南进行建设，当年跨境电商交易额持续快速增长，同比增长33.3%，达到 1 024.7 亿元，占到全省进出口总额的 19.6%，推动外贸进出口再创新高，在省商务厅备案的跨境电商企业近 4 000 家，在各类跨境电商平台开设店铺超 50 万个，相关就业人员近 500 万人[②]。2018～2020年三年期间，河南省跨境电商进出口交易额分别为 1 289.2 亿元、1 581.3

---

① 杨霄，古筝. 河南跨境电商产业领跑全国［N］. 大河报，2017－07－29.
② 赵振杰. 河南去年跨境电商迅猛发展交易额超 1 024 亿元［N］. 河南日报，2018－01－27.

亿元和 1 745 亿元，同比增长分别为 25.8%、22.7% 和 10.4%，继续保持了快速增长的强劲态势[①]。跨境电子商务已成为河南扩大对外开放的突破口，特别是受疫情影响最严重的 2020 年 1 ~ 4 月，河南国际贸易"单一窗口"完成的跨境电商进出口订单量达到 3 229 万单，同比增长 161%，而总货值达 30 亿元，同比增长 150%，成为河南外贸的一大亮点[②]。

2. 郑州率先垂范

郑州作为河南跨境电商先发优势和示范引领城市，致力于建设全省跨境电子商务的高起点。监管制度方面，郑州首创的 1210 网购保税进口模式促进了贸易便利化，已在全国进行复制推广，在卢森堡、俄罗斯符拉迪沃斯托克、美国达拉斯等开展的 1210 网购保税模式反向复制，实现了跨境小额采购的便捷便利；分别对跨境电商进口商品和企业实行分级和差别化监管，提高监管效率；创新一区多功能监管流程，实现口岸作业区和邮件监管中心、快件监管中心的功能集成，有效降低企业 70% 的经营成本，降低监管部门 40% 的行政成本。业务流程方面，郑州关检能够对跨境电商产品做到"一次申报、一次查验、一次放行"和"立即申报、立即查验、立即放行"，帮助企业减少 70% 的报关差错率和缩短 50% 的查验时间，已实现"秒通关"，日均处理订单达 1 000 万单，跑出每秒 500 单的"河南速度"[③]；建成投用的 E 贸易全球智能物流综合服务中心能够将监管和分拣、派送进行集成作业，分拨时效已由 2 天缩短至 1 天之内[④]；企业货物申报、出口退税、税费支付、资证办理等各类政务通关业务实现"一网通办"。商业模式方面，持续支持 E 贸易核心功能区建设，高标准建设了 10.51 平方公里的 E 贸易核心功能集聚区，制定出台了连续 3 年每年 4.5 亿元的全球跨境电商示范区专项扶持政策；获批跨境电商进口药品和

① 根据《大河报》《河南时报》公开数据综合而得。
② 赵振杰. 前四个月河南跨境电商指标同比增长 1.5 倍 [N]. 河南日报，2020 - 05 - 07.
③ 赵振杰. 跨境电商综试区建设的河南探索 [N]. 河南日报，2020 - 09 - 20.
④ 王延辉. "网上丝路"连通世界买卖全球打造跨境电商"郑州样本" [N]. 河南日报，2017 - 08 - 15.

医疗器械全国首个试点，制定了实施细则，升级完成信息平台和基础设施，具备国际合作条件；推出跨境O2O保税自提的新零售模式，可以实现跨境电商进口商品的立等可取，更加便利消费①。国际规则方面，为促进跨境电商的标准与规则创新的共同探索，郑州主办的全球跨境电子商务大会已倡议发起并成立了跨境电商标准与规则创新促进联盟。

3. 试点成绩斐然

河南是最早开始跨境电商试点的省份之一，据2018年5月发布的《中国·河南跨境电子商务零售发展蓝皮书》数据显示，河南试点业务单量连续5年位居全国第一，占全国30%以上，业务已覆盖全球200个国家和地区，近20个国家馆已落地河南。特别是河南跨境电商综合试验区，吸引了众多知名产业链企业布局河南，UPS、DHL、联邦快递、新西兰邮政等国际物流企业不断扩大在豫业务，京东物流郑州亚洲一号智能物流园区2020年已开始启用，聚美优品、网易考拉、有棵树等第三方平台企业和Pingpong等第三方支付企业相继落户并迅速开展业务。此外，河南本土的跨境电商企业也在不断壮大，如中大门、世界工厂网、世航之窗等。2019年，在河南保税物流中心备案的企业已达1 200家，服务企业超4万家，业务辐射196个国家和地区；新郑综合保税区已建成保税仓库14栋，共计27.6万平方米，京东、唯品会、菜鸟等64家企业已集聚于此。乳品等进口商品经郑欧班列越来越多进入国内市场，正在改变过去从沿海到内陆的进口商品销售路径。河南保税集团成为全国最大的进口保健品、化妆品和食品跨境电商交易基地，在全国的占比能够达到50%、65%和34%②。

4. 郑欧班列成为亮点

郑欧班列铁路货运的跨境开行始于2013年7月18日；2015年，郑欧班列实现至阿拉木图（哈萨克斯坦）和莫斯科（俄罗斯）2条固定线路的

---

① 引自时任河南省商务厅厅长王延明第二届进博会河南跨境电商对接采购暨现场签约会致辞。

② 赵振杰. 中国（郑州）跨境电子商务综合试验区向着"买全球·卖全球"迈进［N］. 河南日报，2018－11－21.

常态化运行①；2016 年，郑欧班列又开通至卢森堡的南欧货运线路，实现每周 3 次的往返均衡对开②；2018 年，郑州获批中欧班列运邮试点城市，郑欧班列因时效稳定、价格优惠成为中部省份的跨境电商出口通道③；2019 年，郑欧班列开行全国首家"9610"监管方式的跨境电商专线开行，新增经满洲里口岸到莫斯科的货运线路，升级陆港公司运贸一体化的发展和创新，形成覆盖欧洲、中亚、东盟和亚太的国际物流网络。郑欧班列 2016 年全年开行 251 班，而 2019 年全年已达到开行 1 000 班，至 2019 年底，累计开行 2 760 班（1 645 班去程，1 115 班回程），运输货物累计货值和重量分别达 117.79 亿美元和 138.49 万吨④。郑欧班列经过多年的发展，境内外合作伙伴达 5 000 家，境内以郑州为枢纽，二级集疏中心遍布北京、武汉、济南等多个市（县），辐射半径 1 500 千米，覆盖境内四分之三地域；境外以汉堡（德国）、慕尼黑（德国）、列日（比利时）、莫斯科（俄罗斯）为枢纽，在巴黎（法国）、米兰（法国）、布拉格（捷克）、华沙（波兰）、马拉舍维奇（波兰）、布列斯特（白俄罗斯）等建有二级集疏中心，通行网络遍布欧亚地区 30 多个国家的 130 个城市。

5. 各地实现联动发展

郑州在河南跨境电商发展上具有先发优势和引领示范作用，其 2018 年 570.2 亿元的跨境电商交易额能够占到全省的 44.3%⑤。郑州不断对标国内其他跨境电商综试区经验做法，积极统筹谋划河南跨境电商综试区产业发展，引进具有补链、延链、强链效果的引领突破性的龙头项目，促进跨境电商与特色优势产业的快速融合和深度融合，鼓励外贸综合服务企业

---

① 陈学桦. 郑欧班列成河南融入国家"一带一路"的支点［N］. 河南日报，2015 - 3 - 07.

② 赵静. 2016 年郑欧班列新开至中亚、土耳其、卢森堡等新线路［N］. 中国证券报，2015 - 12 - 15.

③ 邱瑾. 把"河南制造"卖到欧洲去！河南运邮试点来了［N］. 大河报，2018 - 07 - 17.

④ 郑州市人民政府. 郑欧班列 2019 年全年开行 1 000 班同比增长 33%［EB/OL］. www. Henan. gov. cn，2020 - 01 - 20.

⑤ 商务部驻郑州特派员办事处. 河南跨境电商发展呈现五大特点［EB/OL］. http：//www. mofcom. gov. cn/article/resume/dybg/201905/20190502867781. shtml，商务部网站，2019 - 05 - 29.

建设线上服务平台，促进一批具有国际竞争力的跨境电商产业集群的尽快形成。河南跨境电子商务在做大郑州的同时，也积极分梯次推进，在全省推开，谋求各地市的共同发展。河南省积极在各地市推进跨境电商示范园区建设，首批认定的 21 家省级示范园的集聚效应已经显现，2018 年底共入驻 870 多家各类跨境电商企业和实现 108.5 亿元跨境电商交易额，同比分别增长了 56.4% 和 64.9%。河南跨境电子商务呈现从郑州"一枝独秀"向各地市"众木成林"的发展趋势，各地结合产业优势已培育形成发制品、食用菌、机械制造、服装鞋帽、休闲食品等一批特色鲜明的跨境电商出口产业集群，其中，许昌发制品特色产业在跨境电商发展中优势凸显，成为全球最大的发制品集散地；南阳市的香菇、茶叶、玉制品、艾草制品等也在迅速通过跨境电商走向全球。

第二节 我国跨境电子商务的平台发展成效

跨境电商平台日益多元化，或者向新型贸易中介发展，或者向供应链服务商转型，推动了跨境电子商务的生态化发展。

一、B2B 大贸平台阿里国际站的跨境电子商务发展成效

阿里巴巴以国际站业务起家，之后陆续推出淘宝、天猫、速卖通等电商平台以及支付宝、阿里云等电商服务平台。阿里巴巴国际站是阿里巴巴企业组织、制度和文化的雏形，见证了阿里巴巴 20 年来的发展，已发展成为全球最大的跨境电商 B2B 平台。

（一）阿里巴巴国际站的定位

阿里巴巴国际站是企业间的电子商务网站，初衷是建设中国供应商向

海外出口的单向贸易平台，通过海外营销推广向海外买家（进口代理商、批发商、零售商等）展示中国产品，将全球 1 000 多个超级大型买家在中国匹配数千个提供货品的供应商，帮助中国众多的中小企业获得贸易商机和订单，成为中国出口企业拓展国际贸易的首选平台。互联网对全球中小企业的渗透迅速，采购渠道已普遍下沉，以美国市场为例，经海关登记和注册的美国本土进出口公司大约 10 万家，但通过跨境 B2B 采买中国供应商产品的已达 500 万家。截至 2019 年底，阿里巴巴国际站上欧美活跃买家同比增长 70%，亚太拉非买家更是同比呈现三位数增长。阿里巴巴国际站上线平台的产品已覆盖 40 多个行业的 5 900 个类别，现有 1.5 亿注册会员，有全球超 2 000 万的活跃买家和超 200 万的下单买家，每天的询盘达 30 多万笔，买家来自 200 多个国家（地区）。如今的阿里巴巴国际站致力于发展成为全球平台，不仅帮助中国数以百万计的中小企业，也帮助全球范围内数以亿计的中小企业拓展国际贸易，实现"全球买，全球卖"的资源配置。

（二）阿里巴巴国际站的发展阶段

阿里巴巴国际站创立于 1999 年，其业务经过了三个阶段。

1. 第一阶段：打造信息类平台

起初的阿里巴巴国际站是大宗贸易的信息展示与客户对接平台，打造"永不落幕的广交会"，帮助国内外贸企业搭建外贸网站，让国外客户可以找到国内的产品供应商，是类似于黄页的网站，更多的是解决撮合贸易和信息匹配的问题，其推出的出口通可以提供店铺装修、产品展示、营销推广、交易磋商、后台管理等系列会员服务和工具。

2. 第二阶段：打造在线交易平台

2010 年，阿里巴巴收购一达通，为商家提供物流、报关、结汇、退税等方面的便利化服务，2015 年，阿里推出的信用保障体系，打通信保订单与一达通服务，并通过一达通沉淀交易数据，再以数据促进交易，达成更精准的匹配。阿里巴巴国际站成为全球第一个支持线上交易的 B2B

批发平台。从 2016～2018 年三年的数据看，阿里巴巴国际站的支付买家数量、支付订单笔数和在线交易额均实现超过三位数的增长，标志者其在线交易模式的转变成功，且能够帮助企业降低成本、高效率开拓外贸大市场。

3. 第三阶段，打造数据服务平台

2019 年 1 月，阿里巴巴国际站发布数字化的新外贸操作系统。新外贸操作系统是阿里巴巴国际站从需求侧出发，将海外市场的行业数据开放给中小企业卖家，帮助中小企业卖家以数字化的战略眼光和新能力随时了解海外最新市场风向，洞察获得海外市场新商机，掌握跨境贸易全球布局策略，高效运营跨境业务。在基础设施建设上，阿里巴巴国际站联合蚂蚁、菜鸟、阿里云等其他阿里经济体和生态伙伴，解决中小企业商家在跨境支付、物流、通关、结汇、退税、融资等方面的难题，形成全周期外贸服务体系。新外贸操作系统不仅解决供需匹配难和交易履约难的问题，在大数字时代，也能解决信任难和信用资产无法沉淀的问题，将此前沉淀的数据形成闭环，数字化重构跨境贸易，为中小企业搭建一条数字化外贸新通路，并通过完善这条新通路上的数字商业基础设施，引领全球贸易进入数字化新时代。阿里巴巴国际站网站的交易功能得以建立并完善，为客户提供的价值上升为多元化增值服务，完成了从商业模式到营收结构的蜕变。

（三）阿里巴巴产业带的发展

2019 年 8 月，在全球战略商家峰会上，阿里巴巴国际站宣布全球产业带计划，将在国内建设 10 个跨境标杆产业带①和带动发展 100 个特色产业带，共建国际站产业带专区，推进地方产业更好地辐射美国、意大利、越南、印度等海外市场，开创了跨境产业带新元年。2019 年 12 月，深圳专区率先正式上线，可以提供升级版数字官网、专属流量增投计划、全球智能营销解决方案和"生态服务 + 深度整合"的供应链体系，助力深圳

---

① 10 个跨境标杆产业带分布在义乌、上海、烟台、威海、常州、深圳、广州、苏锡、临沂、青岛、绍兴、吴江等地区。

本地中小企业无忧出海，领航万亿美金新蓝海。产业带项目能够满足不同商家的成长需求，对刚起步的电商小白推出"千人千面"商家成长计划，帮助其在组建团队、发布产品、运营店铺等方面顺利起航；对成熟型卖家建立全球智能营销体系，通过提供首页品牌曝光，关键词和类目词直达品牌，大数据锁定用户身份偏好，精准推送实现二次营销转化等，赋能卖家拓展新商机，实现精准匹配和采买提效。深圳专区要打造全国"数字化外贸港"的标杆，通过精准匹配、用户画像、沉浸式场景打造、单证无纸化建设等数字化举措，提供实现数字化"人货场"自运营、全球买家精细化运营、数字化外贸综合服务的综合方案，以更精准的商机、更丰富的导购场景和更完善的服务成长体系赋能商家的"国货"品牌实现数字化出海。

（四）阿里巴巴富媒体的发展

富媒体提供的是全内容制造链条的支撑，阿里巴巴国际站积极加大短视频、AR、VR、360全景等更多富媒体的使用力度，并结合线上展会的大力推进，帮助供应商快速适应这个变化。"三月新贸节"和"九月采购节"是阿里巴巴国际站一年两次的平台大促活动，自2017年3月启动以来，已成为风靡全球的行业营销盛事。2020年全球新冠肺炎疫情的暴发加快了阿里巴巴国际站企业数字化转型和线上展会的加码布局，开放各类直播权限和提供免费线上参展成为新扶持举措。疫情加速了阿里巴巴国际站的富媒体发展，各大线上展出现很多亮眼的数字化新工具，如跨境B类直播、音视频洽谈、3D逛展看厂等。以跨境B类直播为例，该直播借助阿里达摩院开发的翻译软件可以将中式英语翻译成各国语言，依托人工智能和机器学习技术，中文直播并多语言实时翻译已不遥远。2020年4月，阿里巴巴国际站推出"春雷计划"，持续5个月时间帮扶20万中小外贸企业进行数字化转型。2020年7月，阿里巴巴国际站又设立"新外贸专项补贴"，10亿元扶持传统线下展会拿单外贸企业的6个月数字化转型成长。从效果来看，2020年3月的新贸节线上展交易总额和订单数量同比分别增长167%和114%，入驻商家数量环比增长194%；2020年4月的

"春雷计划"全球线上展促进阿里巴巴国际站交易总额同比增长 86.3%；2020 年 5 月的"511"展会询盘量、意向订单量、已支付订单量和实收交易额同比分别增长 303%、473%、179% 和 109%，B 类直播试水"511"展会带动直播商家日均询盘 93% 的环比增长；2020 年 6 月，持续三周的阿里巴巴网交会展会询盘量、意向订单量、已支付订单量和实收交易额同比增长 177%、525%、243% 和 124%，B 类直播从原先安排的 6 000 场最终增加到超 8 000 场，互动率从 26% 提升至 40%。

（五）阿里巴巴供应链服务日益完善

跨境电子商务的发展在未来将迎来新的红利点，数字化将成为承接此次红利的最关键因素。阿里巴巴国际站的"数字化出海"能够为中小企业商家提供更精准商机、高利润订单、确定性供应链、行业化知识洞察力和全面化能力成长体系，真正做到帮助商家拥抱全球数字贸易新时代。2019 年，阿里巴巴国际站联合蚂蚁金融对数字化支付金融网络进行再次升级，支持 22 种货币的交易，实现 56 个国家（地区）的本地支付结算，汇兑成本从 2%~3% 降至 1%。阿里信保通过与商业保险合作，提供商家线上一键操作投保事宜，支付保费即可快速提升信保额度；针对买家恶意弃货等商家痛点，阿里信保为进一步保障卖家权益，除原有的申诉通道之外，设置卖家评分和数据化管理买家信用分来完善买家信用体系；为提升大额外币支付的成功率，阿里信保在不断拓展与聚合大额支付渠道，在美国上线 online bank payment 类快捷支付的产品，在欧洲实现网银接入电子汇付，在欧美市场之外持续优化信用卡支付模型。

二、B2C 零售平台阿里速卖通的跨境电子商务发展成效

阿里速卖通（AliExpress，简称 AE）是阿里巴巴直面海外消费者的跨境出口零售电商平台，于 2010 年上线，主要是 B2C 业务，同时也涉及 B2B 小批业务，是中国最早、也是目前最大的跨境出口零售电商平台，属

于阿里全球化布局的排头兵，是唯一能够覆盖"一带一路"全部国家和地区的中国本土跨境出口零售平台。

（一）阿里速卖通的市场规模

阿里速卖通能够覆盖全国数万家中小企业，已成为中国中小企业直面海外消费者的重要"出海"平台，商品种类包括服装服饰、家居、3C、手机通信、家居园艺、运动户外、消费电子等几十种行业类目以及服装、箱包、美妆、假发、家居、家电等数千个品类。阿里速卖通是全球第三大英文在线购物网站，拥有2亿多的海外流量和18个语言种类，覆盖了243个国家和地区，在全球100多个国家（地区）的购物类 App 下载量排名上位居第一①，海外装机量和海外买家数量分别超6亿和1.5亿。通过十年的发展，阿里速卖通已形成俄罗斯、西欧、美国、巴西等传统强势市场，在东欧、中东等"一带一路"新兴市场也势头强劲。在俄罗斯，速卖通自2014年以来一直是当地第一大跨境电商平台，用户量达2 200万；在西班牙、波兰等欧洲国家，速卖通也已成为当地第一大跨境电商平台，在西班牙有770多万的注册用户；在巴西，速卖通2019年的双11销售增幅高达300%；在沙特阿拉伯、阿联酋等中东国家，速卖通持续保持强劲增长势头；在韩国，速卖通2018年成交额增长了60%，成为阿里速卖通的亚洲新兴潜力市场；在埃及、埃塞俄比亚、突尼斯、肯尼亚、摩洛哥等非洲国家，阿里速卖通的买家数量增长率都已超过100%，展现巨大的电商市场潜力。

（二）阿里速卖通的发展阶段

1. 吸纳商家阶段（2010～2015年）

阿里速卖通成立初期想要尽快丰富产品和提高平台知名度，设置的卖家门槛较低，且可以免费入驻。中小型卖家，甚至是小微卖家，这一

---

① 袁勇. 阿里速卖通练好内功闯世界［N］. 经济日报，2019－06－29.

时期运营平台都非常盈利。从 2010～2014 年，阿里速卖通每年的成交额都以 300%～500% 的增速在增长，平台卖家有 20 多万，注册账号数量接近 200 万，在线商品数量有上亿种，订单覆盖全球 220 多个国家和地区。2014 年，阿里速卖通首次进行全球化"双 11"大促活动，24 小时的交易订单来自 211 个国家（地区），达到 684 万笔。2015 年 4 月，上线五周年之际，阿里速卖通启动全新 logo-Smart Shopping，Better Living，全面升级"购物车"，打造品类丰富、性价比高、兼具品质的一站式购物平台。2015 年的平台买家能够来自 220 多个国家（地区），买家人数已达 3 400 万[①]。

2. 提质品牌化阶段（2016 年至今）

阿里速卖通开始从免费到收费，从低要求到严要求，从大众化到品牌化。2016 年，阿里速卖通为实现从 C2C 到 B2C 的转型，开始更改入驻平台政策，商家入驻需要很多资质条件，并按类目商品收费，且加强产品质量管理，严打侵权行为，不符条件的全部被清退出平台，这大大增加了入驻和运营的难度，一些中小型企业和个人的企业达不到要求最后只能被清退。在 2016 年间，为了更好地服务各个国家的顾客，平台根据许多买家的反馈与意见进行了政策调整，加强了对纠纷的管理并且成功地降低了 40% 的买家对商品的不满意，同时也在改变并加强网站平台给买家带来的体验。2016 年，阿里速卖通来自全球的买家人数实现翻倍增长，达到了 1 亿的活跃买家数量。2017 年，阿里速卖通提质和品牌化规则密集推出[②]。2017 年 2 月，对移动电源类目品牌进行添加商标、商标资质认证、在售商标属性三个方面的封闭管理。2017 年 3 月，优先启动 3C 及汽摩配产品"品牌属性"商标必选项，未选商标则新产品编辑后不能成功上架；在线产品不能延长有效期；到期产品自动下架且不能再次上架。2017 年 4 月，

---

① 项瑜澄. 跨境电商平台速卖通的发展历史［EB/OL］. http：//zhuanlan. zhihu. com/p/87321293，2019－10－18.

② 2017 年速卖通五大变革你可知道？　［EB/OL］. http：//www. maijia. com/news/article/343094 卖家资讯，2017－05－14.

对侵权行为实行三次违规关闭账号的知识产权新规，违规行为不再区分是否被投诉或被平台抽查，严重侵权行为直接关闭账号，不再以分数累计；上线"Top – Brand"标签产品，在搜索结果、店铺列表、店铺首页、宝贝详情等多个页面交叉渗透，加强买家的品牌认知度，提升卖家店铺信誉和潜在转化率。

（三）阿里速卖通的发展战略

1. 深耕本地化运营

阿里速卖通分俄语区、西欧区、东欧区、中东区和美洲区五大区域，在各区的重点国家深入布局和本地化运营，"以点带面"实现区域化辐射。对于阿里速卖通的第一大市场——俄罗斯，2019 年 6 月，阿里巴巴集团和 RDIF（俄罗斯主权财富基金直接投资基金）、Mail. ru（俄罗斯最大的社交与 IT 集团）以及 MegaFon（俄罗斯综合电信运营商）正式签署协议成立新的合资公司，发展阿里速卖通在俄罗斯的所有业务，将其共同打造成在俄罗斯和独联体境内领先的社交电商平台，促进俄罗斯数字经济的发展。对于阿里速卖通的第二大市场——西班牙，2019 年 8 月底和 11 月底分别在马德里和巴塞罗那开设手机通信及消费电子品牌产品的线下体验店，满足当地线下购物习惯，建立当地对热销中国品牌的信任①。

2. 升级物流基础

阿里速卖通一直和阿里系的菜鸟网络紧密合作，持续投入和加强物流基础设施建设，除了不断提升跨境物流时效，海外仓也是重点发展的方向，仅 2019 年就计划拓展 94 个海外仓，覆盖全球 18 个国家和地区。通过发展海外自营仓，阿里速卖通结合菜鸟现有物流网络，提供升级的 FBA 服务，从整个海外仓的仓储配送到整个头程的运输，包括整个的备货、销售预测和金融方案。阿里速卖通的退换货服务也在向海外仓商家和消费者

---

① 王目雨. 阿里速卖通 2019 逆势增长做了三件事 ［EB/OL］. http：//d. youth. cn/shrgch/201912/t20191224_12151594. htm，中国青年网，2019 – 12 – 24.

推广使用，如西班牙海外仓可以提供国内类似的 7 天无理由退货，菜鸟海外末端能够提供直接上门揽收退件服务。2019 年 9 月，阿里速卖通借助海外仓布局推出"×日达"服务，在西班牙、法国、波兰等核心国家能够实现跨境购商品三日送达，其他泛欧国家实现七日达，2019 年全球"双 11"期间，海外仓布局多的俄罗斯、西班牙、波兰、法国等国线上成交额增长最为迅猛。

3. 实现支付体验本地化

海外大多数国家的支付方式并没有国内发达，能够有微信、支付宝等多种在线方式可以选择，还是以信用卡支付甚至现金支付为主。阿里速卖通致力于全球金融支付能力的升级[①]，即更多的支付方式、更多的区域覆盖、更高的入账时效，目前已能支持 38 种本地货币交易，大约 50 多个国家（区域）能够在平台使用本地化支付方式，未来其将继续拓展本币的本地化支付方式，提升用户支付的便利性和成功率。

4. 创新海外社交模式

阿里速卖通正在尝试三大内容产品（feed 微淘、直播、短视频）来生成内容，系统化、批量化地跟海外社交平台上的网红及社群 kol（英文全称 key opinion leader，中文为关键意见领袖）深入合作，尝试用"平台化解决方案"，对海外社交电商整合、提效、赋能，形成社交电商闭环，不断进来、不断分享出去，以更有效、用户更容易接受的方式来推广速卖通平台上的商家和商品。2017 年 4 月，阿里速卖通上线 AliExpress LIVE 直播频道，开启类似电视秀的直播模式；2019 年 7 月，上线新版直播；2020 年 5 月，推出"AliExpress Connect"计划，将在三年内孵化内容创业者上百万个，站内百万粉丝账号 100 个，以及年薪高达百万美金的推广者。该计划 2020 年新冠肺炎疫情期间按下直播快进键，从 2019 年 7 月起步以来，速卖通直播观看人数已翻几十倍，已向全球用户开展了

---

① 闽力. 俄罗斯物流升级 速卖通深耕欧洲市场［EB/OL］. https：//m. 21jingji. com/article/201912216/8a92830c3a1b1b2ffbe809256728c463. html 21，财经，2019 - 12 - 26.

上万场直播秀。

5. 产业带发展

如今，中国制造与跨境电商融合出海渐成趋势。阿里速卖通积极对全国产业集群地区进行赋能，通过线上产业带专区、行业专项营销资源、招商专项会议、成长孵化课程等多维度引导，帮助当地加速进行产业的转型升级，促进线上线下的产业融合和品牌出海。仅 2019 年，阿里速卖通就已经与国内 10 个地方政府启动产业带合作项目[①]。其中，阿里速卖通与杭州综试区启动的"巨鲸计划"，通过"国潮出海"品牌项目、"扬帆起杭"创新创业大赛、杭州十大出海品牌评选等系列活动，培育了 300 家"中国好卖家"，吸引了近千名来杭留学生创业群体，扩大了十大出海品牌的影响力[②]。

三、多模式供应链平台大龙网的跨境电子商务发展成效

大龙网成立于 2010 年 3 月，是一家国际性跨境电商服务平台，总部在香港，在北京设立行政总部，在重庆设立运营和研发基地，以及在全球多个国家都有其分支机构。大龙网服务于大规模全球本土化跨境实业的互联服务，是国内首家该类型的服务平台，致力于孵化 1 500 万家中国制造企业成为全球品牌商、供应商和跨境电商，让中国制造业"走出去"，获得更多与国外的零售商、产销商碰面的机会。

（一）大龙网的商业模式

大龙网的商业模式多样化，从传统的 B2C 自营平台向 B2B 全球分销和供应链服务平台发展。

---

① 速卖通牵手义乌打造"质造家"项目推进 eWTP 与实体市场融合发展 [EB/OL]. https：// sell. aliexpress. com/zh/_pc/newsOct23. htm 阿里速卖通卖家网站，2019 – 10 – 23.

② 汤莉. 政企合作助推跨境电商品牌出海 [N]. 国际商报，2019 – 08 – 27.

1．DinoDirect 传统销售运营模式

DinoDirect（见图 7 - 1）是大龙网之前被众所周知的在全球各地本土化委托运营的零售平台，为解决后端的供货问题，其可以接入大龙网 Osell 招商渠道招商平台产品系统，也有供应商自主上传产品入口。DinoDirect 有 B2B2C 和 B2C 两种运营方式，B2B2C 的一切运营都由平台来做，供应商仅有上传产品的权限入口；B2C 模式下，供应商可以进驻平台，参与分销，完成发货，平台制定抽佣规则和参与抽佣。其在国外端的 App 同时向小 B 批发商和 C 端消费者开放，但二者有所区别，小 B 批发商可以享受会员价格，通常能够比传统进货渠道便宜大约30%，而普通 C 端消费者拿到的一般是零售价格。该模式已是大龙网一个较为成熟的产品线，旨在促进中国中小企业的落地，帮中小企业进行招商，如今每年纯利润能达到千万以上①。

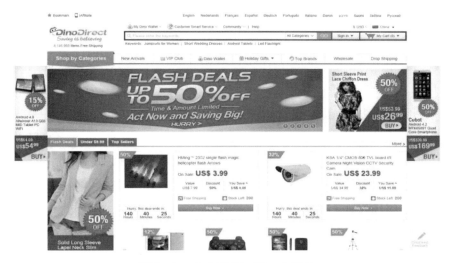

图 7 - 1　大龙网 DinoDirect 平台

资料来源：大龙网 china. osell. com/news/company/23. html.

———————

①　大龙网跨境电子商务 3.0 模式披露［EB/OL］. china. osell. com/news/company/23. html. 大龙网，2014 - 04 - 23.

2. 3BC 现代分销和供应链服务模式

3BC 是双招商平台 B2B2B2C（即 B 国内供应商 – B 国内对接平台 18985. com – B 海外对接平台 osell. com 并联合全球销售经纪人网络 – C 海外消费者）模式的简称，因中间的 2B 均为中介服务商，服务于国内供应商直面海外消费者，也被称为 S2B2C 模式。该模式下，大龙网提供的是一个带服务、带后端、私人定制的平台，尊重国家利益之争和信用壁垒，秉承共享经济理念，与全球本地的电商、经销商进行结盟，将跨境电子商务的本土化服务、本土化资金流设计，服务品牌维护，法务及知识产权等 C 类销售最后一公里问题的解决方案交给他们来做，建立供货商、运营商、加盟商和消费者一站通渠道，解决国内供货商找不到客户、仓储物流麻烦、资金结算慢等问题，以及加盟商找不到货源、无法确认品质、法务纠纷等难题，海外消费者可以更放心使用"中国制造"产品，因而可以广泛获得国内外商家和消费者的信任。3BC 模式从国内国外两个方面打通路径，18985 速卖宝平台（见图 7 – 2）对接国内的供应商，Osell 招商渠道招商平台（见图 7 – 3）对外建立全球销售经纪人联合网络。18985 速卖宝上线于 2012 年，定位于"一步分销、全球渠道"，国内供应商只要在 18985 注册并上传产品信息，就可以接触数千全球在线分销渠道。在中国供应商眼中，大龙网是其产品销售全球的网络分销渠道合伙人，帮助其解决了供应链本土化的诸多问题，如资源管理、多本地结算、全球配送，文化差异等。Osell 定位于全球供应链合伙人平台，打造"一对一"VIP 经纪人服务体系，其自建或者委托合作或者招商募集有 1 000 多个全球零售平台，服务海外零售终端和大小批发商，通过应用程序接口（API）对接，可以提供产品库存、采购、质检、仓储、分拣、物流、支付等供应链解决方案。在海外商家眼里，通过 Osell 可以找到货源，解决其供应链问题，又有其自主性，可以主攻营销、引流和销售。

图 7 - 2　大龙网 18985 平台

资料来源：大龙网 china. osell. com/news/company/23. html.

图 7 - 3　大龙网 Osell 平台

资料来源：大龙网 china. osell. com/news/company/23. html.

（二）大龙网的业务板块

大龙网是商务部首批认定的跨境电商试点企业，2014 年走通中国跨境电商通关第一票。其借助政策优势和全球资源，在国内与细分行业产能圈落地合作"集采中心"，形成跨境产业园、跨境产业小镇等平台公司，在海外与渠道圈结盟发展海外本土化跨境实业互联服务平台，通过大数据整合供应链资源，并让国内外两种资源与平台实现互通互联。

1. 海外网贸会

大龙网的网贸会是线上展会，将外贸传统展会演变成全年无休的 B2B 跨境展会，是移动互联网时代的"互联网 + 外贸 + 广交会"。展会以品类为单位举办，通过品牌发布、样品展示、商务洽谈等方式，解决跨境交易的交流与信任问题，帮助国内产业带和供应商打通海外销售渠道，直接精准对接海外国家垂直零售圈和对口采购商，掌握品牌和定价的主动权，实现外贸转型升级。网贸会深知 B2B 的信任在于建立产品体验和服务，纯粹提供在线服务比较困难，其一般采取"前展后仓"模式，在海外线下布局海外仓、体验馆、展览会、洽谈会，与海外本土化落地服务集为一体，为中国产品精准选品和海外营销提供数据支持，如大龙网在俄罗斯、巴西、印度等国都开设有样品馆可以进行线下产品体验，样品馆运用物联网技术，设置传感器，用以记录采购商的馆内活动情况，包括关注的产品、对产品的评价等，帮助中国品牌更加了解海外市场和促成交易。

2. 服务多元化

大龙网定位于跨境电商的服务商，为其 B2B 跨境大卖场模式提供多元化服务来实现价值增值。一是推出跨境全程订单履行服务 FBO（fulfillment by osell），该服务提供跨境电商一站式解决方案，将传统外贸的复杂流程和众多环节（包括产品认证、发货通关、检验检疫、物流清关、海外纳税、入库分拣等）集成为便捷和价格最优配比的一站式服务。二是推出综合互联网渠道服务平台，该平台以渠道通为核心，强化自身渠道服务平台的定位，并融合境外渠道合作展示服务、移动互联服务、一达通境内金融服务、海外全供应链服务及金融服务四项服务。三是推出龙品牌服务，大龙网本土化团队对跨境供应端和需求端深入洞察，能够将海外市场阅读习惯、消费习惯、消费触点与国内跨境电商产业园出口产品优势、品牌诉求相结合，为国内供应商提供跨境品牌传播定制化方案，通过优势产能流、精准受众流、全球渠道流助力中国出口商成长全球品牌商。四是打造线下商业空间交换共享平台，为 Osell 商机提供海外线下零售店试销的机会，即时反馈海外市场数据，如海外需求、竞价信息、当地消费大数据等，为中国优质产业带拓展海外渠道。五是推出海外云仓库，该仓库是整条产业服务链所打造的重要基础设施，可以有效解决服务本地化的焦点问题。

3. 国内龙工场

大龙网借助移动互联网和海外本土化团队的优势，可以整合各个细分领域的全球渠道，落地到采购端就是建立中国渠道的全球离岸集采中心（以下简称"集采中心"）。大龙网的集采中心可以为国内供应商提供跨境物流、海外品牌、海外市场开拓、海外渠道构建等服务，也依托其"网上产业带"和大数据中心提供供应链金融、B2B 电商化、数据系统解决、海外市场分析等服务，帮助国内中小企业在产能端实现高效贸易和转型升级。大龙网的龙工场以集采中心为核心模块，落地中国不同地方的产业带，与当地政府合作建立数字化的贸易服务中心、产业服务平台和跨境电商园区，对接集团在全球的海外渠道合作平台，在当地形成细分行业特色跨境电商产业集群，带动本地特色产业的升级和发展。大龙网龙工场在中国对接各地产业带城市设立了几十个分公司，如青岛龙工场、合肥龙工场、绵阳大龙网等，工厂端已下沉到了县级区，比如江苏沛县、安徽池州、四川青白江等地。2020 年，大龙网发布计划，三年内将以合资产业服务平台、产业园等方式整合国内 300 个城市细分行业产能资源落地，并依托支付汇兑及结算、电商贷、直播电商产业、拼货帮订单抱团出海、供应链金融、品牌、产业园七大服务中心来更好地服务本地产业。

4. 跨境渠道通

渠道通是大龙网推出的销售和商业管理手机 App 服务软件，专门为提升中小制造企业出口市场经验和趋势判断能力而量身打造，其海外渠道遍布中东、东南亚、北美等海外市场，如俄罗斯、加拿大、阿联酋、波兰、越南等。使用渠道通的中小制造企业在大龙网 OSell 平台卖货只需将符合目标国家认证的产品信息投放到大龙网合作的上万家海外店铺资源平台上并保证按单供货，所获订单多少能够直接考验中国制造的受欢迎度，一切售后事宜可以交由大龙网来处理，而且大龙网还定期向国内供应商反馈渠道商报告，帮助供应商了解海外需求的变化，进而促进供应商对出口产品进行生产升级。也就是说，渠道通不仅可以为中国制造直面海外市场开辟渠道，更能帮助中国制造获得更宽广的全球视野和更敏锐的市场洞察力。渠道通可以大大降低中国制造开拓海外渠道的成本，原本中国制造在物流、仓储、清关、海外用工等方面十几万元的投入，通过渠道通仅需万元左右就可获得 5 家海外门店渠道，即便算上备货和物流清关费用，成本也只有前者的 1/4 左右。渠道通在国内全国 3 万多家中小制造企业会员，5 000 多家企业已成功走渠道通铺货到海外市场。

（三）大龙网的战略特色

1. 优化供应链

大龙网拥有面向海外客户的定价权，并掌控仓储物流、清关结算等中间环节，这样可提高效率，增强黏性，做智能供应链。目前，大龙网的产品种类有 2 000 多万种，海外分销渠道有 1 000 多个，可支持使用的海外支付方式有 70 多种，已实现全天候的多语种客服中心，提供对接全球零售终端和各批发商的本土化服务。大龙网以数字贸易港为核心建设跨境数字贸易平台，国内连接所布局产业带城市的跨境离岸数字集采中心，国外连接所布局海外市场的数字贸易服务中心，实现中国制造供给与海外市场需求对接的同时，也在采集、整理并形成产销大数据库，从而推进跨境实业之间的互联。

2. 布局全球招商

大龙网和其他平台不一样的地方在于，其核心工作不是引流而是国内外招商，需要大量获取国际分销人才资源。大龙网率先进行全球布局，不仅覆盖亚太合作区域，更远赴中东、欧洲等区域，目前其在全球许多国家的重要城市设立有中国品牌样品中心和海外本土化服务办公室，如莫斯科（莫斯科）、华沙（波兰）、胡志明市（越南）、迪拜（阿联酋）、新德里（印度）、多伦多（加拿大）、杜伊斯堡（德国）、雅加达（印度尼西亚）、金边（柬埔寨）、圣保罗（巴西）等。海外渠道成功对接大龙离岸数字集采中心，在海外各地组建本土化团队，已经聚集有品牌、营销、运营、物流、渠道建设等方面的海外本土优秀人才，并对全球的本土化资源进行整合，在国内大龙网已在北京、上海、广州、重庆、深圳、苏州、杭州、徐州、台州、贵州、合肥、绵阳、青岛、洛阳、焦作、西安、梧州等全国许多城市设立了分公司，全球员工 1 000 人左右。

3. 促进互联互通

大龙网致力于做高效的跨境商联网平台，积极与国内各地政府进行合作，专门设立有跨境电商产业基金，积极扶持地方跨境电商产业园和跨境电商服务平台建设，对接其跨境零售中心、集采中心、电商运营平台、全球商业贸易一体化服务中心等商联网平台，打造未来全球全景新商业联合体。大龙网也积极顺应全球化趋势，响应"一带一路"倡议，抓住产业转型和消费升级的经济新机遇，推出有"百城百联"战略，形成 50 个国内产业带城市与 50 个"一带一路"国家互联互通的商贸格局，中国产业带城市通过在对方国家开设"前展后仓"的"网贸会"形式，把特定的产业带城市与对口的海外国家联系起来，以城市为单位，帮助该城市的企业"走出去"。

四、外贸自营平台兰亭集势的跨境电子商务发展成效

兰亭集势（Lightinthebox），是一家 B2C 自营跨境电商销售平台，通过技术驱动和大数据运用整合供应链生态圈服务，致力于做全球网上零售公司，把中国的商品直接销往外国消费者手里，也被称为 L2C（LightInthebox to Customer）[①]。

---

① 李妍. 外贸 B2C 电商兰亭集势研究报告［EB/OL］. http：//m. sinotf. com. news. html？id ＝152658 中国贸易金融网，2013－06－24.

（一）兰亭集势概况

兰亭集势（见图 7-4）2007 年注册资金 300 万美元成立高新技术企业，成立之初就获得了美国硅谷和中国风投公司注资，其上线一年后的收入达 620 万美元，2009 年的销售额达 3 千万美元。兰亭集势期初以廉价婚纱起家，主要靠低廉的制造成本和价格优势来盈利，将欧美发达国家作为主要销售市场，在欧美经济不景气的时候很受欢迎，也符合欧美用户的购买力，在法国、意大利、荷兰等国已成为最受欢迎 Top3 电商网站。2010 年 6 月，兰亭集势收购 3C 电子商务欧酷网，目前 3C 产品为主营产品。2013 年 6 月，兰亭集势在美国纳斯达克成功上市，成为在美上市的第一家中国跨境电商企业，"LITB"的股票交易代码也被称为"中国跨境电商第一股"。2018 年，兰亭集势和 ezbuy（面向东南亚的全品类购物平台）合并，在市场推广、供应链管理、物流仓储等方面进行整合；与卓尔集团（大型商贸物流企业）共享资源和海外仓，共同打造跨境电商生态供应链，携手扩展东南亚市场，兰亭集势的国际市场影响力和竞争力得到大大提升。

图 7-4　兰亭集势平台

资料来源：https://www.lightinthebox.com.

目前，兰亭集势旗下有 http：//www. lightinthebox. com 和 http：//www. mini-inthebox. com 两个自营外贸 B2C 跨境销售平台，覆盖全球 140 多个国家，支持 27 种语言，其欧洲市场占比约为 50%，南美洲和北美洲市场占比约为 30% 以上，产品涵盖婚纱礼服及配件、电子及配件、服装鞋包、家居假发、珠宝手表、文身美甲、运动户外、玩具宠物等 23 个品类的近 70 万种商品。兰亭集势物流便捷，和全球四大快递以及中美邮政合作为消费者提供 3 ~ 5 天特快、6 ~ 8 天标准、10 ~ 20 天超省三种配送服务，同时，支持 Paypal、VISA、EBANX 等 20 多种支付方式。兰亭集势产品因物美价廉、有便捷的物流和支付方式而深受多国消费者喜爱。

（二）兰亭集势的商业模式

兰亭集势的外贸 B2C 自营模式，即供货商供货给兰亭集势，再由兰亭集势出售给海外消费者（也可以是商家），其同时兼做进口电商，主要将国外设计风格的灯饰销售给国内消费者。该模式依托长三角和珠三角发达的轻工业货源，可以做到 70% 的商品直接来自工厂，缩短了进货供应链，又以海外零售市场价格直接向消费者销售产品，缩短了海外销货供应链，从而通过掌控整个供应链而获得较高的毛利率。

1. 掌控供给端

兰亭集势针对定制品和标准品，与供应商分别建立了独特的合作模式。对于定制品，兰亭集势专门设有内部专家团队负责生产流程的协调，现场指导供应商如何改进生产效率和提高产品质量，保证供应商能够在接到订单的 10 ~ 14 天内批量达标生产并将货品送至兰亭集势仓库。对于标准品，供应商一般被要求 48 小时内必须将货品送至兰亭集势仓库，逾期则罚款；要求产品销量好的供应商提前备货，但所备货品暂不计入兰亭集势成本，待用户下单后才计入兰亭集势的营收和成本；随时要求供应商将销量不佳的商品库存提走，以及 90 天内将商品剩余库存取走。可以说，备货过程兰亭集势只提供仓库空间和支付剩余库存运走的物流开支，这种独特的供应链管理模式保证了其定制品的生产效率，有效降低了各类产品的库存，提高了库存周转率，确保了拥有支撑流转的健康现金流。兰亭拥有 2 000 多家供应商，建立了成熟的供应商管理体系，设立了质量、成本、价格、可靠性、财务能力、声誉、配送和生产能力、快速反应能力以及能否和兰亭一起成长等考量标准，并用招标的形式引入供应商的竞争。

2. 扩大消费端营销推广

兰亭集势面向海外消费者直接销售，需要在营销推广方面进行大量投入，主要推广方式有搜索引擎排名、展示或广告、邮件营销、社交营销等。兰亭集势的爆发式增长在于其团队十分擅长网络营销。兰亭集势与 Google 紧密合作，对其欧洲市场的核心用户进行深入分析，并基于分析对其网站设计、物流、支付、售后等每一个关系到用户体验的环节进行了有针对性的优化，收效立竿见影。目前，兰亭在谷歌等搜索引擎上以 17 种语言至少投放了数百万的关键字，开发了一套算法用以排列关键词的组合以实现广告投入回报率的最大化。兰亭集势初期发展时曾经将全部收入投入到 Google 广告投放与引流。从全球在线竞争情报服务公司 Hitwise 公布的兰亭集势北美区流量数据来看，其谷歌流量占比能够高达 45.58%，其中，付费流量占大部分。兰亭集势的专门营销团队还在 Facebook、Twitter、Ins 等平台进行海外社交媒体营销，拥有近千万粉丝，也为自营平台带来了大量的流量扶持，成为其又一营销利器，如美国地区约 3% 的流量来自 Facebook 网站。通过自营做营销推广，该平台开发的网络爬虫能够抓取大量网站信息，并找出社会化媒介上的信号，通过每日监测的数据分析市场细微的需求变化，并及时反馈给中国供应商，达到产品在时空上的紧密联系，保证产品附加值的获得。

（三）兰亭集势的发展战略

能够整合和掌控全球供应链是兰亭集势的优势所在。兰亭集势国内有众多稳定的供应商、自己的数据仓库，以及长期合作的物流伙伴，海外依托 Google、eBay 等全球合作伙伴可以迅速覆盖 100 多个国家的零售市场①，平台访问者可以数以千万计，其中，下单个人消费者和企业客户数以万计。平台即品牌，兰亭集势具有领先的精准网络营销技术，只要做到客户越来越多，产品成本与价格差越大，就能获得更高的利润率。兰亭集势商业模式的弊端在于运营成本高，其曾经一度有超过40%的毛利率，但净利润仅有1%。为此，兰亭集势的未来发展战略是整合全球供应链，并降低其运营成本。具体来说，一是增强消费端的客户体验，不断增加客户基数；二是扩充新品类和强化已有品类，重点放在复购率高的商品上，同时持续打造自己的产品品牌；三是加强供应链管理，持续提高供应链效率；四是优化物流网络和物流基础设施，也加强与第三方物流合作，减少配送成本和提高配送效率；五是持续改进营销推广手段，进一步强化品牌形象，提供更多语言版本的本地化营销；六是增强 IT 技术应用和提升自动化水平，进一步扩展数据的挖掘和分析能力，挖掘顾客偏好，并改善移动端网站建设。

五、进口型跨境电商平台的跨境电商发展成效

(一) 保税进口综合类平台——中大门

中大门（见图 7－5）成立于 2014 年，是河南保税物流中心的全资子公司，依托国家 E 贸易政策优势和河南保税集团贸易专业从事原装进出口商品展销，是将 B2B、B2C、O2O 等多种商业模式融为一体的跨境电商综合服务平台。中大门是中国跨境电商 O2O 的引领者，首推"前店后仓"的跨境保税备货模式，可以实现线上下单、线下展示和综合服务紧密结合的商业运营，在政府监管部门、供应商和消费者之间架起高效便捷通道。中大门开业以来，入驻企业已达 100 多家，其中，参与线下展示的企业有 30 余家，集聚了欧美、日韩、澳大利亚、中国台湾等 70 多个国家（地区）的涉及

---

① 张毅. 连亏五年后，逆势翻盘的兰亭集势吃了什么"灵丹妙药"［EB/OL］. https：//www. cifnews. com/article/74480 雨果网，2020－08－10.

美妆护肤、洗护日化、母婴用品、食品保健、服饰箱包、轻奢品等近十万种商品。中大门融合开创了"跨境展示展销 + 跨境一般贸易 + 免税店 + 保税展示交易"的新模式，从而创新一馆多模式，打造一馆多业态。中大门不仅可以实现"足不出郑，买遍全球"，还可以获得"2 分钟买全球"的跨境 O2O 现场自提体验，可为我国消费者提供货真、质优、价廉、可溯源的境外商品，促进了万亿境外消费的回流，打造了新经济增长点①。

图 7 - 5   中大门平台

资料来源：www. zhongdamen. com.

（二）直采垂直型进口平台——蜜芽网

蜜芽网（见图 7 - 6）由全职妈妈刘楠于 2011 年创立，是国内首家进口母婴品牌商品的限时特卖线上商城，在母婴垂直电商中率先步入"跨境购"领域的进口平台，有官方网站、WAP 页和手机 App 等多种销售渠道，有面积超过 6 000 平方米的北京大型主仓库和宁波、重庆两个保税仓。蜜

---

① 张龙. 中大门网络科技［EB/OL］. https：//zt. dahe. cn/2017/12 - 14/229164. html 大河网，2017 - 11 - 30.

芽网帮助国内妈妈们在海外正品中搜罗精品，有包括蜜芽宝贝在内的400多个品牌3万余种商品，在蜜芽平台上销售的70%以上是海外品牌，公布晾晒向品牌方、原产地或总代理直接采购的渠道信息以及产品授权书和采购单，坚持采购标准、仓储标准和供应链管理标准，为把控质量、外观设计、实用功能等进行严谨乃至保守的供应链管理，保证精品是100%的正品，为宝宝的健康成长把好第一道关。蜜芽网也不断通过创新模式、提升效率等方式降价让利给妈妈们，如推出的"母婴品牌限时特卖"，每天都有热门推荐的进口母婴品牌进行特卖，折扣力度低于市场价，给妈妈们带来极大惊喜的同时获得简单、放心、有趣的购物体验①。

图7-6　蜜芽网平台

资料来源：https：//www.mia.com/home.

第三节　我国跨境电子商务的企业发展成效

与政府和平台对跨境电商的极力推动下，无论是传统外贸企业，还是国内电商企业，抑或是创新创业型企业，都在积极探索跨境电商新模式。

① 引自蜜芽网—关于蜜芽—媒体报道［EB/OL］.https：//old_www.mia.com/help-2231.html.

一、制造型跨境电商海尔的发展成效

海尔从生产冰箱等产品的工厂正在变为生产创客的平台，形成工业互联网、商业互联网和金融互联网三大板块。在工业领域，海尔进行互联工厂改造，实行智慧家庭战略；在商业领域，设立价值交互的共创共赢平台，下设巨商汇、跨境以及商城三大渠道；在金融领域，海尔上线产业互联网金融解决方案平台①。海尔的跨境电商平台有 3 个，分别是易销云盟（eCommerce Clouds）、海贸云商（TRADSO）和小家电跨境综合服务平台（HotOEM）。2014 年 12 月，海尔旗下跨境大贸采购交易 B2B2B/B2B2C 电子商务平台易销云盟成立，针对不同服务对象开发了易销、goEXW 和 91 招投标平台三大平台，其中，易销专注中国区域，给予采购商一键下单无忧采购的体验；goEXW 打通境外市场，给予供应商坐等订单的实惠；91 招投标平台锁定国际招投标采购，赋予供应商或采购商参与招投标的机会，三大平台相辅相成，可以全方位覆盖跨境电商领域。易销云盟从进口和出口两个方面双向同时发力，集约三大平台联通产业链各方，改变传统贸易中多环节链式的繁杂，线上线下无缝衔接产品与物流、金融和服务，全新商业生态系统应运而生②。2015 年 4 月，海尔正式上线海贸云商（TRADSO）（见图 7 - 7），该平台是海尔自建的国际贸易综合服务平台，也是其内部首家 B2B 跨境电商平台。海贸云商集成海尔在营销、研发、物流和网络的全球资源，不断进行互联网技术开发与创新应用，其综合门户网站、移动终端 App、进出口全流程业务管理系统等支持进出口业务的高效运作，可以做到业务进度的全部可视化和信息数据的同步共享，从而实现进出口行业的价值交互，让用户获得最佳体验。海贸云商这样的设计理念能够支持几乎所有的外贸业务模式，且操作流程化繁为简，为企业用户省去所有的外贸中间环节，使其线上一键操作实现高效率交易，为其减

---

① 叶碧华、布局外贸 OEM 生态圈海尔平台化转型加速［N］.21 世纪经济报道，2015 - 10 - 20.
② 王明．易销云盟：构建无国界贸易绿色通道［N］．中国经营报，2015 - 10 - 16.

少20%多的交易成本，让其更加专注生产和销售①。2015年10月，海尔又上线跨境电商 B2B2C 业务平台——小家电跨境综合服务平台（HotOEM.com）（见图7-8），开放其海外买家资源给国内小家电生产企业，促成订单交易的达成以及提供设计研发、材料采购、质量提升、报关退税、订单金融等供应链服务②。2016年5月，HotOEM 与找钢网合作打造中国小家电制造业全流程"互联网+"，不仅全面开拓国内外销售渠道，还实现该产业在设计研发、生产制造、质量控制等各流程环节的国际竞争力，助力中国制造的转型升级和国际化、品牌化发展。开放式互联网交互平台的打造使得海尔不再靠生产制造赚钱，而是通过开放海外买家资源和提供供应链服务，与企业用户共同打造中国制造，从而获得利润分成的回报③。

图7-7 海尔海贸云商网

资料来源：https：//www.tradeso.com.

---

① 海尔集团.海尔 BCB 跨境电商平台海贸云商平台上线［EB/OL］.www.2b.cn/zixun/waimao/14986.html#托比网，2015-05-12.

② 广州海尔国际商贸有限公司.直击传统外贸 OEM 痛点 海尔 HotOEM 跨境平台正式上线［EB/OL］.https：//www.prnasia.com/story/133812-1.shtml 美通社，2015-10-20.

③ 靳颖姝.找钢网投资海尔旗下跨境电商平台重塑小家电制造全流程［N］.21世纪经济报道，2016-12-16.

图 7 - 8　海尔 HotOEM 平台

资料来源：http：//s. hotoem. com/.

二、垂直自销型跨境电商安克的实施成效

安克（Anker）（见图 7 - 9）是中国知名的品牌移动电源和充电配件制造商之一，主营产品为智能数码周边产品，如移动电源、充电器、数据线、蓝牙外设等，在智能家居、智能语音等领域也有出色表现，打造有细分产品的自有品牌，如 Eufy 吸尘器、Nebula 智能投影仪、Roav 汽车记录仪等。2011 年 10 月，前谷歌工程师阳萌（Steven Yang）在美国加州申请了 Anker 这个电子消费品牌，回国创立湖南海翼电子商务有限公司，后改名安克创新科技股份有限公司，到深圳找到贴牌的代理工厂，把产品上架亚马逊平台销售到欧美市场，短短几年的时间，阳萌就把 Anker 打造成一个质量品质可靠、价格实惠的国际化品牌，收获了欧美、日本等 100 多个国家和地区大量的忠实客户。在海外市场成功后，Anker 回归中国市场，在天猫、京东等国内电商平台上架产品，在国内也有不少忠实客户。Anker 深扎在移动电源这一品类中，自产自销，向市场提供最优惠的产品价格，在竞争中具备主动优势，是垂直行业全球领先的品牌典范。研发创新打造差异化产品是 Anker 的成功基础，其在研发团队建设、产品开发、关键技术攻克等方面持续进行投入，而不仅仅是拿代工厂产品出厂贴牌。

2014 年，Anker 多款移动电源产品都是亚马逊多个市场的畅销品。在网络电商做出口碑和销量后，其布局线下市场，吸引了美国最大的办公室用具商 Staple 进货到其实体店面贩售，已在 30 多个国家线下经销 Anker 产品。通过线上建立的品牌影响力打通线下渠道，通过商超、B2B 做增量，逐步扩大市场份额。2017 年，安克营业收入达 39.12 亿元，同比有 56.43% 的增长率，稳定有 50% 以上的毛利率。2020 年，Anker 在中国全球化品牌 50 强位列第 11 名①。

图 7 - 9　安克电商

资料来源：http：//www. anker-in. com.

三、多平台运营型跨境电商傲基的实施成效②

傲基（见图 7 - 10）2010 年成立，定位为外贸 B2C 跨境电商运营公司，有自主品牌、自建网站、综合品类三大类跨境电商运营业务，在亚马逊、速卖通、eBay、Wish、天猫、京东等国内外主流第三方平台开设店铺，也自建有法语、德语、西班牙语等欧洲小语种网站，业务已经能够覆

① 雨果跨境. 安克创新财报：2017 年营收超 3.9 亿，同比增长 56.43% ［EB/OL］. 雨果网. https：//www. cifnews. com/article/34441/，2018 - 04 - 13.

② 商务部 2017 - 2018 年度电子商务示范企业案例集——傲基电商：品牌驱动构建跨境电商生态环境 ［EB/OL］. http：//dzsws. mofcom. gov. cn/anli17/detal_12. html，案例来自商务部电子商务和信息化司案例集。

盖欧美、日本等 200 多个国家和地区。傲基致力于打造中高端产品，主打自有品牌战略，围绕数码电子、3C 电源、小家电、小工具、智能家居等品类打造"Aukey"为核心的自有品牌。傲基有 9 个独立品牌部门和 90 多位品牌设计师进行自主研发设计，并采购原料委托工厂生产。为减少单一品牌风险，傲基遵循"多品类、多品牌"发展战略，通过对各大平台销售数据的调研分析，找出 80 多个跨境电商行业尚未形成大规模品牌化的产品，精选五大战略品类，分别形成健康护理类品牌 Naipo、小家电类品牌 Aicok、家具类品牌 Homfa、工具类品牌 Tacklife 和灯具类品牌 Aglaia，并复制 Aukey 品牌的经验，结合傲基研发能力和供应链整合能力，将这些品类进行标准化、规模化、品牌化运作，形成市场先入优势。

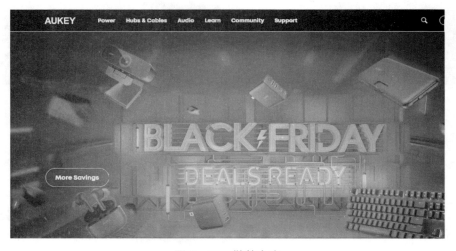

图 7 - 10　傲基电商

资料来源：https://www.aukeys.com.

傲基自主研发的信息系统已实现研发设计、营销推广、仓储配送等产品全流程的环节管控，建立自有品牌的供应链专家团队，已取代线下贸易商与上游供应商通过各种方式进行合作，既保证自有品牌产品的生产成本和供货稳定性，又拉动产业链的产品升级，如对具有较强设计能力的公司采取收购或参股的方式开展合作；对部分品牌制造商（包括上市公司）合资设立子公司建立合作平台；对部分品质控制能力较强的制造业企业签订长期协议或排他协议，要求长期供货。傲基也不断增加新的品类，实现与更多优质供应商的长期合作，供应商数量逐年增加已超过 16 000 多家，带动了产业链的整体发展，构建良好的跨境电商生态环境。傲基对外则不断拓展业务区域版图，通过打造爆款产品、拓展自有品牌系列以及开发 ERP 系统精确定位海外市场，并完善供应链金融、跨境物流、跨境支付等跨境电商生态系统。可以说，傲基通过引领消费的品牌、赋能产品的研发、指导运营的数据和满足用户的产品，能够为客户创造更大价值，其已利用强大中国制造和产业升级优势整合供应链上下游资源，已形成跨境电商零售生态，成为全球领先的科技消费品牌产品。

第四节　我国跨境电子商务的产业发展成效

当跨境电商企业进行集聚发展之时，产业集群的实力不但不会被削弱，还能够与跨境电子商务进行耦合，实现更大发展。

一、许昌假发产业带发展成效

许昌通过和阿里巴巴集团合作产业带项目，推进了跨境电子商务各个方面的发展。2015 年 12 月，国内首个发制品跨境产业带专区——阿里巴巴·许昌跨境产业带落户许昌，许昌发制品商家纷纷入驻阿里巴巴两大跨境电商平台——速卖通和国际站，商家数量分别有 54 家和 38 家。站内运营推广上，许昌跨境电商产业带专区在阿里速卖通与阿里巴巴国际站均享有买家搜索首页入口位置展示与首焦位置展示服务；站外运营推广上，许昌跨境电商产业带专区通过 Google、Bing 等搜索引擎、SNS 等社交媒体等渠道做站外引流活动。据平台数据反馈，商家在许昌跨境电商产业带专区的曝光量较之未开道前平均每月上涨 30%，单个店铺每日的曝光量大约为 3 万次，特别是阿里速卖通产业带专区，平均每天有 4 万套的全球销量，每秒就有 2 顶假发售出，月交易额远超 500 万美元，28% 的每季度平均增幅超过行业水平①。许昌带动了全省的发制品出口发展，2018 年，河南省发制品直接出口额为 18.60 亿美元，同比增长 15.4%，其中，许昌市发制品直接出口额为 10.73 亿美元，占全省份额的 58%。截至 2018 年底，许昌发制品企业包括上市公司瑞贝卡在内超过 2 000 家，从业者达 30 多万人。2019 年 8 月，河南与阿里巴巴签署战略合作协议，阿里巴巴国际站持续深化本地服务，推动河南省各地区优质产业依托跨境电商平台拓展国际市场。2019 年 9 月，阿里巴巴国际站跨境供应链助力商家降本提效而推出了行业化专线运力——"假发专线"，并逐步升级和扩大专线服务场景。2019 年 12 月，阿里巴巴国际站正式上线"许昌假发产业带专区"板块，助力许昌假发品商出海，货通全球②。

除和阿里巴巴平台合作之外，许昌假发产业带还引入亚马逊、eBay、Wish 等全球跨境电商零售平台，多平台运营对于许昌假发的销售渠道、市场范围、产品曝光率、品牌知名度都有了很大的拓展和提升。在此基础上，许昌还自建有线上假发商城，这是国内首家跨境电商供应链平台，可以保证优质厂家提供货源，专业质检把关质量，以及产品质优价廉，解决了中小型和创业型电商的货源、成本、质量、资金等诸多供应链难题。河南许昌通过跨境电子商务的发展已经成为国内最大的发制品集散地和全球最大的假发生产基地，供应的假发能够占到全球的 60%，出口 120 多个国家和地区，其中，非洲和北美是主要出口市场。

---

① 魏东雅. 全方位服务我市 700 多家假发企业 [N]. 许昌时报，2016 – 12 – 01.
② 许昌专题: 百年许昌复制品，数字外贸新势力 [EB/OL]. 阿里巴巴国际站 [全球产业带计划]. https://supplier_alibaba.com/cyd_xc.

二、义乌数字化市场采购发展成效

义乌是全球最大的小商品集散中心和世界第一大市场，从义乌始发的中欧班列已有 11 条线路，覆盖丝路沿线主要贸易国家（地区）。义乌集聚有众多的细分类目丰富的家居家装类制造企业，从阿里速卖通数据来看，义乌在家居家装行业的总商家数量和头部商家数量最多，同时，义乌的跨境电子商务也很发达，其国内跨境电商能力和物流服务生态一流的产业集群。2018 年，义乌获批跨境电商综合试验区，是唯一获批试验区的县级市。2019 年 1 月，《义乌国际贸易综合改革试验区框架方案》给出义乌发展新蓝图。该方案提到，义乌在 2020 年将基本建成世界领先的国际小商品贸易中心，2035 年将高水平建成世界"小商品之都"。2019 年 6 月，义乌与阿里巴巴集团达成世界电子贸易平台（eWTP）的战略合作协议，探索数字贸易新规则和新模式[1]。

义乌是中国贸易界"自主创新"的先锋试点，早在 2013 年就针对市场采购贸易方式首创并试点市场采购监管模式（监管代码 1039）。市场采购贸易指符合条件的经营者在国家认定的市场集聚区内采购单票货值 15 万美元及以下的出口商品并在该地办理出口通关手续的贸易方式。市场采购监管模式将采购不同商家的商品集中在一个报关单上进行通关申报，能够简化小批量商品的出口申报流程，但收汇需要使用报关单去银行还原申报，过程相对烦琐，需要积极向数字化方向进行转型调整。2019 年 1 月，阿里巴巴国际站就利用平台技术和跨境供应链优势，特别设计供应链履约模式 TAP1039——把原有市场采购 1039 与阿里国际站信用保障体系相结合[2]。数字化市场采购将原来的报关、物流、结汇等线下履约全部实现线上可视化，在阿里系里创新设置组货人角色，使用组货人角色进行报关，全部出口数据存放在阿里国际站的外贸综合服务系统里，外汇进入阿

---

① 翁杰. 同水平建成世界"小商品之都"［N］. 浙江日报，2019 - 12 - 14.
② 孙琳. 借力数字化 义乌中小企业"出海忙"［N］. 人民政协报，2019 - 10 - 13.

里信保系统，阿里平台自动给卖家分发结算和还原每个卖家的申报，从而节省通关成本和保障卖家收汇安全。2019年6月，阿里巴巴国际站为数字化市场采购模式建立义乌线上专区，促进义乌百万家中小企业线上的转型发展，大幅提升跨境贸易便利性，沉淀外贸数据，提升信用等级，导入线上流量，增加新外贸商机。义乌加入数字化市场采购模式的商户每周以100%的速度增长，2019年，阿里巴巴国际站义乌区域的线上交易额以及5 000美元以下订单在线交易额同比增长117%和182%。

三、德化陶瓷"抱团出海"发展成效

福建省德化县是中国陶瓷历史文化名城，中国陶瓷文化的发源地，现有"世界陶瓷之都"之称。德化陶瓷是三大古瓷之一的白瓷，是宋元时期海上贸易的重要出口商品，当前的德化仍以陶瓷为支柱产业，借助电子商务的发展，已是全国最大的陶瓷电商产业基地，制定有四项陶瓷电子商务国家标准和一项省级地方标准；也是全国最大的陶瓷工艺品生产和出口基地，以及国家级出口陶瓷质量安全示范区，全县60%以上的陶瓷产品出口到国外，出口到190多个国家和地区。德化拥有3 000多家陶瓷企业，德化有超过7 500家陶瓷电子商务公司，其中，开通阿里巴巴"诚信通"企业数达3 100多家，1688平台入驻企业2 000多家，第三方服务企业200多家，全县从业人员11万多人，其中电子商务从业人数就多达3万人。2017年，德化的陶瓷产值和出口交货值分别达228亿元和147亿元，出口覆盖全球190个国家（地区），其中，中东国家出口快速增长，如卡塔尔增速达1 715.36%、科威特增速411.08%、斯里兰卡增速256.29%和巴林增速246.92%，"一带一路"沿线主要国家自营出口总值2.27亿元占全县自营出口总值18亿元的12.6%[①]。2018年，德化陶瓷品牌价值10 860亿元，交易额达到106亿元，其中，网络零售额33.6亿元，占网上陶瓷茶具销售市场的80%；全县自营出口总值和"一带一路"

---

① 吴铎．"中国白"大朋友圈［N］.2018 - 02 - 02.

沿线主要国家自营出口总值分别为 21.52 亿元和 2.88 亿元，同比增长率分别为 19.6% 和 29.8%。2019 年，德化全县拥有自营进出口权的企业不断壮大，达到 615 家，自营出口总值持续增长达到 28.16 亿元，同比增长有 30.89%[①]。

德化抱团发展海外仓。陶瓷产品本不适合跨境电商普遍的体积小、重量轻的特点，小量批发的单子因陶瓷体积重量原因普遍存在国际物流费用高、运输时间长等难题。德化进行海外仓的抱团尝试来破除这些困境，用海外仓发货运费成本能够降低 30%～40%，收款时间也能够提前大约 15 天。但是，每个企业都创建自己的海外仓，则建设成本高且运营风险大，德化陶瓷企业进行共建，其目的在于减低海外仓建设成本和平摊海外仓运营风险。2016 年 3 月，德化 11 家陶瓷跨境电商企业开始筹划海外建仓项目，并由德化县云图信息技术有限公司负责客户对接、物流成本核算、报关、检验检疫等事项。德化首次抱团出海的有 11 家陶瓷企业，汇集的产品主要是陶瓷工艺品和陶瓷家居用品，货值大约 3 万美金，恰好装满一整个高柜。此次抱团到海外建仓的活动获得了多方的大力支持，如阿里巴巴提供陶瓷类目的搜索热度、市场趋势、市场特点等后台大数据信息，帮助企业选择本次抱团出海的陶瓷产品和出口市场，会为海外仓产品在海外各大流量平台上进行宣传造势和活动推广，促进流量的引入[②]；出口易为送达旧金山仓库的产品提供仓储配送服务。2017 年，德化推动有自营进出口权的陶瓷企业抱团在海外自建海外仓，2018 年，德化率先在美国、俄罗斯设立陶瓷跨境海外仓。

德化进行品牌展会的抱团尝试。2017 年，德化积极响应"一带一路"倡议，引导企业进行沿线国家的商标注册，在俄罗斯、希腊等 6 个沿线国家注册有 19 个国际商标，并在江西省率先设立商标品牌服务指导站，针

① 颜学辉. 德化陶瓷：乘"一带一路"东风再出发［EB/OL］. 新华网. http：//www.fi.xinhuanet.com/yuanchuang/2018－08/12/c_1123258031.htm, 2018－08－12.

② 雨果跨境. 陶企抱团试水海外建仓，全国首创"跨境电商＋邮路运输"［EB/OL］. 雨果网. https：//www.cifnews.com/article/20808, 2016－06－10.

对国际商标注册不定期开展培训和经验交流。德化积极组织陶瓷企业参加国际知名展会，华交会、广交会、德国法兰克福礼品展等，以及"一带一路"沿线国家展会，如东盟（曼谷）中国进出口商品展、印度国际消费品展览会、马来西亚福建商品展等①，并鼓励企业进行"品牌联盟"，即在展区专门设立德化陶瓷区域，所有企业统一着装和统一标识，提高参展整体水平，提升"中国白"德化瓷的知名度和影响力，加大世界陶瓷之都形象塑造。2018 年，德化共有 553 家企业的 877 个展位参加了境内外的各类国际展会。2018 年，首届中国（德化）茶具文化博览会成功举行，德化借助中国陶瓷茶具城等营销推广平台的"虹吸效应"加快建设国际瓷艺城，打造名副其实的"世界陶瓷之都"。

德化的抱团发展在不断深化。一方面，德化积极促进电商抱团的规范化发展，出台电商规范化发展意见，倡导抱团合作诚信，搭建抱团发展信息平台，开展电商知识产权保护等活动，通过各部门通力合作和行业协会自律协作，积极抵制恶性竞争、低价竞争等电商行业的不正当竞争，全方位净化电商生态环境。另一方面，依托国家电子商务示范基地，德化不断整合内外资源，对内深入开展企业"手拉手"活动，促进当地传统企业和电商企业的合作发展，对外推出"瓷 +"计划，与各大电商平台合作探索发展"互联网 + 陶瓷 + 金融"模式，促进"一带一路"等新市场的拓展，并将茶具品类扩大到其他品类，实现大部分产品的电商销售。从由中瓷网络承办的 2019 年陶瓷产业互联网生态峰会暨世界瓷都德化首届跨境电商论坛可见一斑，其主题多样化，包括举行"互联网 + 陶瓷"上线发布仪式，发布德化陶瓷溯源系统管理办法与应用倡议，倡议网络化陶瓷产业生态体系建设与发展，合作敦煌网助力德化陶瓷企业出口转型，合作亚马逊全球开店助力企业拓展海外市场，讲解爱陶瓷平台模式，探讨传统陶瓷工厂转型跨境之路②。

---

① 许华森，连江水. 德化陶瓷："朋友圈"越来越热闹［N］. 福建日报，2017 – 12 – 23.

② 陶瓷头条. 德化陶瓷乘"一带一路"东风再出发再次推进"中国白"扬帆起航［EB/OL］. https：//www.sohu.com/a/310972239_1001950031 搜狐网，2019 – 04 – 29.

第八章

我国跨境电子商务的发展难题

跨境电子商务是新兴事物，我国与发达国家起步几近相同。近年来，我国跨境电子商务的发展成就显著，战略上占据先机，但实施过程中，也存在一些误区与困境，影响跨境电子商务的持续升级发展。

第一节　跨境电子商务的监管难题

业界对跨境电子商务的认识不一，大致有狭义和广义之分。狭义的跨境电商指境内外的交易两方通过电商平台达成交易，广义只要进行跨境交易的主体在交易的某一环节使用电子商务手段就属于跨境电商。当前，随着跨境电子商务的热度攀升，越来越多的平台经济形式被纳入跨境电子商务的范畴，在丰富跨境电子商务内涵的同时，也改变了原有的外贸进出口管理体制，给跨境电子商务的宏观监管带来诸多难题，使得跨境电子商务的发展容易偏离价值链的目标。

一、零售 B2C（business to customer，"企业—消费者"模式）的出口退税难题

跨境电商 B2C 也被称为跨境电商零售业务，是交易频率高但交易数量小的细碎化的交易，适应了外贸碎片化的发展趋势。跨境电商 B2C 需

要大量的小批次货物快速进出海关，传统贸易通关方式不再适应。为适应跨境电商零售贸易的发展，海关试点并全国推进跨境电商一般进出口（9610）和跨境电商特殊区域进出口（1210）两种海关监管模式，实现了跨境电商零售通关的阳光化和便利化。两种监管模式从 2015 年开始实行，但使用的范围还不广泛，主要是因为零售 B2C 出口的电商卖家并不能保证每个包裹均有进项增值税发票（专票或普票），其严格按照规定办结退免税手续的成本极高，不仅不能享受出口退税，反而因"不退反征"而增加企业的税负负担，也就是说，增值税免除后，依据企业的进项增值税发票，企业所有收入会被记为利润，并以此为依据来缴纳企业所得税①，市场和企业并不接受。若跨境电商出口产品价格中不能剔除出口退税这部分成本，价格优势就不能全面发挥。一些试点地区提出"免征不退"方案，即增值税不征收也不退还。该方案更适合增值税纳税合规并申请退税支持的公司，但事实上，业内大部分企业还不能做到完全合规，使得该方案中的中间物流商才是最直接受益者。"免征不退"目前还在部分试点地区进行试点，但因方案存在缺陷，已经试行的地区存在被随时叫停、整改、被追缴税款的风险。若不采用 9610 或 1210 方式出口，跨境电商零售出口就会将海量的包裹以行邮物品的方式向邮政交运，使得货物和个人物品的界限还不清晰；或者交由有资质的贸易公司按市场采购 1039 监管模式出口，再向其他国家的邮政交运，造成市场采购贸易出口数据亮眼的同时，对应的收汇数据和税收数据却不尽人意②。

二、海外仓 B2W2C（business to web to customer，"企业—网店—消费者"模式）的统计差异问题

海外仓原本是解决跨境电商国际物流问题而设置在海外的仓储系统，

---

① 国家税务总局于 2019 年 10 月 26 日出台跨境电商综试区零售出口企业所得税核定征收有关政策，规定跨境电商企业的应税所得率统一确定为 4%，从 2020 年 1 月 1 日起实施。

② 市场采购 1039 在技术层面上通过经营者与监管部门共用一套"市场采购贸易综合管理系统"已可以实现出口免征增值税，但核定征收并没有改变无票交易的账务处理问题。

而国际物流的改善使得跨境电商零售平台上的售后问题也得到了根本解决，从而海外仓能够得到跨境电商平台的大力推进。当前，很多跨境电商零售平台，如阿里速卖通等，都开始设置海外仓功能，并为其专门加贴专属标志予以推介。从通关视角来看，海外仓商品以大贸方式出口，可以走规范的出口退税流程，并无税收方面的难题。但是，其线下批量物流和线上零售的矛盾会给统计带来相关问题。首先，统计数量会存在差异。从海外仓的出口流程来看，其头程运输应纳入一般贸易的出口统计；而其销售统计的是海外客户的平台下单数量，若海外仓发货，则可以统计海外仓出货情况。可以说，只有海外仓商品完全销售出去，才会与该批海外仓出口的数据相吻合。若存在不断补仓的情况，则平台统计数据和实际出口数据存在差异就会是常态化的情况。其次，统计的价格会存在差异。一般贸易出口至海外仓的商品，会有一个出口定价格，从而确定该批出口商品的价值，但平台销售的价格必然高于申报出口的价格，且因运营海外仓会使用平台促销手段，平台价格也会出现波动情况，因此，实际出口价格和平台价格会出现差异性。最后，退货统计存在差异。海外仓产品若出现退货情况，存在货物重新返回国内的可能性，而平台的退货并不能反映货物返回国内的情况，使得企业海外仓显示实际库存的减少，海关数据则会虚增进出口额。可见，海外仓的纳入，在解决了跨境电商固有的物流和售后问题的同时，也对原有的进出口统计体系和管理产生新的问题。2020 年海关推出跨境电子商务出口海外仓 9810 监管模式，选择一些城市进行试点，目前，还未有试点城市对如何监管进行说明，该监管模式下所要求传输的相关电子数据会存在平台数据、通关数据和企业数据的不吻合，如何确认准确的数据会有一定的难度，使得相关部门难以掌握清楚海外仓的实时运营情况。

三、大贸 B2B（business to business，"企业—企业"模式）的分流统计问题

跨境电商零售交易模式兴起之前，大贸出口已经在应用阿里巴巴国际

站、中国制造网、环球资源网等跨境电子商务平台，但这些平台长期以来提供的是信息撮合服务，并不参与买卖双方的实际交易，外贸企业习惯于从平台上获得询盘，再将交易的实际磋商和履约放在线下进行，从而平台的出现并没有对进出口通关造成实质影响，外贸出口可以按照一般贸易0110通关监管模式进行。跨境电商零售平台的出现不仅改变平台的商业模式，也形成平台新的盈利模式，除了传统的店铺费和平台推广费之外，平台还可以按照成交金额的一定比例提取佣金，获得更为可观的收益。跨境电商大贸 B2B 平台也在积极引入平台佣金的新盈利模式，而新盈利模式则需要促进传统外贸交易的线上全流程化。以阿里巴巴国际站为例，为了促进传统外贸交易的线上全流程化，推出信保订单，并搭配使用一达通的供应链服务，通过比对订单、物流单和支付单，确定在线交易的精确数额，从而实现对服务佣金的收取。基于平台的这种线上化发展趋势，阿里巴巴国际站也开始将其列入跨境电商行列，所有的平台活动都开始命名为跨境电子商务，不再使用外贸平台的传统说法。但是，对于外贸企业而言，所有交易的线上化意味着企业的客户资源和数据都会被平台掌握，对于这种模式并不会完全使用，实际业务中会出现线上线下业务同时开展的情况。这种实际业务的发展状况则使得跨境电商交易额的统计必然会出现一些问题。按照跨境电子商务的定义来看，大贸 B2B 业务的全流程线上化应该属于跨境电子商务，而且将这部分数额纳入跨境电子商务的话，则跨境电子商务所统计的数字也会更加好看，当前一些非官方咨询机构给出的跨境电商数据有的就包括这部分。还有的只统计跨境电商零售，并不纳入这部分进行统计，使得各家数据出现十分不吻合的现象，降低了数据的可信度。而且，该类贸易仅仅是交易手段的改变，从实质上来看，仍应属于一般贸易的范畴，使得统计出现一般贸易和跨境电商交叉重合的现象。2020年6月，海关监管新增跨境电商企业对企业直接出口9710模式，就是要在试点地区探索大贸 B2B 的通关监管问题。此外，该模式通关一般交于一达通之类的中间服务商进行，一旦出现违规情况，还存在责任认定问题，是受托的中间服务商承担，还是委托的中小跨境电商承担，抑或是二者之间按照一定比例承担，也属于争论的焦点。

四、独立站的多主体问题

独立站就是具有独立域名的网站。在我国跨境电子商务领域，2019年因独立站呈爆发增长态势，被称为跨境电商独立站元年。对于跨境电子商务而言，独立站的发展可以让其脱离第三方平台的束缚，运营完全掌握在自己手中，数据自主可以保证数据安全和实现数据增值，避免受平台规则的制约，无须缴纳平台佣金或年费，从而获得更大的溢价空间。但是，独立站本身并没有流量，卖家需要自行推广解决，需要懂得海外社交媒体营销和搜索引擎优化，比使用第三方平台难度要大。虽然独立站目前在国内还不是主流，但当前的亚马逊大卖家很多都有自己的独立站。做独立站的跨境电商很多并非只运营独立站，往往选择独立站与平台店铺一起运营的做法，同步库存，甚至同步订单，实现二者之间的相互引流。这样的发展趋势使得做独立站的电商既有平台身份，也有卖家身份，若从企业角度来看，这只是企业出口业务的多元化，从企业整体进行监管、统计和规范都较为容易。但是，当前我国海关对跨境电商出口通关监管模式的细分使得这类跨境电商的业务出现分块监管的情况，混做的第三方平台不同则会被纳入9610或9710，独立站需要做到规模化时才能作为平台与各个监管部门进行数据对接，独立站初始时期的监管还是空白，这些都使得完整的企业数据在分类监管模式下出现数据分离和遗漏现象。此外，独立站的发展还出现了站群模式，即通过建站工具快速建立多个网站，所有网站都是独立运作的，可以打广告、测新款、做爆品，最终实现流量的转化。站群测款周期为15天，看数据表现决定是否继续投入，卖家往往只关注流量大小，如果不行，因投入成本低可以选择直接关店、换账号测其他款产品，往往忽视产品质量和用户体验，在给卖家带来高利润的同时，也对平台和用户造成伤害，收钱不发货、货不对版等现象此起彼伏，Google（谷歌）、Facebook（脸书）等流量平台、PayPal等支付平台，以及Shopify等建站平台都在加大查处力度，提高封号概率，肃清违规行为。粗暴打法的独立站站群模式影响了独立站的健康发展，还属于行业监管的盲区，行业监管重建生态势在必行。

五、多部门监管的效率问题

跨境电商单次购买的价值低、频次高、价格变化大、需求多样化、通关时效要求高，当其呈几何式增长时，对海关监管的挑战首当一冲。面对这些压力和难点，为适应跨境电子商务的发展需求，海关联合商务部、检验检疫局、税务总局等其他国家部门在积极进行监管方式创新，在顺势监管、智慧监管等理念下，不断摸索新模式和新措施，优化作业流程，改进管理方式，如设计清单申报方式来简化申报手续和方便通关；实行交易信息、支付信息和物流信息的申报数据对碰以提升通关速度；制定税收管理制度，如集中纳税、代扣代缴、税款担保等，以及退换货制度，在实现有效监管的前提下保证通关速度。多部门合作在通关便利化方面取得一定成绩的同时，单一口岸窗口管理体制和机制建设还不完善。2018年8月31日，《电子商务法》最终获得通过，跨境电子商务是其中之一的热点，表明我国已经成为全球领先的跨境电商市场和跨境电商规则的制定国。但是，《电子商务法》在跨境电子商务发展方面仅仅做了宏观的原则性和宣示性规定，在跨境电子商务及其进出境管理方面缺乏相关规定，监管规范作用有限，不能对实践操作起到指导性作用，实践中的问题依然十分突出。跨境电商平台很多都将业务拓展至订单之后，给销售的上架商品提供履约各环节的综合服务，而海关、检验检疫、工商、食药监督等相关行政部门的监管事务却没有如此综合，急需厘清各个部门监管的职责权限和边界，如跨境电商出口9610监管方式的政策由财政部、税务总局、商务部、海关总署联合制定，而市场采购贸易方式1039监管方式下，发展改革委、工商总局、外汇局也参与联合制定。不同监管方式下联合监管的部门也有大的变化，也给联合监管的高效和协调性造成了一些混乱。据统计，目前，我国政府共有海关、国家商检、国家税务、国家外汇管理局等 16 个以上的独立部门参与跨境电商管理，每个部门都有自己的数据库、监控系统和监管系统，缺乏沟通和分散管理导致相关监管效率低、成本高，亟待能够依托海关建立统一口径的监管和统计体系。

第二节　跨境电商产业园区的集聚困境

跨境电商产业园区或者以进口保税或进口直购为主，或者以大贸出口或零售出口为主，引入的有平台、批零电商、服务商等电商类企业，形成规模不等的集聚规模，还纳入政府有关部门的窗口服务，如海关、国检、国税、外管等，为园区内的跨境电商各项业务开展提供便利，从而实现园区闭合统一的跨境电商生态链。跨境电商产业园区只有各类跨境电子商务相关主体形成协同集聚的生态，园区才能够更好地整合资源，打造完整的跨境供应链，提供更多的供应链增值服务，从而解决跨境电商产业园区持续运营难题。但是，在建设过程中，各个地方普遍存在重硬件形象，轻软件配套；重招商，轻运营；重短期政绩，轻长远规划的情况，导致当前大部分跨境电商产业园区还没有形成协同集聚态势，园区在促进电商集聚方面有以下一些困境：

一、集聚步调不统一

跨境电商产业园区需要集聚几类相关主体，分别是跨境平台类电商、店铺运营类电商、店铺服务类电商（美工、营销、培训、代运营等）、流程服务类机构（物流、支付、金融、保险等）、公共服务类机构（工商、税务、商检、海关、外管等）。不同类别的主体集聚园区的先决条件就是其他类别的主体已集聚园区，能够为其业务开展提供便利。许多园区认为同时推进各类主体进驻园区难度较大，会选择推进一些主体，再以这些主体来吸引其他主体的进驻。对于大多数政府主导型的园区来说，引入跨境平台类电商和促进公共服务类机构进驻园区成为首选，引入跨境平台类电商可以彰显引资实力，推动公共服务类机构进驻园区对政府而言较为容易。对于跨境电商试点城市而言，能够吸引多类型的大电商平台入驻，可以包括综合型和垂直型跨境电商平台，B2B 和 B2C 类平台，满足其他电商的多元化发展需求，则能够形成集聚生态。但是，对于其他地市的园区而言，引入大的电商平台已实属不易，很难做到多元化，自然园区对其他主体的吸引力就会下降，无法形成集聚生态。

二、集聚门槛认识不同

当前，各个地市对于跨境电子商务发展的认识不同，在集聚电商主体的进驻上就会有不同的门槛设置。有的地市侧重于紧随国家政策，国家政策引导跨境电子商务向 B2B 出口大贸发展，则当地的跨境电商产业园区就主要引导当地的外贸企业入驻，以促进当地外贸线上转型发展，形成园区进驻的高门槛；有的地市能够捕捉到当前跨境电子商务的各项变革主要围绕跨境 B2C 商业模式展开，就会将跨境电商创新创业作为主要的突破口，园区主要吸引跨境电商类创新团队进驻，形成园区进驻的低门槛；有的地市认为跨境电子商务只是电子商务的分支而已，只要会运营电子商务，跨境只不过就是多了一些环节，只要是电商都可以入驻，形成园区的零门槛。门槛过高，一旦外贸企业选择线上窗口而非线下园区，则园区集聚大贸企业就会十分困难；门槛过低，一旦创业团队运营的商品品类脱离当地产业，园区发展就无法做到规模化；零门槛，容易使跨境电商产业园区无法做到专业化发展，或者套用国内淘宝系规则，带来跨境电子商务的不规范发展。

三、集聚收益不稳定

当前，跨境电商产业园区在促进电商集聚园区上通常采取一定的优惠政策，以租金来说，一般都会对办公场所的租赁设置免租金或减半租金的优惠政策，如入驻的前两年可以免收租金，第三年租金减半，之后的租金恢复正常。对于初期的园区而言，其较为稳定的收入来源则是租金，而能够实现免租金政策，主要得益于政府对园区的扶持。在开园的两年之内，如果园区不能形成规模集聚的话，不仅无法获得更多的增值收入，甚至这种租金收入也会相当不稳定。当前，如果外贸企业入驻跨境电商产业园区与不入驻园区差异化不大，如线上化外贸也可以通过平台窗口获得，则即使其入驻园区，也只是对政策进行观望，在免租金阶段就已经出现只挂牌不入驻的情况，在收取租金后企业则会退出园区。对于创业型的跨境电商，如果其运营产品与本地产业脱节，则这些电商具有迁徙性，即在园区红利到期后迁至其他优惠园区，从而降低其租金成本。

四、集聚红利减少

当前，许多地方政府对于跨境电商产业园区的建设不是大规模一蹴而就式的投资，而是分期进行的，园区项目可以分一期、二期、三期等。尽管在一期开园后，会向外界展示之后的发展规划，但是，今后如何执行以及是否给予持续优惠政策，还取决于一期项目的具体运营情况。为了能够尽早实现盈利，许多园区会引入市场化的公司运营，以增加园区的造血功能。但是，鉴于当前运作跨境电商产业园区的并不都是在跨境电子商务方面有优势的企业，普通的园区管理类或者电子商务类孵化公司在运作跨境电商产业园区上如果抓不到头绪，也会陷入运营困境。当前，已有一些专门的跨境电商产业园区在集聚电商企业上出现问题，导致其二期或三期的场地改建或者租用给其他项目使用，甚至一些一期工程为了维持正常运营，开始向综合型园区发展，也就是不再考虑专门做跨境电子商务，引入国内电商体系，甚至范围扩的更大，引入的还有文化电商、生活电商等，电竞游戏类也开始出现在园区，成为无所不包的"互联网＋"园区，实为红利减少后园区运营的无奈之举。

五、线上线下集聚矛盾

当前,许多跨境电商产业园区的建设中提到建设线上"单一窗口"综合类服务平台,也就是能够为跨境电商提供集报关、外检、退税、外汇、支付、物流等服务于一体的综合性信息平台。如果电子通关能够帮助企业足不出户办理相关业务,跨境电商平台能够促成本地企业线上物流和线上支付的使用,则这种发展十分有利于本地企业的平台线上集聚。若跨境电商产业园区也发展"单一窗口"的线下集聚,在园区设置各个相关部门的办理窗口,不仅重复设置效率低下,其人工成本也要大于线上。而对于致力于发展跨境 B2B 大贸的产业园区而言,没有了线下的"单一窗口",园区的特色也会降低不少。这种线下"单一窗口"和线上"单一窗口"的集聚矛盾,或者制约当地的跨境大数据建设,或者影响园区的集聚特色形成。此外,只依赖于一个大的跨境电商平台来做"单一窗口"的地方大数据平台建设,其结果就是地方大数据纳入电商平台的大数据体系,发展受制于平台。

六、服务集聚水平低

当前,跨境 B2C 的商业模式变革已经打造了一条长长的跨境供应链,即"数据分析—需求创新—采购制造—营销接单—跨境通关—物流仓储—渠道配送—售后服务",跨境电商产业园区的收入来源不只有园区的租赁收入,还可以通过提供跨境供应链的相关服务来获得。当前,许多跨境电商产业园区都只将重点放在了跨境通关环节,对于一些专门打造跨境 B2B 大贸的园区甚至都没有布局物流仓储,更别提在其他环节能够提供相应的优质服务。一些园区认为跨境供应链应该是电商企业自己打造的,园区更愿意将相关的供应链服务放在培训上,认为只要请人培训,企业的这些能力就会自然获得。但是,当前的跨境电子商务如果要做好,分工合作是必不可少的,如社交平台推送企业动态广告,仅靠电商企业自己来做是困难重重的。服务水平低下的同时，许多园区对培训却非常热衷，好一点的园区一般会请来行业大咖来进行指导，还有一些园区则希望自己学回来后来做相关培训，"半瓶子"的水平导致园区的相关培训也不是太成功。

第三节　海外仓的建设难题

跨境物流对于跨境电商的发展具有极大的推动作用，而海外仓作为跨境物流的重要基础配套设施，解决了跨境物流的痛点，其一出现就受到了各方的关注。我国作为跨境电商的领先者，在海外仓的建设上也十分积极主动。目前，中国企业在欧美以及一些新兴市场国家已经建设了一批海外仓。海外仓大概分三种，分别是平台海外仓、第三方海外仓以及自营海外仓，以及各个地方与各方海外仓合作所建设的公共海外仓。

一、海外仓的建设难点

海外仓的供应链发展需要经营海外仓的企业能够不断拓展海外仓的功能，但是，当前的海外仓发展还停留在终端仓储配送业务上，仅这一阶段的海外仓建设就存在不小的难度。

（一）不确定的税务风险

欧洲是我国跨境电商的主要目标市场，我国在英国、法国、德国等欧洲国家的海外仓布局也非常密集。自 2017 年始，针对跨境电商的税务漏洞，欧洲开始越盯越紧，掀起税务风波，如英国政府要求所有的海外仓企业从 2018 年 4 月起都必须在当地税务部门备案登记，须监督客户如实对存放在其仓库内的货物进行缴税，对未如实缴税问题负有连带责任。我国很多海外仓企业受到了较大的冲击，如受到跨境电商卖家税务问题的牵连，一些海外仓企业被德国当地税务部门直接查封，造成海外仓企业损失巨大，部分企业损失以千万计。与跨境远程直发的小包或专线发货模式相比，海外仓发货模式需要在境外设立实名注册登记的公司主体，其境外运作必须遵守当地税务的各项规定。当前，很多跨境电商卖家的境外税务不合规，使得为其进行境外清关和仓储物流的海外仓企业就不得不承担转嫁而来的税务风险。税务风险已经成为绑在大部分海外仓企业身上的不定时炸弹。

（二）重资产的投入模式

亚马逊为第三方商家有偿提供代发货体系（FBA），"仓储物流中心"已成为亚马逊 FBA 体系里最为重要的一环。2017 年，亚马逊对《纽约邮报》证实（2017 - 09 - 07）亚马逊投资一亿美元，在纽约市斯塔顿岛西岸建设了一个面积为 7.9 万平方米的仓储中心。截至 2018 年 9 月，已在全球设立的仓库或物流中心有 486 个，其中布局美国的 30 个州就有 299 个[①]。亚马逊的仓储建设标准很高，若海外仓以亚马逊的标准来建设，则规模化发展的成本将会非常高。要知道，近几年亚马逊海外仓运营成本高的难题也一直未解决。目前能够自建海外仓的电商卖家，基本上以大卖家为主，需要有相当的资本注入，许多电商大卖家的商业计划中已经开始包括海外仓的布局与建设，其融资计划的相当大一部分支出也是关于海外仓。细分来看，自建海外仓的电商大卖家通常只是将海外仓作为整个供应链的必备配套设施，运营海外仓能否盈利并非首要考虑的因素，而物流企业建设的第三方海外仓则必然将盈利能力作为关键因素，需要在成本、规模、效率三者之间寻求最优配置，通过不断投入成本以改善软硬件设施进而提高效率，通过适当的规模化来降低单位操作成本，从而实现持续的盈利和良性的现金流来支撑整个商业模式的运行。目前，市场上已有的的海外仓企业 90% 以上还在持续投入阶段，还没有开始盈利。

---

① 陈雷. 详析万亿"独角兽"亚马逊［R］. 川财证券，2018（10）：19.

（三）本土化的低端运作

目前，由于语言文化的差异，以及用工环境的不同，海外仓企业本土化运作面临的最直接瓶颈是用工难。和国内加班文化不一样，国外的劳动法规严格以及民众生活观念强烈，国外员工基本上没有加班这种意识和习惯。实际上，我国的海外仓企业海外招聘更多的是华人或外籍劳工。而现在能到国外去的华人，其家庭背景和经济实力都不会很差，即使给到仓库人员的月薪有 2 000～3 000 美元，也很少有年轻华人愿意去仓库搬货打包。本土化的海外仓也有很大比例是海外华人建立的，这些华人主要是出于移民拿绿卡目的需要进行一些商业投资，并非有物流仓储的从业经验。要知道，盈利能力强的海外仓，单纯地依靠收取仓储费用来赢利很有限，往往需要增加更多的增值服务，如贴换标、中转货、退货、维修等，需要更多的专业从业经验。这使得海外仓之间存在悬殊巨大的发展差距，不少海外仓没有实现系统软件更新和仓储自动化，还是初级作坊式的劳动密集型作业，成本高、效率低、服务能力差，处于货量不足的"吃不饱"阶段。

二、第三方海外仓的供应链发展困境

平台海外仓并不擅长物流服务，容易出现运费贵、退货麻烦等的问题，也因规模大难以管理；自建海外仓需要电商对整个跨境物流的过程都自己管理，建设成本高无法实现更广区域布仓，且达不到仓储空间的规模化发展。第三方物流较之于平台和电商企业而言，在海外仓的建设和运营中最具有优势。但在实际中，第三方物流海外仓的发展会受到各种因素滋扰，存在无法实现供应链发展的困境。

（一）延续货代思维

传统外贸中，国际货代接受外贸公司委托，负责货物通关外运的诸多事宜，并向外贸公司收取出运货物的各项费用以及按货值一定比例的代理费。由于出运费用十分透明，对于国际货代而言，只有从外贸公司处多揽货，才能获得更多的收益。当国际货代转型发展海外仓时，依照思维惯性，很容易延续这种货代盈利理念，并不注重海外仓的跨境供应链服务意识转变。为了多揽货，无论出口电商的什么货品，很多第三方物流都会无条件为其提供海外仓的代理服务，而且，越来越多的第三方物流还以免仓储费的优惠条件来激励出口电商大胆尝试海外仓。在这种情况下，出口电商往往无视海外仓的风险，将不适宜的货品发往海外仓，其中也不乏一些假冒仿牌货品，导致这些货品极易积压在海外仓。而且，很多第三方物流只将海外仓定位于物流仓储，并不干预免费仓储期间出口电商对于货品的管理，而一旦超出期限，则大幅提高仓储费用，并要求出口电商在缴清高额仓储费的情况下才可将货品退回国内，否则超过期限就作弃货处理，从而迫使出口电商为高额仓储费埋单。看似无论出口电商是否能够通过海外仓而盈利，第三方物流都能无风险获利，甚至货品积压还可弥补前期仓储成本，但是，这种货代发展思路也导致出口电商对海外仓的体验度下降，海外仓声誉下降和市场缩小，对于跨境供应链的影响不仅不会变大，还会越来越小。

（二）陷入扩张竞争

第三方物流在海外仓建设中，往往会面临两种方案，一种是沿着物流仓储的发展思路全球布仓，建设通达全球的仓储网络；另一种是沿着供应链管理的发展思路不断拓展服务功能，最终成为若干条供应链的主导。第一种方案往往容易胜出，原因有三点：一是第三方物流是在国际邮政和国际快递的夹缝中生存，当前这两大物流系统已形成全球化的网络体系，使得第三方物流也对海外仓网络的全球扩张充满期待；二是只有选择全球布仓，才可以将更多出口电商的所有海外仓业务纳入旗下，且容易维护与出口电商之间的客户关系；三是海外仓建设中，仓库的兴建相对容易，出于抢占市场的竞争考虑，很多第三方物流会选择先搭台子，而暂时忽略内在品质的提升。第三方物流全球布仓的规模化发展成本非常高，减少建仓成本压力就只能发展低层次海外仓。加之，海外仓正处于快速发展阶段，并没有成熟的标准，且出口电商对于海外仓的良莠识别有限，助长了这种低端化的发展趋向。然而，低端化的海外仓扩张，行业竞争的焦点在于有限服务的资费水平，降费或免费成为必然，使得成本问题更为棘手，而继续降低成本则会影响现有服务的提供，从而海外仓的发展陷入恶性循环。

（三）丧失合作主导

当前的第三方物流海外仓建设有两种情况：一种是我国的第三方物流"走出去"兴建或租赁海外仓，并与国外的第三方物流就某些方面积极进行合作；另一种是国外的海外仓积极寻求国内第三方物流的帮助，为其海外仓进行揽货。在实际的海外仓建设中，选择帮助国外海外仓揽货的第三方物流越来越多。原因显而易见，选择接受合作，第三方物流既无成本压力，又可免除海外麻烦，还能够迅速建立起全球仓储网络，较之于事事亲为的自建海外仓方式，可谓省事很多。如果仅从跨境供应链的通畅性来看，无论哪种情况都需要中外物流的相互合作，两种情况无可厚非。但是，若从跨境供应链的宏观战略来看，二者却具有截然不同的效果。我国第三方物流的海外仓是跨境零售出口这种新型供应链的新发展，促进的是以我国为主导的全球供应链的稳定性，而国外第三方物流的海外仓只会让直邮模式下有望夺回的供应链主导权重新回到海外贸易中介手中，其实质只是促进了海外贸易中介从控制销售渠道到控制跨境物流渠道的角色转变。可以说，任由第二种情况发展，实现的是新型跨境供应链的完全逆发展，也就是将创新的跨境零售出口也变成受海外控制的传统供应链。到那时，海外仓对我国而言，真的就只是一种仓储形式，将毫无战略意义而言。

（四）回流国际专线

在海外仓发展的同时，其他物流方式的变革也一直没有停止。无论是国际小包还是国际快递，如果选择与更多的第三方物流合作来开发国际专线，增强其揽货能力，就能稳定其在固定航线的包机量，实现时间和成本的双降低。以美国专线为例，如果航线稳定和配合密切的话，原本 10 ~ 30 天的发货时间可以缩短至 3 ~ 7 天，可以极大地缩小与海外仓的时间区分度。当前，国际专线在几方的推动下也具有很大的热度。甚至，为了抢占海外仓的市场，一些第三方物流在国际专线上还推出了"虚拟海外仓"服务。虚拟海外仓不存在真实的海外仓，只是存在一个代理人，在目的国接到头程发货后，将显示头程出货信息的大包装拆除，将事先已加帖好海外仓出货标签的小包装货品迅速与国内邮政或快递对接。万一出现退货问题，只是找个地方存放货品，并不需要标准化的仓库，因而即使产生仓储费，也不会很多。之所以这种国际专线被称为海外仓，是因其加帖的海外仓出货标签能够让消费者误以为真的是海外仓发货。虚拟海外仓具有海外仓的优势，还能做到比海外仓费用便宜，而且，一旦出现纠纷，影响的是海外仓的发展而非国际专线。在权衡海外仓和国际专线的发展难度后，很多已做海外仓的第三方物流纷纷回流国际专线业务。然而，虚拟海外仓毕竟是对海外消费者的一种虚假欺骗，一旦被发现，导致的是新型跨境供应链的萎缩而非壮大。

三、公共海外仓的升级困境

当前，海外仓可以自发建设，也可以由政府推动建设，自发建设的海外仓多数是为满足个体闭环发展的需要，如很多电商平台或者大的电商企业自建的海外仓。政府也在推动建设海外仓，这类海外仓一般被称为公共海外仓，主要促进海外仓企业将自建的海外仓拿出一部分空间来满足本地其他企业海外仓使用的需求，可以为本地不同产业内的企业提供海外仓服务，从而也带有很明显的地理属性，具有汇聚本地更多产业和产品的功能，是本地产业的境外集聚。

（一）公共海外仓升级的必然性

公共海外仓需要发挥海外仓"前展后仓"的功能。海外仓的出现是为了解决跨境电商 B2C 出口的物流问题，但是，如果只是解决物流问题，则具有地域特征的集聚形态就毫无意义，因为海外仓需要在更广的范围内来发展客户才能够达到海外仓的规模效应，也就是说，平台和物流都可以超出地理界限在更广区域揽货，海外仓使用的效率会更高，仅从物流和客户体验角度来看，并没有必要设立本地属性的海外仓。而当海外仓和海外体验店、展览馆合为一体，拓展海外仓的销售功能时，海外仓就需要具有品牌效应或者主题效应的集聚形态，否则所谓的"前店后仓"就只是一个杂货店形式，海外营销的效果不会很好。也就是说，"前店后仓"的海外仓模式是需要货品展示具有一些共同属性的，大型跨境电商可以围绕其品牌和子品牌系列来做线下推广，而其他电商可以突出区域特征实现"抱团出海"，联合本地更多的电商进行产品的线下推广。公共海外仓适应了这种需求，原因在于公共海外仓具有地方属性。这种公共海外仓可以集聚本土同一产业的产品，打造专门展销，突出本土的优势产业，也可以集聚本区域多个产业的产品，打造综合展销，突出本土产业的多样性，其又积极向展销功能拓展，则实现了地理品牌和企业品牌的互促发展。

（二）公共海外仓入园发展的重要性

地方对于公共海外仓的建设不仅仅是认定、补贴或资助，加强对公共海外仓的管理，引导其升级发展则是关键。海外仓进入跨境电商产业园区发展，不仅能够解决产业园区凝聚力不强的问题，也能够促使地方集聚多方资源对海外仓的战略升级进行集中发力。一方面，海外仓入园会对电商企业集聚产生吸引力。海外仓的使用创新出跨境电商 B2B2C（business to business to customer，"企业—企业—消费者"模式）的新模式，对于大贸企业来说，用海外仓来发展海外零售可与小微电商区分，而对于跨境电商的创新创业者来说，也是摆脱零碎业务、实现规模化的有效尝试。但是，海外仓的操作较为复杂，需要更为专业的供应链管理，如运营好海外仓，需要应用 ERP 企业资源计划、WMS 仓库管理系统、TMS 运输管理系统等多种信息系统，需要及时了解各个平台的海外仓优惠政策和发货要求，需要掌握各个国家的税费信息，需要能够准确计算海外仓的各种费用，需要及时掌握海外仓的动态变化，跨境电商产业园区引入海外仓的服务功能十分必需。如果海外仓入园能够发挥咨询指导的话，切实帮助电商企业解决海外仓选择与运营难题，则可以吸引两个方面的主体进入，实现跨境电商B2B和B2C业务的交叉。另一方面，园区可以依托网络设立海外仓三维立体展馆和大数据中心，与各个海外仓线下展馆实时联网，数据同步，清晰再现海外布展情况。这种实时传递海外仓信息的做法，可以帮助同产业企业设计专业展馆，实现"抱团出海"，鼓励布展企业随时随地进行海外营销分析，对海外消费者的消费行为进行分析，碰撞思想火花，促进产品创新。与此同时，也可与地方政府关、检、税、汇等官方平台以及物流、仓储、金融、保险等第三方服务平台的数据互换，建设业务数据对接体系、统计监管体系、网络安全防范体系、信用评估体系等，促进电商企业的互相监督，互相尊重知识产权，鼓励自主创新，降低企业间恶性竞争，促进企业向创新、品牌要效益的转变，实现跨境电商企业的高质量发展。

（三）园区建设公共海外仓的问题

从建设主体来看，公共海外仓可以分为物流型、贸易型和平台型三类。物流型公共海外仓侧重于提高物流时效和降低运费，贸易型公共海外仓致力于线下销货和实现B端采购体验，平台型公共海外仓专注于实现良好的C端用户体验。地方对于公共海外仓的探索主体则主要为地方性的物流企业和转型做服务的贸易公司，多为"一司一仓"，如果出于自用之外租出剩余空间用于海外存储服务，按照这种思路往往海外仓的规模普遍不大，能够升级发展的也会寥寥无几，无法真正实现海外仓的集聚效应。一些地方也选择和大平台、大物流合作建设公共海外仓，但地方战略和平台战略或者物流战略会出现一些冲突，导致地方资助建设的公共海外仓仅仅能够满足当地企业发展海外仓模式的需要，并没有地方集聚发展的态势。可以说，跨境电商产业园区布局公共海外仓，虽然建设特色明显，但也存在很多问题。

1. 资金问题

当前，绝大多数的跨境电商产业园区还处于初创期，前期的开发阶段主要依靠政府投入启动资金、融资担保和政策扶持进行建设，目前的盈利主要来自基础设施的租售收入和生活型服务的间接收入，能为跨境电商提供直接服务的增值收入还很少。如果跨境电商产业园区进行海外仓建设，必然要发展"前展后仓"模式，比纯粹的物流仓储系统建设的资金投入更多，而具有档次或规模的海外仓投资能够达到上千万美元。虽然可以申请公共海外仓项目得到相关的补助，但多数省市的补贴在几十万元到上百万元不等，补贴一般也不超过总投资的一半，且有最高封顶，如福建省2017的补助标准为按新增实际投资额的40%给予补助，且单个企业最高补助为300万元。这意味着海外仓建设的大部分资金还需由园区自身承担，在跨境电商产业园区普遍缺少造血功能的情况下，运作海外仓项目确实存在大的资金风险。

2. 市场问题

园区的海外仓建设重在将海外仓功能延伸至展厅、体验店、展销中心等，不能单纯追求数量的多少，因而海外仓的市场选择就显得格外重要，一旦市场选择有误，就会形成市场风险。这种市场选择必然是群内卖家普遍接受的海外地区，与块状经济所形成的单一产业集群不同的是，跨境电商产业集群更多集合了地区的诸多产业，而诸多产业中，无论是大贸企业，还是小卖家，其在致力于全球市场开拓的同时，也会存在不同的主流市场，即有的致力于开拓成熟的欧美市场，有的挑战具有潜力的新兴市场，存在众口难调的市场选择局面。即使群内企业达成一致，如选择成熟的欧美市场进行海外仓建设，则会面对当前多个省市扎堆海外热门地区建仓的竞争状况，不仅存在资源的浪费，还容易引起海外当地的反感，使得各个海外仓的市场风险陡然上升。

3. 运营问题

跨境电商产业园区即使在海外建仓成功，接下来的运营风险也不能小觑。尽管越来越多的跨境电商认识到海外仓发展的重要性，但海外仓运营的复杂性还是让很多电商止步不前。仅从海外仓的物流仓储费用来看，主要包括头程物流费、清关及税费、仓储及处理费和本地配送费。以预测头程运输费用为例，可选择的运输方式有客机行李托运、普货空运、商业快递和海运拼箱。使用何种头程取决于运输数量，运输数量取决于库存计划数量，与能否按期销货有关，而按期销货又与平台促销有关，平台促销则会产生成本费用，而且，根据销货速度快慢还需选择不同的运送时间，其费用也会有所不同。若考虑海外仓的展销功能，其费用计算就更为复杂。如果园区只提供海外仓的选择，并不能帮助群内电商解决诸多运营难题的话，这些难题就会增大园区的海外仓运营风险，即无法保证海外仓的使用率。

4. 信息问题

海外仓的增值服务很多，如入境清关、投保报税、进出库作业、仓储加工、本地派送、售后服务、线下展销等，但要保证各项服务的顺利进行，其信息化要求的程度也很高。当前，海外仓的信息化建设主要在物流仓储环节，通过 ERP（企业资源计划）、WMS（仓库管理系统）和 TMS（运输管理系统）基本解决整个跨境物流的信息畅通，但信息障碍依然存在，如系统之间还需要实现平台、电商和服务商之间的信息共享，否则影响其稳定性、规范性和衔接性；系统管理还未实现信息化的全流程覆盖，如当前进口清关、保险、本土化经营和税费合规等环节还存在信息不畅或滞后的情况。此外，园区实现海外线下展销，信息化建设还需集成海外消费体验者的大数据分析，能否对这类信息进行有效利用和加工决定着公共海外仓是否走得通、走得远。

第四节　外贸电商的认识局限性

一些外贸企业因长期以来所形成的思维惯性和出口模式，并不能深刻领会国家跨境电商战略的价值链发展意图，对于要不要发展跨境电子商务，以及如何发展跨境电子商务，都存在认识的一些局限性。

一、传统外贸转型发展跨境电子商务的动力不足

一些外贸企业认为传统外贸与跨境电子商务有所不同，两类业务各自具有适用的空间。一是二者发展方向不同。其认为外贸基本模式是企业对企业的 B2B 方向，主要是推动商业贸易合作的达成，以及稳定现有客户资源的支持，在其跨境电商运营过程中，新客户开发和老客户维护主要靠外贸开发信或者社交平台互动交流，即使使用跨境电商平台，也只是起信息流的作用，即发布各种积极的干货信息吸引客户加盟；跨境电子商务的主流贸易模式是企业对个人的 B2C 方向，讲究业绩与利润空间的提升操作，更加侧重于商品销售，走的是商品流，电商企业通过第三方平台或者自建站等渠道，发布商品信息的目的是为完成整个的商品交易。二是二者关注内容不同。外贸业务的交易规模较大，一般都是大宗货物贸易，总体利润值较大，外贸企业在履约环节较为关注到货时间、运输安全和符合合同要求，而在进出口环节是否节约时间与成本上并不会显著考虑优化；跨境电子商务多是直接交易，总体利润水平受销量大小和成本控制影响，运输时间及工具选择都是影响成本的重要因素，为提升店铺的总体利润水平，电商会采取积极措施优化运输时间，尽可能选择高性价比的货物运输方式，尽量降低成本和提升效率。三是在线交易方式的不同，外贸交易方式主要为线下交易，线上侧重于与客户的接触与商谈，合作中的一些临时问题基本上通过邮件或者电话联系的方式来搞定，贸易合作的重点事项则通过线下接触谈妥，订单达成和履约都通过私下沟通方式来解决，交易并不上传至第三方支付平台；跨境电商交易主要通过线上方式来实现，从商品重要信息的咨询以及整个贸易订单的顺利达成和履约，都以在线方式来完成。一些外贸企业常年做出口大贸，有些看不上甚至瞧不起 B2C，不愿委身进入该领域，也因跨境电子商务需要精通互联网运营，较之于传统大贸的贴牌订单生意要复杂得多。对于这些外贸企业来说，只要能够守住大

客户，就不缺订单，并没有转型做跨境电子商务的动力和危机意识。

二、将跨境 B2B 交易的线上化视为跨境电子商务

信息撮合是跨境电商 B2B 平台的基本功能，平台多采用会员制的盈利模式。跨境电商 B2C 的兴起，使得单笔交易抽取佣金的盈利模式开始盛行，且因这种模式能够掌握每笔交易的具体情况，有助于形成交易的大数据，从而更受平台欢迎。传统外贸 B2B 平台积极进行模式转变，如阿里巴巴国际站，通过信保订单和一达通贸易综合服务，促进原本线下化的交易流程的线上化发展。由于交易也实现了线上化的全流程操作，阿里巴巴将此也称为跨境电子商务。这种跨境电子商务的发展，对于电商平台来说可谓益处多多，但对于外贸企业来说，如果其原本线下进行的物流和支付已形成一定的合作对象，现在只是交付给阿里一达通来整合线上服务商，其业务实力较之于以前的接单并没有什么不同。当前，阿里巴巴为了推进其交易的线上化，一般采取与地方政府合作的方式进行，推进一达通在地方的落地。对于地方政府而言，"互联网＋外贸"是在贸易各环节实现信息技术和互联网大数据的全方位应用，能够提升外贸的整体效率，与阿里的合作能够充分体现到这一点。地方政府能够充分利用阿里巴巴的网络、技术、人才优势，为本地企业带来更多外贸补贴和信用贷款政策，帮助地方发展跨境电商生态圈和产业带，有助于地方跨境电商示范基地的打造，其也非常乐意进行合作。在平台和地方政府的双向推动下，很多外贸企业也将其原本就在的阿里巴巴国际站业务称为跨境电子商务的发展。如果仅仅将使用信保订单和一达通的供应链综合服务作为跨境电子商务的发展，其改变的只是供给端的效率，并没有触及任何的海外消费端变化。跨境电商之所以备受重视，原因在于通过跨境零售可以触及海外终端的消费者，能够掌握消费的前沿数据，从而对整个的供应链和价值链产生影响。若只是将跨境电商 B2B 平台的交易线上化作为其跨境电商发展的努力方向，从价值链的角度来看，其价值增值极为有限，且并不能对原本的价值

链升级目标产生大的影响。

三、以传统思维来做跨境电商业务

越来越多的外贸企业开始重视跨境电子商务的转型发展，在原本的外贸部门之外增设跨境电商部门，从而形成外贸部门负责 B 端业务、跨境电商部门负责 C 端业务的新格局。对于 C 端业务，外贸企业普遍缺乏对电商团队的驾驭能力，习惯用管理外贸公司的方式管理电商团队，将传统的商业逻辑直接运用到跨境电商运营之中。首先，将电商团队做成销售团队，而不是学习团队。每个人都忙于眼前指标，没有人去学习技术的变化，没有经验知识化、知识团队化，一旦做出成绩则吃老本，没有学习研究新知识的动力。其次，外贸传统销售思维中没有添加电商营销新元素。传统外贸企业认为其优势在于产品质量，一直以来都是单一地为一些品牌打磨好产品，做的大多数都是按单生产和销售，只需提供客户满意的产品和周到的服务即可，无须任何营销技巧。但随着跨境电子商务的发展，电商卖家越来越需要直面海外终端消费者，需要借助营销把产品推送到零散的消费者面前。再次，认为做电商就是引流量，打好广告就行。做跨境电商的产品一定要找到一个细分目标市场去深挖，分析行业、分析国外市场的需求和线上消费习惯必不可少，需要找到用户的需求点与痛点去研发与推出新的产品。跨境电子商务需要广告进行站内外引流，但盲目烧广告，不重视引流的转化率和收益率，没有意识去进行数据收集，广告的效果也不会好。最后，没有打通 B 端和 C 端业务，造成两头烧钱。一些企业运营跨境电商业务就是开通平台，让不同的部门或团队运营不同的平台，由于对平台的依附性较强，使得部门或团队之间的业务没有交叉点，数据也得不到共享。对于外贸企业而言，无论是 B 端业务还是 C 端业务，除了平台运营之外，站外引流也必不可少，此外，随着平台垄断性的增强，外贸企业独立站的发展形势也愈加明显，都说明外贸企业内部打通 B 端和 C 端业务，共同促进产品销售大数据的生成和使用，以此来促进产品的升级换代和品牌建设，才能以最大的潜力去挖掘跨境电子商务的发展价值。

第五节　国内电商的跨境运营误区

　　跨境电子商务属于轻资产的新兴行业，使得实力或有不足的中小企业也能够有机会借由跨境电商方式参与国际贸易。这类国内电商对于跨境电商的理解就是跨境零售 C 端业务，认为电商的运营理论一样，运营模式大同小异，习惯将国内 C 端运营思路运用在跨境 C 端上，对跨境电商的发展带来一些不好的影响。

一、运营照搬国内

　　平台运营是将产品、包装、设计、推广、价格、促销、流量、文案、客服、详情、活动等整合在一起的项目，达到店铺诊断、策略制定、资源协调和推进执行的目的。跨境电商平台一般产品简约化，要求产品描述完善，注重买卖双方的信息匹配，单一产品页面不需支付任何推广费用即可增加产品和店铺的曝光度。国内电商平台上所体现的商家运营能力有限，通过无货源模式，商家可以把批发平台上所采购的商品信息完全照搬到淘宝或者天猫平台上，使得电商平台上商品同质化现象较为严重，不可避免会造成刷单等商家之间的恶性竞争；存在夸大和美工特效的情况，增加了不必要的售后麻烦；产权意识比较薄弱，平台上充斥大量的无品牌、质量不高的商品和假货仿品，产品页面也有大量盗图现象；平台的流量分配方式众多，各种推广费用使得运营成本越来越高，电商卖家烧钱买商品展位越来越普遍。我国的跨境电商平台发展之初，采取的是迎合国内电商跨境发展需求的路径，进入门槛较低，平台监管不严，使得跨境电商平台一度也充斥着国内电商平台一样的问题。虽然这类跨境电商平台开始不断变化规则来加大对于不良电商的规范力度，但国内跨境电商平台上的国内电商运营思维并没有完全消失。

二、延续国内低价竞争

对于 C 端平台来说，跨境电商 B2C 模式大大降低了国际贸易产品价格中的中间成本，因中间环节被弱化或替代，原本被贸易商、进口商、批发商分得的收益被很大程度转移出去，一部分可以增加供给端生产或运营主体的利润，另一部分则以价格优惠方式让消费者获得福利，有利于中国制造实现利润回归。当前，我国国内的制造业成本仍然较低，供应商体系已成熟起来，加上汇率差，国内产品在欧美市场上有相当的优势。越来越多的国内电商开始将视野扩展至国际市场，正是由于巨大的利润差在其中，一些国内电商借助先机和国家的支持政策反攻成功，使得其他国内电商也开始跟风做跨境电子商务。原本利润空间很大，电商都能分得一杯羹，但跨境电子商务的进入门槛低，货源公开和价格透明使得电商卖家之间的竞争加剧，从全球免邮到比价盛行，卖家原本丰厚的利润在不断削弱。随着进入跨境电商领域的国内电商的增多，跟卖竞价成为风气，导致很多爆款产品的价格直线下降，将本是蓝海的跨境电商逐渐变成和国内一样恶性竞争的红海战场。

三、滞于小打小闹

跨境电子商务在降低流通成本、减少流通环节、拉近与国外消费者的距离等方面具有明显的优势。跨境电商交易主体已遍及全球各个角落，因存在迥异不同的消费习惯、文化心理和生活习俗，跨境电商复杂性远远超出国内电商，需要电商卖家更加深入了解各国的流量引入方式、营销推广偏好、消费者行为、国际品牌建设等情况。在中国经济转型的背景下，中国制造的成本在日益增加，全球制造中心在不断转移，中国产品优势在逐渐缩小，跨境电商只有向中国优质制造业和中国品牌转型升级才有更好出路，因此，跨境电子商务的转型升级势在必行。此外，国内电商做跨境采用与国内类似的方式，以快递的方式将货物送达消费者，并不走传统外贸海关通关、检验检疫、外汇结算、出口退税、进口征税等环节。对于 C 端的国内电商深知其短板所在，从国内市场拿货方式使之并无自有品牌优势，国内化的品牌思维也使之并不胜任国际品牌的建设，且其并不精通外贸进出口流程，并无发展一般贸易的规划，因此，国内电商中的创业者做大产品品牌、走 B 端发展的少之又少，更多的是来自有实力、传统品牌和零售商的积极参与，还是需要靠有实力、懂产品的传统企业的觉醒。

四、误区导致的影响

一是引发贸易保护。越来越多的国家日益感觉到跨境电子商务增长的冲击力对本国零售业乃至整个经济开始产生不可忽略的影响，迫使其采取更加激烈的保护性或救济性政策。即使是处于强势、零售业发达而且实力雄厚的欧美地区，对于来自我国的跨境电商产品也越来越不友好，导致其国内零售商的抗议举动，推动政府出台制裁海外跨境电商产品的举措。一方面关税逐步增加。小额外贸避税方式主要有假借样品或广告品邮寄商品，或者利用个人物品邮寄来获得邮政免税待遇。跨境零售业务规模发展到一定程度就必然对各国海关的税收收入造成巨大影响。各个国家对跨境电商意见是不统一的，主要是因为自由港和低关税国家（或地区）不以海关税收为主要收入，而以海关税收为主要财政收入的国家因影响甚大，其在跨境电商政策上的制约措施也趋于严格，导致我国电商卖家在这些国家的推广阻力在加大。此外，跨境电子商务的各国商检政策也在不断调整。对于小额外贸而言，一般不能承受商检费用，非必要则不做商检；对于个人邮寄物品而言，相关政策宽松，不像传统外贸那样在进出口环节设置有严格的检疫检验要求。可以说，跨境电子商务通过这些方式出口的产品，如跨境较为敏感的儿童玩具、母婴用品、食品、动植物产品等，质量并不能得到保证，必然也会给消费者带来各种隐忧，导致各国对跨境电子商务持谨慎态度。可以说，各国对不同品类商品的跨境监管政策和监管力度会随时作出调整，给跨境电子商务的发展带来很多不确定的风险。

二是带来通关难题。国内电商发展跨境电商零售必然带来邮政小包业务的激增，需要相关国家都积极更新海关基础设施，提高邮包处理和分拣能力，还需修改相关邮包监管条例和便利化通关政策，以及增加必要人手予以配合执行。仅靠邮政小包之路，可能会产生各种问题。目前，我国关于直邮进出口的通关问题，就是借助于试点城市先行先试，并由相关部门联合进行，且借助于发达的电子信息系统才得以实现"秒通关"，即使是这样，也因为业务量远远大于通关限度，使得跨境零售必然要走规模化报关的新路径。目前，很多国家财政状况并不是很好，比如俄罗斯和非洲国家，由于资金缺乏，对改善跨境电商零售并不是特别热心。此外，各国海关在监管、商检、税收等方面还未达成可操作的一致共识，这也是对跨境电商通关造成阻碍的重要原因。各国具体管理细则各不相同，很多还沿用传统贸易监管方式来进行管理，直邮出口的货物是否能够顺利通关具有很大的不确定性。改善这一问题并非一国之举可以解决，需要各国之间进行配合和共同推进。

第九章

持续推进我国跨境
电子商务发展的政策建议

我国跨境电子商务在战略层面已经形成全球价值链的重塑框架，且随着跨境电商试点城市和综合试验区在各省区市的普及，较之于之前少数区域的先行先试和逐步推广，目前的跨境电子商务发展已经进入到各区域和微观主体公平竞争和创新发展的新阶段。国家层面、区域层面和企业层面应全面推动跨境电子商务的系统发展，实现跨境电商重塑全球价值链的新贸易格局。

第一节 国家层面引导规范发展跨境电子商务

跨境电子商务作为新生事物，我国在发展初期采取"实践在先、规范在后"的发展策略，允许跨境电子商务的创新发展，对发展过程中的试错举措具有包容性，但也及时进行纠偏，实现发展中的逐步规范，形成跨境电子商务发展的良好生态。

一、推进跨境电商监管制度的建设

《电子商务法》中已有跨境电子商务的相关规定，但只是原则性的框架，可操作性不强，导致实践中的很多难题还无法得到根本解决。今后的发展，跨境电商必然需要政府大力监管和引导，以及及时跟进完善相关监管措施。

（一）各部门完善监管

跨境电子商务较之于国内电子商务，在税务管理、知识产权保护、数据安全、市场监管等方面的涉及面更广，也存在通关、结汇、检验检疫等更多的监管环节，既要遵守进出口监管的法律法规，也要履行消费者权益保护的义务，需要海关、检验检疫、工商、商务等各部门给出针对性的监管方案。

1. 海关部门的跨境电商监管

海关监管的完善有助于其他部门监管的开展，海关应继续加强监管方面的改革创新。根据跨境电商模式的不断创新，海关应及时设计与之匹配的分类监管方式，如目前对跨境电商一般进出口、特殊区域进出口、企业对企业直接出口、出口海外仓实施的分类监管，今后还应试点进行独立站的监管，以顺应电商多元化经营的发展需要。为提高海关的通关检查效率，应探索各类监管模式下的简化申报、定期汇总、征税退税等方式以满足低价高频通关的需求，实行交易数据、支付数据和物流数据的申报信息比对管理，实现精准监管；应探索跨境电商企业信用评估的专业体系构建，进行长期的数据收集、监管和分析，并对高信用等级企业实行抽查、快速放验的优惠措施；海关电子管理系统应全面纳入跨境电商的货源信息，也将 C 类快件①纳入货物的通关管理，做到对进出口货物的全面跟踪与溯源；解决税收征管问题，统一确定完税价格和不同通关渠道税负，完善税款担保、集中纳税、代扣代缴等税收管理制度，方便电商企业合理规范缴税；在走通跨境电商零售出口退换货流程之后，及时总结各试点地区的做法形成规范模式进行推广应用。此外，海关应积极整合零散的监管规

---

① C 类快件是低值货物类进出境快件，价值在 5 000 元人民币（不包括运费、保险、杂费等）及以下，不包括受许可证件管制的，以及需要办理出口退税、出口收汇或者进口付汇的货物。新快件系统中还有 A 类快件和 B 类快件，分别适用于文件类进出境和个人物品类进出境。

定，提供标准化的现场执法操作流程，对执法做到有章可循，进而上升至有法可依。

2. 检验检疫部门的跨境电商监管

对通过跨境电商进出境的货物，应明确检验检疫部门的相关职责，如质量安全监督、动植物检疫、国境卫生检疫等。一是实行特殊商品的强制性检验制度，主要涉及动植物疫情或人类传染病传播风险较高的商品；二是实施抽查监督管理制度，经分析被确认为风险较高的商品，即使有第三方合格检测报告，检验检疫部门也可以采取抽检方式实施验证和监督管理；三是实行源头追溯制度，进口电商需要提供商品的原产地证明；四是实施风险管理制度，检验检疫部门应评估和确定商品的风险等级，根据风险评估因素，如监督抽查、消费者投诉等，实施风险管理，发布风险预警；五是实施分类入境管理制度，入境风险较高的商品明确入境条件，一般风险产品允许自由进出境；六是根据监管情况，对电商企业实施诚信管理。

3. 工商部门的跨境电商监管

工商部门应加强管理经营主体的规范经营和经营商品的规范准入。一是积极落实网店实名制，对个人跨境交易的网店进行登记试点，鼓励其进行实名登记；二是推进跨境经营主体的电子标识，实施备案管理制度，完善信息数据库，突出质量安全主体责任；三是积极进行网络抽查和实地抽查，监管商品质量安全风险，依法打击跨境交易非法主体网站；四是分类管理商品，对禁止销售、限制销售和自由销售的商品采取不同的管理，探索禁售商品负面清单制度；五是加强入境商品的商标查验力度，及时检索商标在中国注册的情况，有效规避侵权风险。

4. 商务部门的跨境电商监管

商务部门应对其监管要求进行完善和细化，在跨境商品质量安全方面强化监管和防控风险，明确各参与方的责任，如政府部门、跨境电商平台、跨境电商企业、跨境电商服务商等，推进跨境电商示范产业园区和高质量公共海外仓建设，推进跨境电商零售进口的试点范围，适用"简化归类和清单验放"，落实企业所得税的核定征收办法，维护公平竞争的市场秩序，保障消费者的权益。

（二）各部门推进联合执法

当前，各试点地区的监管主要实行的是"谁执法谁普法"原则，一般是执法部门各自组织法律讲座、政策宣传等活动，以及通过常态化沟通，让跨境电商从业人员了解"应该怎么做"，以及"做到哪种程度"。各个部门为促进监管都会加强信息化建设，建立有跨境电商信息数据库。但是，由于跨境电商已形成新业态和新模式，监管部门的增多导致单一执法烦琐且效率低下。在各部门已形成监管模块的基础上，加强各模块的联合执法则具有更大意义。首先，应建立以海关为中心、其他部门联系配合的联合管理机制。多部门监管需要有牵头部门，在探索跨境电商监管上，海关跨境电商监管的货物信息、交易信息和物流信息的"三单"信息可以形成较为全面和系统的信息库，可以为其他部门核查提供帮助，其他部门则可以为海关提供信息的真实性核对，从而提升联网核查的效率。其次，应形成常态化的联合监管体系。需要对各部门以及多部门发布的相关文件以及执法情况进行汇总和整理，形成脉络清晰的常态化多部门执法操作指南，为各部门的具体执法提供依据，并对执法空白问题加强部门联合研讨和方案执行。最后，应进行各部门信息之间的共享。对各部门的数据信息统一口径，实现信息可以互换和全程电子化，从而达到监管互认和执法互助，探索实施差异化监管和服务，实现扶优扶强的联合优待和违法违规的联合惩戒。

（三）国家立法及时跟进

跨境电子商务目前的立法主要是公告、决定等部门规章的形式，立法层次低且较为杂乱，应在国务院行政法规层面上统领全局，出台完整的监管政策法规，对跨境电商进行顶层设计，解决监管中的实际问题。跨境电子商务的立法较为复杂，《电子商务法》一稿中跨境电商独立成章，但最终立法只保留了电子商务经营主体、交易合同、电子支付、争端解决 4 条原则性条款。对于跨境电子商务的立法应以"演进型"立法为主，主要是因为跨境电子商务作为一种新型的监管对象，有别于传统的货物贸易和个人物品，且伴随科技进步，跨境电商领域必然会出现更多的商业模式。业内一般认为"互联网 + 传统外贸""互联网 + 外贸综合服务"都应归属于跨境电商，若与跨境电商新零售一并考虑，则目前的部门规章在一定程度上缺乏针对性和可操作性。如果等待跨境电子商务发展成熟之后再进行全面立法，则不能保证在此发展进程中不会出现偏离的情况。因此，我国应进一步细化和完善我国现有的跨境电商规则，尽快出台跨境电子商务的配套法律。应该采取"及时跟进、顺势分类"的原则进行跨境电子商务立法，可以先引入贸易便利化、服务贸易等国际贸易法律框架，纳入内涵和外延、监管体系、市场准入与退出、数据安全、电子合同、质量标准、知识产权保护、平台规则、消费者权益保护、税收征管、争端解决机制等条款，并紧随发展新情况，及时完善相关的立法，如我国当前的跨境电商立法主要围绕有形货物的贸易便利化而展开，也要跟随数字化商品和服务的跨境交易开展而不断完善框架及内容。

二、推进跨境电商信用体系的建设

跨境电商的信用化发展仅靠跨境电商微观领域自行形成难度较大，而非信用化的发展则会影响跨境电商价值链的提升目标。首先，容易形成恶性价格竞争。海外进口商和消费者通过跨境电商平台能够很方便地了解商品出口市场价格，使得跨境电商产品的价格极具敏感性。为了能够获得更多海外市场份额，很多电商卖家都会选择将价格降至同行以下，导致之间出现不断压价的恶行市场竞争。其次，容易制假贩假。部分跨境电商企业缺乏知识产权保护意识，对国际知识产权法更是知之甚少。假冒产品和盗版仿制品的销售获利丰厚，一些电商存在侥幸心理，导致欧美市场上的侵权投诉增多，容易遭到平台的惩罚，如下架商品、缴纳罚款、封号关店等，甚至也会面临法律起诉。最后，我国电商卖家的许多自主品牌，因为没有及时在海外申请知识产品保护，如注册商标、申请专利保护等，被竞争对手抢注商品、无偿使用专利的现象时有发生，给我国跨境电子商务带来巨大损失的同时也影响长远的企业发展。我国跨境电商出口的竞争优势不应来自低价产品和廉价物流，而应回归产品本身，不仅注重研发高性价比的产品，提升产品质量，完善售后服务，提高客户体验满意度，从而实现产品综合实力的提升，也要打造自主品牌，注重知识产权保护，建立海内外的产品知识产权保护体系，从而通过产品创新、捆绑销售、提高服务质量和树立品牌形象等方式来实现产品的差异化定价和形成企业的差异化竞争优势。

为保障我国跨境电商的健康规范发展，政府应该尽快建立和完善跨境电商信用体系。第一，依托银行征信系统、公安征信系统、通信公司征信系统等，建立身份认证和信用等级评估体系。第二，促进海关、税务等管理部门利用交易平台对海量数据进行集约化管理，可以使用区块链技术（如集合分布式数据存储、点对点传输、加密算法、共识机制等）改善贸易环境，使得各个部门能够统一采集、整合存储、信息共享、按需取用，加强对平台数据的有效管理。第三，发展跨境电商业务信用服务平台，要求企业身份认证和电子支付认证，借助大数据分析功能构建信用评价指标体系，创建信用评价模型，对跨境电商主体进行风险评估，设置诚信档案，定期公布黑红诚信名单，将之应用于确定贷款融资额度、开展业务范围、通关缴税便利等。第四，全面执行全程可追溯制度，鼓励跨境电商平台加强国际合作，延长追溯链条，借助区块链技术实现从产品生产、通关到物流配送的全链条监管。第五，建立知识产权保护体系，推动自有品牌建设，实施双向保护，即确保无侵权的同时也要防止被侵权，特别是加大知识产权的跨国保护力度，政府可以对此类企业进行资金扶持，打通品牌管理体系与企业诚信体系和质量管控体系的数据对接，提供品牌查询、评价、追踪和培育等综合性服务。

三、推进跨境电商国际话语权的建设

我国一些部门和地方在跨境电商全球规则建设方面已有一些成就。2018 年 2 月，中国海关和世界海关组织（WCO）联合举办的首届世界海关跨境电商大会在北京召开，形成《北京宣言》，各方在跨境电商监管框架标准方面形成基本共识，大会还确定每两年举办一届大会以推进跨境电商工作的机制化发展。自 2017 年开始，河南省商务厅、郑州市政府与商务部国际贸易经济合作研究院、中国国际电子商务中心联合主办全球跨境电子商务大会，该大会每年都在郑州举办一届。2017 年第一届大会形成《郑州共识》，即在世界贸易组织框架体系下建设适用于电子贸易的政府间国际组织的建设，规范 EWTP（电子世界贸易平台）的运营，并成立电子世界贸易组织（EWTO）研究院；2018 年第二届大会以"跨境电商助力世界贸易创新发展"为主题，探讨跨境电商的行业发展趋势，提出中国跨境电商主张，力求引领全球发展模式和提升我国在该领域的话语权；2019 年第三届大会主题为"买全球·卖全球"，注重跨境电商进口和出口的双向发展，探讨跨境电子商务规则制度的新变化、数字贸易的新发展和通关便利化的持续创新，实现跨境电商的高质量发展；2020 年第四届大会以"全球疫情下跨境电商发展的机遇与挑战"为主题，推出"丝路电商"国际合作这一全新的发展命题。

跨境电商属于新兴事物，我国与发达国家处于竞争的同一起跑线，若在应用新技术、研发新标准、制定新规则等方面能够有所作为，则可以保证跨境电子商务能够更好地向着既定目标发展。还未形成规则时期，实践的领先性可以掌控规则方向，但也需要发挥主导作用来引导规则的形成。近几年，就 EWTO 和 EWTP 我国曾多次向 WTO 提出议案，虽然我国在跨境电商监管标准的统一化和贸易便利化上作出一些成绩，但新一代的跨境电商规则还不够成熟，使得议案只是表明了原则立场，并未有实质性规则建议，国际规则制定中的话语权和影响力还不足。应该看到，跨境电商全

球规则还处于碎片化未整合阶段，我国应抓住这一机遇期，全面推进新一代规则的中国模式形成。为此，今后应加强与世界海关组织、万国邮政联盟、亚太经合组织等国际组织的合作，积极签订各类跨境电商的多边贸易协定；应积极建议 WTO 尽快开展跨境电子商务相关领域规则的谈判，形成电子世界贸易共识，推进 EWTO 组织建设和 EWTP 平台规则制定；可以在小范围试行，积极与我国签订双边自由贸易协定的国家（如土耳其、秘鲁等）以及"一带一路"沿线国家（如马来西亚首个 EWTP 海外实践）进行合作，在信息联通、产品质量、物流配送、支付结算、金融创新等方面构建标准化体系，融入中国技术、中国标准和中国规则，随时总结完善，逐渐成熟后再积极推广至更多国家。

第二节 区域层面集群壮大发展跨境电子商务

产业经济在区域内呈现块状经济发展的现象被称为产业集群。产业集群可以在特定区域内形成某一产业的规模化集聚，成为区域经济快速发展的有效途径，在 20 世纪 80 年代以来逐渐风靡全球。跨境电子商务的出现解决了境内外供需双方信息不对称的难题，20 世纪 90 年代末开始出现，随着互联网技术的日臻成熟，跨境电商平台大量涌现，越来越多的外向型企业开始"触网"发展，形成了与产业集群线下集聚方式不同的产业线上集聚。当前，跨境电子商务的发展已进入成熟期，众多商家集聚平台，线上竞争也开始异常激烈，成本投入已进入"烧钱"模式，迫切需要找到一种新的发展思路。跨境电子商务与产业集群的耦合是跨境电子商务的商业模式不断创新而呈现的产业化发展态势，也是产业集群在互联网时代实现转型升级并做大做强的一种发展路径，是区域经济发展的更深层次的考量。

一、认识跨境电商与产业集群耦合的必然性

跨境电商与产业集群之所以能够产生耦合关系，在于二者存在耦合点——集聚经济功能。因平台经济的集聚功能不受空间局限而更显强大，使得平台经济与区域经济既对立又统一，而跨境电商与产业集群在平台企业和地方政府的共同推动下，产生耦合协调性。

(一) 跨境电子商务的平台经济属性

平台经济是一种商业模式，可以依托实体交易场所，也可以依托虚拟交易空间，本身不生产产品，只是促进交易双方的信息交换或交易达成，其收益主要来自订单佣金或买卖差价。平台经济表现为外部经济性，可以形成自我增强的虚拟循环，其平均成本随着平台人数的增加而明显递减，收益呈指数型增长。平台的网络效应和规模效应促使平台追求最大化生态系统的总体价值。随着平台涉入的产业领域越来越广，对产业组织的变革影响也越来越大，已经不再是简单的商业现象，而是复杂的经济形态。跨境电商是众多平台经济类型中的其中一种模式，跨境平台将不同关境的交易主体的各项商业活动纳入平台，实现交易的线上达成，以及交易履行的线上完成。跨境电商能够顺畅进行的关键在于跨境电商平台这一媒介的存在，而且，随着跨境电商的深入发展，也正在形成以平台为核心的跨境电商生态圈。

(二) 产业集群的区域经济属性

经济区域化的发展趋势越来越明显，区域经济已成为宏观经济协调发展的重要基础。地方政府是区域经济发展的重要推动力，行使管理区域经济的权力，在区域经济定位、创造必要的经济运行环境以及促进区域经济升级等方面发挥积极的作用。为发展区域经济，地方政府不仅可以引导区域内资源的合理配置，也可以加大力度吸引外来资源进入，并在某一空间

形成集聚态势。产业集群是产业与区域的有机结合，根植于某一区域，区域内的高度分工和紧密合作使得群内企业抱团发展，产业实现较高生产率且具有较强竞争优势，从而拉动地方经济增长，以及提升区域的系统创新能力。产业集群因其符合地方政府优化配置资源和增强区域竞争力的目标，受到当地政府的大力培育和扶持。当前，自然形成的产业集群已经很少，在产业集群的培育和发展上，普遍存在"自下而上"和"自上而下"两种路径。对于已具雏形的产业集群，当地政府会运用政策引导或经济投入加以扶持，以促进自然形成的产业集群加速发展，迅速做大规模；也可以"平地起高楼"，以园区建设的方式通过招商引资的方式迅速集结企业集聚，成为新兴产业集群发展的重要方式。

（三）平台集聚与区域集聚的对立统一

平台经济属于网络空间集聚，是线上集聚，区域经济属于地理空间集聚，是线下集聚。从集聚的规模来看，平台经济的集聚是无限的，可以跨区跨界发展，而且随着集聚规模的扩大，整体经济效益呈现递增发展的态势；区域经济受地理空间的限制，其集聚是有限的，行业之间边界清晰，依托线下物理空间形成规模经济，但随着空间范围的扩大，其规模经济效益会呈现递减态势，因而在实践发展中，并没有无限扩大的产业集群存在，都是在较小空间内集聚从而形成集聚规模优势。平台集聚与区域集聚的对立性表现在平台集聚规模的扩大会弱化地理空间概念，当越来越多的集群内企业开始围绕平台进行运营，传统集群内企业间会更为松散，对线下集聚模式的抱团发展产生影响。然而，随着平台经济规模的无限扩大，规模匹配虽然对于平台来说是收益最优化的选择，但随着集聚平台的企业增多，研究排名算法获得优先匹配的竞争现实也会让电商苦不堪言，势必会出现新的分类标准，而以地理属性来筛选信息则会成为一种可能，从而平台经济与区域经济也会出现统一性。此外，若平台经济的注册地在本地，即本地主导建设的平台，会出现其他区域资源向该地区集聚的势头，平台经济在此状态下并不与区域经济相对立，而会成为区域经济的发展亮点，更加促进区域经济的兴盛。

（四）跨境电子商务与产业集群的耦合协调

自 2013 年起，跨境电子商务在国家政策的大力支持下呈现飞速发展的态势，一些外向型企业率先"触网"，从激烈的线上竞争中摆脱出来，迎来了新的发展。但随着跨境电子商务被越来越多的区域视为区域竞争的新赛道予以重视并支持发展以来，更多的企业开始发展跨境电子商务，使得线上的竞争也日益激烈。对于地区而言，将跨境电子商务和产业集群作为两种不同路径分别进行发展，势必会使得两种发展都面临激烈的竞争，只有积极促进二者耦合，才能在激烈的线上线下竞争新态势中脱颖而出，成为区域发展的佼佼者。当前，跨境电子商务发达的广州东莞已明确提出，当某一区域内跨境电商企业增多且实力不断积累，会推动当地的跨境电商产业迅速发展，这种发展增至临界点时，向产业集群形态转化则是突破线上日益激烈的新竞争态势的一种优化选择。而跨境电商平台无论是出于平台竞争的需要，还是获得地方政府推进平台的业务发展，其与地方合作的意愿也十分强烈，也进一步促进了跨境电子商务与产业集群的耦合协调。

二、识别跨境电商与产业集群的多元耦合形态

跨境电子商务与产业集群的耦合属于线上线下的集聚强化，也因可以跨越关境而存在多元耦合的可能性。

（一）产地词耦合

产地词耦合是电商企业的一种自发尝试。跨境电商平台上，通过标题词来搜索产品。虽然各大跨境电商平台对于产品标题的重复用词、长度等规定不一，但产品标题基本上由类目词、属性词、营销词和长尾词组成。常规的构词方法由于电商之间互相可以模仿借鉴，试图通过产品标题词的

新颖性来达到小众分类排名靠前的可能性日益降低。面对越来越激烈的线上竞争，一些电商尝试在产品标题上添加产地词来获得较多的曝光率，如义乌小饰品、许昌假发等一些知名的产业集群，其地域品牌已有一定的知名度，在标题里设置产地拼音可以便利外商对产品的搜索，无形中排除了其他地域同类产品的竞争。对产地词认同的程度决定了这些电商企业是将产地拼音放在标题首部、中间还是尾部。这种尝试也开始被并不知名产地的一些电商所使用，用于加强其地域品牌的宣传，但若加入的企业增加，势必也能增加海外客商的印象，取得较好的效果。产地词看似只是在标题里增加了一个产地拼音，但其背后认同的是该产地已形成集聚态势，有着比其他区域更有优势的产业竞争力，属于线上产业集群的打造，并与线下产业集聚相得益彰。

（二）产业带耦合

产业带较之于产业集群而言，可以在更高层级的区域内将某一相关或相同产业由优势中心向外沿轴线扩散，进而将若干城市工业集中区链接起来，形成更大的产业集聚效应。在地理空间里，产业集群都越来越松散，在此基础上形成产业带的难度会很大。然而，将产业带从线下搬到线上，打造数字化的"超级产地名片"则会产生不同的效果。阿里巴巴是线上产业带的推动者，其正在供应链两端发力来进行产业带建设。一方面，阿里巴巴上线1688产业带这一专门平台，在跨境供应链的供给端呈现出一种完全地域化的特色产业集聚。地方可以推动区域内多个产业集群加入产业带，形成跨境电商的平台产业带集聚，吸引域内外的跨境电商共同扩大集聚产业的影响力。另一方面，阿里巴巴国际站在海外推行全球产业带计划，通过增加海外流量、设置专属导购场景和增加品牌赛道的方式来增强专区选定的特色产业在海外的曝光度，从而在消费端也能呈现地域化的特色产业集聚。当前，阿里巴巴计划打造10个出口标杆产业带和100个特色产业带，义乌专区和深圳专区已正式上线。线上产业带是政府和平台的合作框架，较之于电商企业的自发集聚，其集聚能力更强，集聚范围更广。

（三）产业园区耦合

跨境电商产业园区属于"自上而下"所推动设立的新型产业集群，是本地跨境电商的一种集聚形态，成为地方政府推进本地跨境电商发展的主要抓手。当前，跨境电商的发展催生出许多平台运营、店铺装修、美工设计、大数据分析、小包跨境物流、跨境支付、零售通关、退税融资等新兴服务行业或岗位，涉及技术、咨询、物流、通关、金融等多领域，仅靠电商企业自身并不能搞定所有环节。跨境电商产业园区通过将这些跨境电商服务商也集聚在园区内，可以为本地跨境电子商务提供更好的服务。但在实际的建设中，跨境电商集聚取决于园区的电商服务是否优质完备，而跨境电商服务商的入驻则需要有一定规模的跨境电商客源，二者的相互观望会导致一些园区出现空置的情况，即使有政府的优惠政策支持，也改变不了集聚不理想的状况。为了破除这种集聚瓶颈，一些跨境电商产业园区尝试和大的跨境电商平台进行合作，如阿里巴巴、亚马逊、易贝、大龙网等，以跨境电商平台的号召力来吸引两类电商的主动集聚，取得了很好的效果。而这些大的跨境电商平台也以此为契机，配合线上产业带的推进，积极进行线下的产业园布局，从而使得园区的耦合出现了地方多平台园区和平台多地方园区建设的新趋势。

（四）海外仓耦合

传统海外仓增加海外仓储环节，解决了跨境物流时效长、退换货难等问题；升级版的海外仓则增添实物展示和体验功能，囊括海外体验店、展览展示中心等模式，使得海外消费者能够获得对跨境产品更好的体验感。而跨境电商服务质量的改善也会提升跨境电商平台的形象，因此，跨境电商平台也会积极推出海外仓发货模式，并给予优惠措施来促进这种模式的发展。海外仓的发展优势也在被许多地方所关注，较之于跨境电商平台，地方致力于打造公共海外仓。公共海外仓被浙江首推，之后也受到广东、河北、江苏、山东、河南等省份的持续力推。与普通海外仓相比，公共海外仓具有地方属性，服务的是本地区跨境电商产品的海外仓储和物流，升级版的公共海外仓则可以集聚本地企业共同发力某一海外市场，也可以形成海外市场的集中展销，是具有地域性的海外展示，创造出了新的物理集聚空间，被誉为一种集群企业的抱团出海方式。然而，海外仓对于跨境电子商务来说，仓储和展销环节的增加意味着成本和风险的增加，其实施的积极性还不高。可以说，这种海外集聚的新发展势必是在平台和地方优惠政策的共同推动下才能够得以强化。

三、重视跨境电子商务与产业集群的耦合价值

促进跨境电子商务与产业集群的多元耦合，使得耦合与耦合之间存在互动协调，可以获得更高的耦合价值。

（一）耦合的生态化

我国传统的外向型产业集群因不掌握海外销售渠道而习惯于被动接单。跨境 B2B 在 20 世纪 90 年代末期已经出现，但其并不能改变外向型产业集群的被动局面，反而，因平台更为透明的卖方信息设计，海外采购商对于集群企业的比价能力增强。一些生态不好的产业集群，面对来自海外采购商的压价，企业间竞价拼单的现象十分普遍，甚至一些企业已将价格降至最低，仅靠出口退税在微薄盈利。跨境电子商务将外贸业务从规模交易拓展至批发零售，不仅存在传统外贸的转型升级，也存在国内电商的跨境业务拓展，但国内电商因同质竞争激烈而习惯于烧钱搞价格战，这种运营思维运用在跨境电商上，势必会使得跨境电子商务这片蓝海很快变成红海。跨境电商与产业集群的多元耦合可以促进产业集群在各类网络空间和地理空间上形成多种集聚，使得集群内企业之间了解更加全面，如各自的原料供应、成本构成、产品性能、实物外观、批零定价等情况。趋于透明的集群信息能够让侵权行为和低价恶性竞争很容易被发现，也容易形成对违规企业的集体规制，企业违规成本高。可以说，耦合使得集群内企业间

可以互为监督，共同维护好集群生态环境，强化通过相互的支撑和共生来获得整个集群核心竞争力的提升和外部竞争环境的改善。

（二）耦合的全产业链化

全产业链的概念来自食品行业，原指从田间到餐桌的农业产业链系统。传统产业集群通过集聚某一产业的上中下游企业可以打造该产业的流水线作业，从而获得规模经济优势。集群内企业之间，或者是生产流程上的合作关系，或者是相似产品间的竞争关系，更多关注的是全产业链的供给端和生产环节。跨境电子商务的发展所催生的平台运营等新兴服务类行业或岗位，属于产业链的下游，更多关注的是全产业链的销售、出口和售后环节。跨境电商与产业集群的耦合可以促进两种链条的融合，打造区域的全产业链。一旦全产业链的构建思路清晰，则无论是哪类耦合，都会有意识地进行相应的补链，如跨境电商产业园区能够集聚本地电商，必然要尽可能囊括与新兴跨境电商平台、工具、模式等相关的服务，才会使得园区的发展更加具有竞争力；也如产业带和产地词的互动，可以产生"为海外消费者提供直销产地"的发展新思路，必然带动电商平台之间的合作，从而促进区域线上化的全产业链打造。

（三）耦合的创新性

传统产业集群由于竞合关系的存在，具有一定的创新活力，但是，由于当前知识产权的保护还不到位，集群内跟随模仿创新的代价小而收益大，存在"柠檬市场"，限制了创新活力，甚至一些外向型产业集群没有创新活动，习惯于按照外商要求贴牌生产。当前，跨境电子商务的创新发展主要来自跨境B2C，海外消费者在平台上的静默下单可以表现其喜好，电商企业一味追求低价并不能获得高品质的认同。电商企业只有充分了解消费者，深挖海外销售端，才能够设计出更多新颖性或定制化的产品，从而不断保持创新性。平台集聚在强化电商创新意识的同时，公共海外仓和跨境电商产业园区则可以推进跨境电商的创新活动。升级版的海外仓可以创造电商企业直接接触海外消费者的机会，通过现场沟通交流了解海外消费者的更多消费需求，利用当前流行的人工智能技术获取海外消费大数据，激励企业产品创新的同时，也能促进集群产品的多样性和差异性。跨境电商产业园区则可以内置海外社交媒体营销板块，激励企业之间加强交流探讨和进行联合创新，提升园区整体对海外需求的敏感度，促进跨境供应链的整体响应，最优化"爆款"产品的集群收益。

（四）耦合的拓展性

跨境电子商务与产业集群的耦合互动可以实现跨区或跨界的集聚拓展，做大地理品牌效应。一方面，对于自然形成的传统产业集群，因存在行业差别且地理位置分散，集群之间关联性很弱。跨境电商平台通过和地方政府合作打造地区的多种特色产业集群，可以绘制出全国某类产品的产业集群分布图，当更大区域内出现更多相同或类似的产业集群，则这些产业集群必然会连点成线成片，也就是平台推进的产业带项目。其强化区域地理品牌的同时，也可以跨区打造更广的地理品牌。除了供给端拓展之外，公共海外仓也可以在销售端进行跨区拓展。升级版的公共海外仓具有线下展览和体验功能，对于各地所建的地理相近的公共海外仓，结合产业带的发展状况，可以定期组织不同产业的联合布展，共同做大地理品牌。另一方面，自上而下建设的产业集聚区、高新技术区等，集聚的企业进驻主要是享受相关的园区政策，企业之间的关系实则松散。跨境电商产业园区也有类似情况，但园区围绕跨境电商业务而建，并不需要整个企业搬迁至园区，因此，园区可以实现小空间内的多产业间的更大集聚。若将产业带和公共海外仓的部分功能放置跨境电商产业园区，如公共海外仓的大数据分析、产业带和产业园区的产业同步化等，则可以密切园区行业间企业的关系，协同发展公共海外仓和产业带，共同促进地理品牌的宣传，形成本地区的产业群簇品牌效果。

四、推进跨境电子商务与产业集群耦合的路径

跨境电子商务与产业集群虽然在多元领域都存在耦合的可能性，但无论是自发性的耦合，还是推动性的耦合，都不必然会产生必然的效果，而跨境电商与产业集群要在此基础上达到多元耦合的价值，仅依靠各自领域的耦合来产生也会有很大难度。因此，实现跨境电子商务与产业集群的多元耦合需要选择有效的路径来推进。

（一）政府推进综合型园区建设

当前，各地建设跨境电商产业园区有 B2C 创业型园区、B2B 大贸园区、专属平台园区、专属物流园区等，但随着跨境 B2B 和 B2C 业务的融合发展，应该在前期各地园区建设经验的基础上，按照耦合价值要求，适时推进综合型园区建设。综合型园区应围绕跨境特色将相关主体都积极引入，形成多模式平台、多类型电商、多种供应链服务、多政府部门服务窗口、多培训咨询机构、多创业基地等的共生局面，并努力营造各主体间的交流合作空间，提升园区的活跃度，努力完善耦合的全产业链构造，增强链上企业之间的互动合作。园区也应有潮流意识，积极纳入跨境电子商务和产业集群的新元素，如海外仓、产业带等。因此，各个地市应对园区有合理规划，政府主导型的大型园区建设十分必要，既可以包罗万象，形成地区合力，也可以统筹各个中小园区，引导园区间合作态势的形成。需要对综合型园区进行科学开发和有效管理，可以分期进行建设，预留未来发展空间；可以引入专业公司运营园区，弥补行政化管理的诸多不足；因电商企业的办公场所调整容易，园区做大之后可以按照产业和服务类别再进行集聚调整，形成产业特色突出的集聚形态。

（二）综合园区设立海外仓运营中心

跨境电商产业园区应设立海外仓运营中心，主要是围绕海外仓进行网

络信息化建设。一是与运营海外仓的物流或供应链企业进行数据信息合作，提供海外仓运营的咨询服务，实时更新各国的海外仓政策，提供海外仓的计费系统方便企业成本核算，以及与开通海外仓发货的跨境电商平台进行数据信息合作，及时了解各个平台的海外仓优惠政策和发货要求，激励当地各类跨境电商进行海外仓业务体验；二是做好对海外仓的定期分析，包括海外仓的国别环境变化以及跨境电商运营海外仓情况，切实解决海外仓选择与运营难题；三是对集群建设的公共海外仓，园区同步建设三维立体展馆，与海外线下展馆的数据同步，并定期变换展会主题集聚不同企业进行布展等；四是建设大数据中心，实现运营中心数据与地方政府关、检、税、汇等官方平台以及物流、仓储、金融、保险等第三方服务平台的数据互换和共享，以保障海外仓的安全有效运营。

（三）综合园区统领标准化建设

跨境电子商务属于新生事物，其商业模式不断创新，当前 B2B 和 B2C 模式的融合产生了 B2B2C 的新模式，还可以细分为集货模式、保税模式和海外仓模式，带来了通关、物流、支付、监管等各方面的连锁变化。跨境电商前期发展可以鼓励自由探索，但随着深入的发展，五花八门的状况也会影响整个的跨境电商大环境，如按照海外仓建设主体的不同，海外仓可以分为贸易型、物流型和平台型，但每一类型还会有细分情况，导致本地电商对选择海外仓运营模式还会十分迷茫，从而不敢轻易尝试；也如跨境电商出口退税政策本来是好事，但很多电商选择不接受，有怕麻烦的因素，也有数据透明可能导致所得税增加的问题，并不利于跨境电商大数据的建设。综合园区能够综合跨境电子商务的各类业务，就应该在此基础上，积极建设电商标准化组织，探索实现多元耦合价值的标准化建设，涉及跨境电商基本概念的统一认识、产业园区服务的规范、海外仓服务和数据的规范、通关和物流信息交换的规范、支付与大数据标准等标准化等。标准化可以从企业标准到团体标准，以促进园区规范操作跨境电商业务，并可将标准推广至其他中小园区，形成地方标准，以更有范围的标准化带动多元集群的更大发展。

(四) 跨境电商产业园区的衍生体系建设

各地在综合性园区建设的基础上，应加强园区的衍生体系建设。一是跨境电商产业园区可以分为若干期工程，每一期都可以将具有跨境电商优势的产业集群纳入，形成若干具有特色的产业集聚园区，之后陆续纳入更多优势产业。或者，跨境电商产业园区初期可以不区分产业，欢迎各类电商企业入驻，后期的工程根据各个产业的集聚规模形成具有产业特色的集聚形态。二是促进本地产业集群的跨境电商化，可以在原有的产业集群内设置跨境电商方面的相关活动，鼓励企业集聚共同应对互联网对外贸所产生的变革影响，积极尝试各类跨境电商平台，促进全员"触网"后的积极思变和创新，并在日益激烈的网络化竞争中寻求集聚优势，共同做大本地产业。三是可以加强中小型跨境电商园区的建设，综合性园区不可能做到将所有的跨境电商主体都规模化地集中于综合型园区，应该允许各类型园区的同步发展，可以是依托某一平台而设立的园区，也可以是基于创新创业而设立的园区，也可以是更小行政区域单元所设立的园区，只要符合20家以上的跨境电商集聚的标准，都可以认定为跨境电商产业园区，并促进这些园区与综合园区形成园区发展体系。

(五) 网商协会促进线上线下协调

网商协会是非营利自发性组织，主要为促进商品交易和服务的电子商务化而设立，一些地区也有专门针对外贸所成立的国际贸易网商协会。一直以来，网商协会都通过电商平台培训将本地的外贸企业组织起来，如各地网商协会与阿里巴巴国际站的合作，会定期举行询盘业务、数字贸易等培训活动，促进本地区外贸企业在阿里巴巴国际站上的业务发展。跨境电子商务的兴起使得网商协会更加积极活跃，与跨境电商平台的合作也能够从 B2B 拓展至 B2C。但是，跨境电商平台也开始多样化，有全球型平台和国家型平台，也有综合型平台和垂直型平台，即使是大企业也不可能做到兼顾所有平台并运营良好，对于中小微跨境电商企业更是如此。网商协会应积极和跨境电商产业园区进行合作，根据本地实际情况，选择若干重点跨境电商平台来推进。其也可以选择在园区开展各类平台培训合作，有效组织本地企业共同学习平台运营的同时，也促进本地企业在此平台上的一定集聚规模，并积极倡导本地企业在平台上推广区域品牌，参与产业带建设，促进区域品牌和展示风格的统一，塑造地区形象，从而形成线上化的地域集聚效应。

（六）创新创业打通产业链

跨境电商的创新点在 C 端，C 端的市场开拓具有多渠道、多平台和多国家的不同操作，没有哪个企业能够完全玩转站内外营销，可以兼做自营和第三方平台，保证综合型平台和垂直型平台兼有，以及运营不同国家的电商平台。跨境电子商务更需要开放发展，需要吸引无数小微型创新创业者加盟其运营，形成无数条海外 C 端销售渠道来共同扩大企业的品牌影响力。跨境电商创新创业要更好地发力地方经济，就需要打通本地产业链。一方面，可以将更多中小园区作为跨境电商创新创业基地，由园区加强与综合型园区或本地特色产业集群的联系，帮助创新创业团队或个人更好地寻找本地货源。另一方面，线上产业带突出产地特色和行业优势，在提升企业市场竞争力的同时也带动当地专业市场建设，可以引导跨境电商创新创业在线上产业带找货，帮助本地优势企业进行海外分销。线上产业带也可以壮大本地潜力产业的规模化发展，激励创新创业者通过壮大自己来反向收购生产企业。通过跨境电商创新创业，可以打通跨境电商和国内电商体系组成的产业链，构建全球分销系统，实现跨境电商 B 端业务和 C 端业务的大发展。

第三节　企业层面多元主导发展跨境电子商务

一、现代外贸的跨境电子商务新认识

互联网时代的无边界性，让外贸不再是大企业的专利，中小企业做外贸成为可能。外贸跨境电商不仅是借助第三方跨境电商平台，将传统贸易从线下搬到线上，更应该通过跨境电子商务的发展实现传统供应链的变革，创造品牌认知度，提升全球价值链地位。为此，现代外贸应该对跨境电商有以下一些清晰认识。

（一）贸易直销化

跨境电商 B2C 属于在线零售，就是通过网络所实现的直销方式。直销和店铺销售一样，都属于传统销售，在传统经济中早已存在，只是过去的信息不发达以及物流条件受限，商品一般通过层层批发的销售方式最终到达消费者。互联网打破了时空界限和信息不对称局面，使得买卖双方通过互联网建立业务关系变得十分容易，直销也因此得到极大发展。跨境电商的兴起主要是因为 B2C 零售模式的创新，但无论 B2C 从无到有，从小到大，在跨境电商的发展中 B2B 模式仍然占据主导地位，这是由于 B2B 更加符合规模化生产的要求。现实社会多种发展的限制性条件，如市场功能不健全，资源分配不均匀，交易信息不对称，社会分配不公平等，决定了社会化大生产必然是节约型的规模化生产，而不是个性型的碎片化生产。即使直销的发展会走向 C2B（定制生产），即电商已有能力提前预知市场需求并通过直销的方式来满足需求，使得社会化生产转向以市场需求为主导和消费者为中心上来，但是定制生产也不可能使得 B2C 完全取代

B2B 的主导地位，其创新仍然需要打造流行款来推进规模化生产和销售。无论 B2C 直销，还是 C2B 定制生产仍然只是传统经济信息化发展的有力补充方式。

（二）贸易精准化

互联网的发展让外贸找客户更有精准性。外贸互联网 1.0 时代是建设网站，让网站成为企业名片，但还是主要通过线下展会方式来获取客户资源，网站只是获取客户信任的保障；外贸互联网 2.0 时代是上线外贸交易平台，如阿里巴巴国际站等，通过站内营销和站外各种网络推广来获取客户资源；外贸互联网 3.0 时代是精准对焦客户进行营销，强调个性化和差异化，主要通过在海外社交媒体平台上建立社群来获得客户资源，同时也增加客户黏性。互联网和电商飞速发展，通过搜索引擎营销和电子邮件营销（SEM & EDM，即 search engine marketing & email direct marketing）、海关数据和买家数据库查询、网络黄页搜索、网络信息爬虫抓取和追踪等方式，寻找目标客户已不是难事。与此同时，贸易精准化也加剧竞争，毕竟信息在网络上谁都能找到，这使得外贸竞争的核心必然重新回到核心竞争力的打造上来。精准时代要做到产品或服务的精品化，也需要更精准、可衡量和高回报的营销沟通手段，更应注重结果和行动匹配的营销传播计划，以及注重对跨境直接销售与客户沟通的投资，以获得差异化竞争优势。

（三）贸易多元化

随着互联网和电子商务的发展，外贸形式逐步多样化，如敦煌网带动小额批发业务开始流行，随之跨境直销异军突起，而现代物流飞速发展又进一步推动这一趋势。网络的崛起使得市场信息透明化，贸易中间商逐渐丧失生存基础，传统供应链也在不断扁平化，直接跨境将商品销售给终端客户或者零售商的新零售会越来越普遍。2008 年金融危机也是外贸传统和现代的分界点，传统外贸已经不再是单一的供应链流程，而是向现代多元供应链流程转变。但是，这也并不意味着供应链彻底扁平化时代已经到来。传统 B2B 依然是主流外贸，企业依然要重视 B2B。与此同时，也应对订单从以前的集中和计划到现在的分批和随机这一趋势有清醒的认识，仍走非品牌化和渠道化的大 B 业务将会逐渐丧失竞争力。因此，在做好 B2B 大贸的基础下，外贸企业也需要积极拓展 B2C、M2C、B2B2C 等新型外贸电商模式，毕竟小订单的急剧增多意味着需求的碎片化，高速度和高利润已让跨境电商成为年轻人的创业乐土，也应成为传统企业的转型方向。外贸企业若忽视和放弃 B2C，则会与持续扩大且海量的跨境电商零售市场绝缘，进一步流失客户、业务和市场。贸易已呈现多元化的发展态势，各类模式和各个渠道之间应各司其职，相互补充和协作，共同构成外贸新格局。

（四）贸易网络化

互联网时代，供应链的每一个环节都可以自建业务体系，成为链条中心，或者说，供应链已成网络结构，并无绝对的中心。贸易流程上各个角色都产生了重大变化，批发商以前和出口商之间的供求关系现在演变成竞争关系，批零商可因价格、放账方式、库存便利、抢购新奇特产品等因素，或者从批发商进货，或者从贸易商进货，或者直接从工厂进货。而国外的批零商也开始分化，一部分仍做传统供应链上的小 B 批零商，另一部分则成为小微网商，在亚马逊、eBay 等开店，开始做在线批零业务。正在迅速崛起的新零售正在悄然改变传统贸易格局。海外新零售由散布在各国的大小电商组成，这些电商都非常熟悉本地市场，通过线上平台也在把"中国制造"销售给本国消费者，构成并放大了新零售的力量。和中国跨境电商相比，海外新零售在本土社区内可以结成像蜘蛛网一样的销售网络，更好地提供本土化服务，神经末梢般的感知，对市场冷暖变化反应非常灵敏。可以说，传统的垂直供应链已变成复杂的网状供应链，无中心化的网状形态需要各个商业角色的重新认定和商业模式的重新塑造。

（五）贸易社交化

现代外贸电子商务发展经历三阶段，即被发现、被验证和被推荐。如今国外客户不再像以前一样对中国充满陌生和敬畏，其借助网络很容易找到国内供应商，并通过各种信息分析了解该供应商。越来越多的外贸企业开始利用海外社交媒体平台实现三阶段的集成，或者在海外知名社交媒体平台Facebook、Twitter 等上进行整套社交营销操作，如推介产品、集结粉丝、挖掘品牌故事、进行限时促销等，并通过倾听和互动来改进产品和服务，提升品牌形象；或者直接在 Facebook 上开设 f-stores 店铺，可以设立 Facebook 品牌页面，还可以动态发布用户分享和活动。海外也有很多细分的社交平台，如照片墙（Instagram）、瀑布流（Pinterest）、轻博客（Tumbler）、商务社交网络（Linkedin）等，可以通过这些社交平台搭建有效社交网络进行各种社会化商务。外贸企业必须真正意识到社会化媒体所发挥的重要的作用，注重口碑和传播技巧，真正利用好互联网来做好产品和品牌。

二、新认识下跨境电商企业的第三方平台做法

新认识反映在业务流程中，就是要选对平台、选好产品和做好引流。

（一）平台的选择

当前，我国主流外贸 B2B 平台有阿里巴巴国际站、环球资源和中国制造。阿里巴巴国际站目前占据最为重要的地位，其已成为全球目前流量最大的 B2B 网站，也是 B2B 网站中唯一可以直接在线交易的平台，订单相对偏小，容易成单，也容易跑单，会员费分出口通跟金品诚企两个等级，出口通 29 800 元/年，金品 80 000 元/年且有入驻门槛，除此之外还需要付费买排名。环球资源以报刊出道，目前的定位仍然是主营信息撮合业务，主要通过线上展示，买卖家沟通后，再在展会交流成交，以消费电子类产品为主，平台上大客户多，需长期影响才能成交，但客户会非常稳

定，返单率较高，其按星级排序收取会员费，6 星为最高最优排序费用 55 万元/年，1 星 48 000 元/年。中国制造以重工业起家，类目上重工业为主，也有其他一些类目，目前流量较小，国外名气较低，推广较少，分为金牌会员和钻石会员，金牌会员一年 46 800 元送 3 个关键词排名，钻石会员分 4 种套餐，59 800 ~ 108 800 元不等。从性价比上来看，阿里巴巴国际站对中小外贸企业有着非常大的吸引力，近些年来出现了"阿里化"的趋势，但也因询盘质量下降和一对多询盘竞争加剧，以及平台对企业交易数据的收集，也出现了去阿里化的趋向。更多的企业不再只选择一个平台进行深耕，也在积极尝试其他 B2B 平台，如 tradekey、ECVV、Dhgate 等。

当前，我国跨境电商主要选择的 B2C 平台有亚马逊、速卖通、Wish 和 eBay。亚马逊作为全球电子商务的领先者，其主要在欧美市场，对卖家产品品质、品牌等方面的要求高，平台规则较严，相应的售价也高，利润可观，需要有稳定可靠的海内外渠道资源，也需有一定的资金实力，并具有长期投入的心态。速卖通是阿里系平台，侧重于新兴市场，特别是俄罗斯和巴西，平台对价格比较敏感，低价商品受欢迎，需要产品有供应链优势。Wish 是新兴的手机 App 端平台，是北美最大的移动购物平台，以价廉物美吸引客户，依靠智能推送技术进行精准营销，卖家短期可有销售额的暴增，其规则简单，以销售量为主，评论为补充的评分规则，不区分大小品牌和商品，不排斥大卖家，也不专门扶持小卖家。eBay 目标市场是欧洲和美国，其操作比亚马逊简单，投入也不大，但选品十分关键，非常适合有外贸资源的商家来做，但 eBay 规则偏向买家，十分容易被 PayPal 冻结资金和店铺被封。B2C 的平台费率不等，速卖通平台费最高，Wish 没有平台费；亚马逊和 Wish 的佣金都较高，达到了 15%；eBay 费用看起来不多，但稍不注意就会被扣费。也有我国电商使用特定地区的平台，如东南亚的 Lazada 和 shopee、非洲的 Kilimall、南美的 Mercado、中东的 Souq 等。也有电商尝试多平台运营，最大程度提升产品销售额和已有知名度，实现规模效应，降低采购成本，提升产品质量，获得品牌效应。

（二）选好产品

虽然电商企业也可以通过平台运营来达到盈利的效果，但选好产品不仅可以降低运营难度，还可以更大提升盈利效果。以亚马逊和 Wish 平台为例，可以看出不同产品的卖家盈利情况。有些产品较为普通，之前可以接到欧美品牌 OEM 的一些大订单，但这种可能性越来越低，转型做亚马逊也会遭遇同一类目的激烈竞争，需要卖家不断加强平台运营能力，在广告 CPC（全称 cost per click，中文意为"点击计费"）留评数量上下功夫，从而提升产品排名。Wish 是微利产品平台，小件产品的卖家靠走量来获得利润，通常企业打包就需要忙到凌晨，即使能够赚到钱，很多也是辛苦钱。这种模式若用到亚马逊平台，铺货的打法已经失效，若缺乏品牌保护，也没有精细化运营，则非常容易被人跟卖，而靠刷单增加留评率的做法也非常容易被封号，难度会越来越大。而对于有独特优势的产品，以及竞争对手难以跟卖的产品，在没有任何跨境经验的情况下，有工厂企业试着在亚马逊上架了小批量产品，没有广告和留评，也能卖断货，获得数倍的利润。也有一些企业非常重视产品设计创新，通过数据分析热销产品痛点进行产品外观优化，为防止跟卖，先申请外观专利，进行产品图片、广告图案和品牌保护，对之后再上架产品，也能够仅靠自然流量排到首页。

（三）做好引流

流量当道的时代，有了流量就有了获胜的法宝。无论是平台卖家还是独立站卖家，做好引流一是靠站内优化，二是靠站外推广。

站内优化就是要做好站内广告，首先，优化产品详情页，从图片、标题、产品描述等内容进行细致的规划，其中产品主图至为关键，无论对于搜索结果，还是产品展示，抑或吸引顾客，应作为优化的重中之重。其次，优化产品留评，产品的有与无、多与少、星级高与低都影响用户的购买意向。再次，优化关键词，同一个产品不同的关键词带来的转化可能天翻地覆，只有对产品足够的熟悉和深度理解，才会在理解的基础上选择精准有效的关键词。最后，优化站内广告，站内广告优化是一个持续的过程，刚开始时，可能因为不了解产品而选择不恰当的关键词，但是，后期运营可以采取一些调整措施，如保留高曝光高点击高转化的关键词，替换低曝光低点击低转化的关键词，进而找到更合适的关键词组合；也可以根据转化率数据来适当降低或提升关键词的出价，可根据每日销售的高峰和低谷来调整广告出价，以实现最优转化状态。

站外推广主要是在 Facebook 和 Google 两大流量媒体平台上投放广告来为店铺获取流量。Facebook 是全球最大的社交平台，可以在上面参加一些产品相关群组，经常在产品主页发帖或点赞，转发热门视频等获得产品曝光和影响力，再投放 Facebook 广告。Facebook 广告需要提前了解自己推广是为了提高销量还是打造品牌，考虑受众、产品定位、预算等问题，然后开通广告的企业账户，之后直接上架广告。广告的企业账户在投放受众等实质内容上没有区别，但企业账号容错率高，具有稳定性，封号风险小，投放数据无丢失风险。Google 作为一款全球通用的搜索引擎，已成为很多人日常生活中离不开的工具，当然其流量也非常可观，如果 Google Adwords 广告做得好，则打开 Google 搜索品牌时，第一位和第二位分别是官网和亚马逊店铺。Google 规则相对简单明了，只要不明显违规，一般不会有大的问题，而 Google shopping 则是专为跨境电商定制的产品。但 Google 广告十分烧钱，关键字推广背后的技术难度大，对转化率要求高，没有品牌、产品差异化和资金优势的时候，效果会不明显。在 YouTube、Instragram 等其他视频或图片类海外社交平台上打广告和增加产品影响力也是不错的选择。

三、新认识下的跨境电商企业独立站打法

《中国电子商务报告 2019》提到，独立站是跨境电子商务发展新趋势，将成为产品出口新通道。2020 年，独立站被越来越多的跨境电商企业认识并接受，呈现出了爆发式增长态势。

（一）跨境电商独立站的兴起原因

独立站并不是新鲜事物，跨境电商兴起之时就已经存在，兰亭集势、大龙网等跨境电商企业都是从独立站起家并不断做大的跨境电商平台。跨境电商独立站能被众多跨境电商企业看好，是多方因素综合作用的结果。

1. 建站技术门槛降低

搭建与维护网站是系统工程，涉及网站搭建、前端设计、后台支持、交互结构、SEO（搜索引擎优化）等架构，对比在第三方平台上简单上传产品、下单发货、在线客服、付费推广等操作，需要更多人力、财力和时间的投入。近年来，SaaS（网络提供软件服务）建站系统技术得以突破，很多建站服务平台开始涌现，海外有 Shopify，Bigcommerce，Prestashop，OpenCart，Magento，WordPress 等平台，国内有 Shoptago，SHOPLINE，Ueeshop，Shopyy，XShoppy，Shoplazza，AllValue，2Cshop 等平台。从网站的搭建来看，建站服务平台可以提供国际域名、多国服务器选择、SaaS 系统维护与升级、UI/UX（用户界面和用户体验）设计、定制化模板等，使得跨境电商企业的建站门槛和成本都大大降低，仅支付千元价格就可以在几分钟内实现基础功能的建站。从网站的运营来看，建站服务平台能够提供与其他平台的接口，如第三方电商平台、第三方物流、第三方支付、海外社交媒体平台等，方便跨境电商卖家的产品导入、物流发货、在线收款，以及营销推广；提供众多免费或付费的第三方应用插件，涉及店铺设计、产品渠道、物流渠道、市场营销、客户维护、库存管理、用户行为分析等，在实现基本购物功能之上，跨境电商企业只要选择安装相应的插件，就可以实现 EDM（邮件营销）、CRM（客户关系管理）、ERP（内部资源管理）等更多高级功能，满足其海外推广不同阶段的发展需要。

2. 平台流量规则变化

跨境电商企业在获得亚马逊、速卖通、eBay、Wish 等主流平台公域流量的同时，需要对等付出相应的平台费用，以及遵守平台规则。全球线下消费在向线上转移引得更多企业上线主流平台，主流平台在日益拥挤，如亚马逊全球的卖家已超 800 万家。相应地，卖家间的竞争在不断加剧，使得公域流量越来越昂贵，平台佣金和广告费用也在大幅增加。与此同时，激烈的竞争也极容易让卖家触及规则红线，如刷单、跟卖、侵权、删评等，导致主流平台的管理日趋烦琐且流量分配规则不断变化。独立站打造的是私域流量，跨境电商企业有灵活的自主权，不受主流平台规则变动的影响。尽管运营独立站的营销费用无法节省，但其交易费用仅是一些低廉的支付通道费、技术服务费与配送费，月租总和也比主流平台的年费低很多，且流量可以自我把控，使得跨境电商企业有从主流平台向独立站分流的意愿。此外，谷歌、脸书等流量平台也在发生变化。一方面，亚马逊、eBay 等主流平台丰富的产品 SKU（库存量单位）已形成流量黑洞，流量平台已改变流量分发机制，将流量分配向万千中小电商网站倾斜，众多独立站的流量占比已接近 50%；另一方面，短视频类社交平台在不断崛起，成为新的流量平台，如"走出去"的 TikTok（抖音），以及海外老牌平台 Instragram（照片墙），开始设置购物功能为万千中小电商网站导流，流量渠道的增多使得独立站能够在海外迅速发展。

3. 数据安全可控需求

大数据时代，跨境电商企业需要海外用户数据的不断沉淀和挖掘，从中发现其价值，并服务于产品的迭代创新，从而获得更为可观的经济利益。当前，跨境电商卖家仅仅依附于第三方平台是无法实现对用户数据的掌控的。主流平台掌控用户数据，跨境电商企业的后台数据仅有行业数据和平台评分，无法具体了解海外用户的消费行为和产品体验，也无法开展有效的客户关系管理。虽然跨境电商企业可以在海外社交媒体平台上组建自己的社群，但交易通常需要链接到主流平台店铺来实现，但链接主流平台后还存在较高的跳转率，使得跨境电商企业的用户数据无法高效沉淀。此外，主流平台也并不完全是独立于买卖双方的中介服务第三方，一些平台也在积极开展自营业务，如阿里巴巴国际站 2020 年底开始出现医疗防疫物资、美容美颜电子产品、运动健身器材、生活用品、宠物用品等产品类目的阿里（严选）自营店，其同时掌控有卖家和买家数据，又与卖家可能存在竞争关系，引发跨境电商企业对数据安全的顾虑。独立站是自营型网站，可以自主安全获得和控制数据，如流量来源、用户行为特征、用户访问路径、停留页面时长等，通过收集整理分析数据可以做更精准的营销预判和广告投放，也可以在官网设置邮箱沟通、在线聊天等交互功能，开展针对性的市场调研，收集用户反馈，以及提供售后服务，从而了解更丰富的消费需求，开发和改进符合需求的系列产品，通过对数据的二次开发和利用来实现更大价值。

4. 竞争加剧品牌出海

主流平台同类产品丰富且价格透明，不可避免会使跨境电商企业陷入价格战的红海竞争，压缩企业利润空间，影响企业的良性发展。B2B（企业对企业）方面，阿里国际站已成为我国中心化的外贸 B2B 平台，海外买家通过国际站能够非常了解行情，大量工厂上线并接受贴牌生产，也使得品牌溢价空间有限，价格成为外贸业务的核心关键，企业间不可避免会有激烈的价格竞争。B2C（企业对消费者）方面，为迎合海外消费者对物美价廉商品的需求，跨境电商企业会在选品和定价上下功夫，以独特的产品定位和价格优势，辅之以必要的营销手段，促进订单的爆发式增长。随着主流平台的卖家增多，平台产品趋于同质化，为实现低成本获客，价格比拼就成为常态。想要摆脱价格战，跨境电商企业就必须形成差异化竞争优势，经营精品就成为必然。这不仅需要产品推陈出新的速度加快，也需要加速品牌出海，增加品牌黏性，实现品牌溢价。独立站可以打造品牌官网，首先，独立域名本身就具有品牌宣传效果，在方便海外用户更好了解公司和产品的同时，也能够感受品牌的规模和实力，提升对品牌的信任感；其次，官网展示内容和形式不受第三方平台的约束，可以多元化设置企业、产品、服务、好评等优质内容，合理布局关键词，提高企业的搜索引擎排名，打造品牌影响力和传播效应；最后，品牌官网是自然搜索流量，用户的持续增长是对品牌的认同，从而实现价格完全自控，并通过产品创新升级来获得品牌的溢价空间。

（二）跨境电商企业的独立站类型选择

跨境电商企业做独立站可以根据企业类型的不同选择合适的独立站类型，实现运营模式的多元化。

1. 官网站和店铺站

根据主流平台的 B2B 和 B2C 模式划分，建站服务平台为方便跨境电商企业独立站转型，也将独立站分为 B2B 型官网站和 B2C 型店铺站。官网站和店铺站在建站上有一些共同点，如欧美风格的网站模板、迎合谷歌的 SEO 结构、多语种的界面切换等。但是，官网站的关注点在于打造企业形象和转化询盘，主要吸引海外采购商的关注，网站设置要求方便采购商进行询盘和收集产品信息，目前的功能设置主要有智能多产品询盘、产品详情页 PDF 下载、邮箱订阅、邮件提醒、在线客服软件对接，如 Whatsapp，Wechat，Skype 等；店铺站的关注点在于打造店铺和支持下单，网站设置需要照顾消费者的购物体验，功能设置主要包括一键同步平台店铺产品，提供丰富的营销应用插件，支持全球收款，对接完整物流系统等。海外知名建站服务平台 Shopify 就是典型的 B2C 型店铺站，平台上不可设置隐藏价格，以及需要实现订单交易全流程的在线化，有赞 2020 年 11 月推出的 AllValue 就是对标 Shopify 的建站服务平台；WordPress 原本是海外的一款个人博客系统，后演变为内容管理系统软件，网站功能可以通过添加插件来完成，是何类型由跨境电商企业自己设计完成；Ueeshop 迎合国内不同跨境电商卖家的需求，为客户提供 B2B 官网和 B2C 店铺两种选择，而 Shopyy 的 B2C 店铺细分为电脑端和移动端，B2B 的企业询盘官网还附带 B2B 的小额批发网站。

2. 综合站和垂直站

综合站，业内也称为杂货铺，因独立站对产品品类没有限制，走快消品路线的跨境电商企业就可以紧跟潮流不受限制地上线热门款产品。运营综合站门槛较低，通常以低价位和新奇创意为卖点，只需参考第三方平台热销榜单和搜索趋势后一键导入热门商品，做好广告投放来为单品引流，之后按照测品情况增减进货量即可，Drop Shipping（一件代发）模式下甚至不需考虑发货，对于新手十分友好。但是，综合站要想做好难度较大，因为品类太杂难以给用户深刻印象，导致用户黏性差，以及网站复购率低；单品测试都要独立来做，广告也仅是为某一单品引流，无法形成网站整体流量。当然，综合站若在广告投放和流量获取方面持续加大投入，也能做大做强，如兰亭集势、大龙网等。垂直站，主要做细分品类，店铺定位、域名和装修都向细分品类靠拢，侧重于长期化运作，建站时需要考虑整个网站的架构和功能设定，难度比综合站要高。垂直站能够形成专业性的印象，对消费者更有说服力，广告投放和后期网站优化都较为容易且精准，单品之间流量可以相互转化，并固定为品牌的知名度，从而持续吸引更多用户。垂直站中有很多新兴的中小型品牌卖家，如 Maskculture，Ergodesks，Pressabottle 等都是域名品类特征显著且销量不错的小众独立站。

3. 单站和站群

单站就是专注于做一个电商网站，可以是企业形象宣的官网，也可以是 DTC（direct to consumers，直面消费者）的批零店铺，抑或是有一定流量获取能力的爆品网站。因建站成本和难度都在降低，且可以是企业账户，也可以是私人账户，使得同时建立 N 个网站已经不是难事，若干个网站之间还可以互相引流来做大流量，站群就应运而生。站群也就是同时做 N 个网站，较为流行的模式是"主站 + 子站"，主站一般设置为企业账户，主要打造官网，树立企业和品牌形象；子站是私人账户，可以做店铺，针对不同产品或不同方向做不同的关键词，用于测试爆款，汇集流量，以及子品牌打造。当前，独立站个数越多，越能够为建站服务平台带来收益，站群模式也得到了建站服务商的应用插件支持，如 Shopyy 提供像素同步功能，网站可以设置主像素和附属像素，附属像素间的数据互不影响，主像素可以设置接收附属像素的事件像素，使得子站之间独立运营，而主站和子站具有关联性，方便主站收集子站数据，更为精准投放广告，提高整体推广转化效果。一些有资本实力的电商企业也会采用"若干主站 + N 个子站"的模式，有的站群建站多达几百个。

四、跨境电商企业的品牌价值链发展

跨境电商企业靠低价走量，最终会走向国内供给端的低价竞争，不仅损失卖家利润，也会伤害中国制造的海外形象，还会因扰乱海外零售市场而受到越来越多国家的贸易制裁。品牌化发展使得利润来自高质高价，让产品有品质区分度，保护产品的知识产权不受侵犯，从而保证盈利模式的可持续发展性。

跨境电商品牌建设有两种方式：一是打造单一品牌的海外影响力，二是进行多品牌的军团作战。对于跨境电商企业而言，打造单一品牌难度较大，但更具有价值链意义。在传统价值分工体系中，欧美零售商占据价值链的顶层，如沃尔玛（WalMart）、开市客（Costco）、阿尔迪（ALDI）、无印良品（MUJI）等，在本地有强大的零售体系和自有品牌，可以实现高效的零售效率和形成深入人心的品牌形象。其大卖场的自有品牌占比较高，用户对产品品牌无认知，零售商将自有品牌溢价让利给消费者。跨境电子商务时代，我国企业可以跃过强势的海外零售渠道，对消费者产生直接影响，打造网络化的零售品牌，就可以有传统海外零售商的品牌效应，促进价值链的主导。进行单一品牌发展的跨境电商企业往往会走向"第三方平台 + 自营平台"的发展模式，即既在第三方平台上销售产品，也在独立站进行自营，从而实现二者之间流量的互补。只有一个品牌多条产品线做到各细分类目的 Top100 才是真正做好了品牌，才能让更多消费者用品牌搜索，达到流量成本低和客户黏性高的品牌效果，如 Anker、Aukey、Shein、Sunvalley 等。然而，当前更多的专业电商公司走的还是规模化的品牌发展思路，基本都是多品牌多店铺在运作，主要是为了享受更多平台所给予的红利，其很多品牌还只是个商标或者符号，被真正消费者去搜索的并不多。多品牌建设的跨境电商公司未来需要在某一品类里对细分产品进行深耕，除非转型做服务型电商平台，否则无限扩充品牌数量是没有效果的。

　　无论是单一品牌，还是多品牌，都是需要有自主可控的产品力，必然促进电商企业的价值链延伸。直接组建产品团队和研发团队较为困难，较为容易的路径是提高对供应链的控制，先通过供应链管理集合优质供应商，但通常与供应商有合作稳定性和持续性、利益一致性、长短期利益均衡等问题，之后跃过供应商直接与工厂合作以增强供应链的控制力，然后再组建产品团队和研发团队，以产品为中心进行市场调查、产品设计与开发、原材料采购、选择供应商和生产监控，推进产品创新的力度和进度，从而实现更强的品牌影响力。

参 考 文 献

［1］曹磊，张周平．跨境电商全产业链时代：政策红利下迎机遇期［M］．北京：中国海关出版社，2019.

［2］曹智，霍保锋，赵先德．供应链整合模式与绩效：全球视角［J］．科学学与科学技术管理，2012（7）.

［3］陈静，卢进勇．中国企业全球价值链"低端锁定"成因及对策分析［J］．哈尔滨商业大学学报（社会科学版），2015（05）.

［4］陈明星．加强谋划 全面深度融入国家重大战略［N］．河南日报，2015－12－16.

［5］陈文敬．中国对外开放三十年［J］．红旗文稿，2008（05）.

［6］陈晓．粤推外贸高质量稳定发展"32条"［N］．南方日报，2019－12－01.

［7］程新章．国家贸易战略的全球价值链分析［J］．社会科学辑刊，2004（11）.

［8］崔焕金．全球价值链视角下的中国地方产业集群升级［J］．山东工商学院学报，2005（08）.

［9］单曹辉．以产业集群跨境电商推动外贸转型升级［N］．国际商报，2017－03－08.

［10］邓娜，侯少夫．中国加工贸易的发展历程与政策演变［J］．开放导报，2012（12）.

［11］邓文龙．福建德化"世界陶瓷之都"打造千亿品牌［N］．中国工业报，2019－01－28.

［12］杜贵根．我国跨境电子商务发展现状与监管对策研究［J］．中国工商管理研究，2015（10）．

［13］鄂立彬，黄勇稳．国际贸易新方式：跨境电子商务的最新研究［J］．东北财经大学学报，2014（3）．

［14］冯晓鹏．跨境电商通关：运营与合规［M］．北京：法律出版社，2019．

［15］高寒，李长银，赵婧．B2B电子商务的未来趋势——全程电子商务模式研究［J］．现代管理科学，2017（05）．

［16］高翔，黄建忠，袁凯华．价值链嵌入位置与出口国内增加值率［J］．数量经济技术经济研究，2019（06）．

［17］顾阳．国际贸易"单一窗口"建设释放更多红利［N］．经济日报，2018－08－14．

［18］管敏，毛芳龙，郭向佐，戴皓宇．从集装箱到邮包贸易碎片化趋势及其应对策略研究［J］．海关与经贸研究，2015（12）．

［19］郭爱君，毛锦凰．全球价值链背景下产业集群式转移的特点与机理研究［J］．兰州大学学报（社会科学版），2013（11）．

［20］郭海玲．产业集群视角下出口跨境电商发展对策［J］．中国流通经济，2017（05）．

［21］郭丽．跨境电商发展实证研究［M］．北京：知识产权出版社，2018．

［22］郭忠金．基于价值链的流程分类研究［J］．科技管理研究，2010（07）．

［23］韩邦庭，陈国琴．入世后我国外贸发展的新思路——进出口管理公司［J］．国际商务研究，2003（12）．

［24］韩鹏栓．跨境电商所得税征收新政发布推动外贸稳增长"新动能"［N］．中国产经新闻，2019－01－27．

［25］何江，钱慧敏．我国跨境电子商务发展研究：回顾与展望［J］．科技管理研究，2017（17）．

［26］洪俊杰，商辉．中国开放型经济发展四十年回顾与展望［J］．管理世界，2018（10）．

［27］黄国华，张炳政，孙丹，张京宪．海关见证：中国外贸40年［J］．中国海关，2018（12）．

［28］黄亚玲，张岩贵．经济学概念构筑中的空中楼阁——价值链理论述评［J］．经济问题探索，2007（11）．

［29］黄永明，聂鸣．全球价值链治理与产业集群升级国外文献研究综述［J］．北京工商大学学报（社会科学版），2006（03）．

［30］江曼琦，梅林．产业"链"簇关系辨析与协同发展策略研究［J］．河北经贸大学学报，2018（02）．

［31］焦健．中国实施跨境电商零售进口税收新政策的影响及反思［J］．现代商业，2017（03）．

［32］靳颖姝．找钢网投资海尔旗下跨境电商平台重塑小家电制造全流程［N］．21世纪经济报道，2016－12－16．

［33］来有为，王开前．中国跨境电子商务发展形态、障碍性因素及其下一步［J］．改革，2014（5）．

［34］黎国林，江华．全球价值链下我国加工贸易产业升级研究［J］．华南农业大学学报（社会科学版），2008（01）．

［35］李芳，杨丽华，梁含悦．我国跨境电商与产业集群协同发展的机理与路径研究［J］．国际贸易问题，2019（02）．

［36］李钢．新中国外经贸发展六十年［J］．对外经贸实务，2009（07）．

［37］李国鹏，王绍媛．基于跨境电商的网络化制造推动全球价值链升级研究［J］．国际贸易，2018（06）．

［38］李俊．中国对外经贸70年历程、贡献与经验［J］．国际贸易，2019（09）．

［39］李旻．跨境电商监管或逐步放宽正面清单调控范围［N］．经济参考报，2017－12－02．

［40］李小年．新中国60年外经贸法制建设的辉煌成就［J］．国际经贸探索，2009（10）．

［41］李晓，王斯敏．姚同伟．向全球价值链高端攀升，中国在行动［N］．光明日报，2019-09-24．

［42］李晓沛．河南跨境电商的创新发展［J］．区域经济评论，2018（02）．

［43］林政伟．兰亭集势强势登陆纽交所郭去疾打造外贸电商新视角［N］．通信信息报，2013-09-29．

［44］刘斌，赵晓斐，刘翠翠．中国跨境电商零售进口发展与监管问题研究［J］．价格理论与实践，2019（04）．

［45］刘城．基于全球价值链视角的本土跨国公司培育路径探析［J］．广东社会科学，2013（05）．

［46］刘尔思．关于产业链理论的再探索［J］．云南财经大学学报，2006（06）．

［47］刘贵富．产业链与供应链、产业集群的区别与联系［J］．学术交流，2010（12）．

［48］刘嘉伟，孔刘柳．一站式外贸服务模式分析——以一达通为例［J］．电子商务，2017（12）．

［49］刘晶．跨境电子商务与我国企业全球价值链地位提升［J］．商业经济研究，2017（05）．

［50］刘景卿，岳秀华，车维汉．全球价值链视角下的贸易发展研究进展及评述［J］．兰州财经大学学报，2018（12）．

［51］刘维林，李兰冰，刘玉海．全球价值链嵌入对中国出口技术复杂度的影响［J］．中国工业经济，2014（07）．

［52］刘伟，金华珊．杭州综试区携手全球速卖通推出"巨鲸"计划［N］．杭州日报，2019-11-06．

［53］刘伟，武长虹．跨境电商综试区战略［M］．杭州：浙江大学出版社，2019．

[54] 刘洋. 中国跨境电商创新发展报告 [M]. 北京：社会科学文献出版社，2019：28 – 31.

[55] 刘永胜，杜志平，白晓娟. 供应链管理 [M]. 北京：北京大学出版社，2012.

[56] 刘志彪. 中国参与全球价值链分工结构的调整与重塑——学习十九大报告关于开放发展的体会 [J]. 江海学刊，2018（02）.

[57] 刘志迎，赵倩. 产业链概念、分类及形成机理研究述评 [J]. 工业技术经济，2009（10）.

[58] 刘中伟. 东亚生产网络、全球价值链整合与东亚区域合作的新走向 [J]. 当代亚太，2014（08）.

[59] 陆敏. 中国海关正牵头制定《跨境电商标准框架》 [N]. 经济参考报，2018 – 11 – 10.

[60] 路虹. 宁波打造海上丝绸之路战略支点 [N]. 国际商报，2015 – 08 – 29.

[61] 吕本富. 从平台经济到平台经济学 [J]. 财经问题研究，2018（05）.

[62] 吕文栋，张辉. 全球价值链下的地方产业集群战略研究 [J]. 中国软科学，2005（02）.

[63] 吕瑶. 我国零售进口跨境电商面临的问题与对策 [J]. 对外经贸实务，2018（03）.

[64] 吕越，尉亚宁. 破解全球价值链下"低端锁定"困局 [N]. 中国社会科学报，2019 – 09 – 18.

[65] 马述忠，陈奥杰. 跨境电商 B2B 抑或 B2C——基于销售渠道视角 [J]. 国际贸易问题，2017（03）.

[66] 马悦，郑斌，楼阳. 中国杭州跨境贸易电子商务产业园璀璨亮相 [N]. 浙江日报，2013 – 01 – 27.

[67] 迈克尔·波特. 国家竞争优势 [M]. 北京：华夏出版社，2002.

[68] 聂名华. 中国制造业在全球价值链中的地位与升级方略 [J].

东南学术, 2017 (03).

[69] 彭波. 基于全球价值链的外贸发展新模式 [J]. 国际经济合作, 2018 (06).

[70] 綦建红, 李丽. 贸易中介研究的最新进展与评述 [J]. 国际贸易问题, 2016 (02).

[71] 秦升. 全球价值链治理理论回顾与展望 [J]. 国外理论动态, 2014 (12).

[72] 茹玉骢, 李燕. 电子商务、贸易中介与国际贸易发展: 一个文献综述 [J]. 浙江社会科学, 2014 (07).

[73] 盛斌, 陈帅. 全球价值链如何改变了贸易政策: 对产业升级的影响和启示 [J]. 国际经济评论, 2015 (10).

[74] 盛斌, 魏方新. 中国对外贸易发展70年回顾与展望 [J]. 财贸经济, 2019 (10).

[75] 石洁. 全球价值链治理模式研究综述 [J]. 财会通讯, 2016 (03).

[76] 宋其香. 全球价值链分工与中国产业升级 [J]. 中国证券期货, 2013 (04).

[77] 宋玉池. 跨境电商监管与服务探析 [N]. 中国市场监管报, 2019 - 07 - 25.

[78] 孙琳. 借力数字化 义乌中小企业"出海忙" [N]. 人民政协报, 2019 - 10 - 13.

[79] 孙志平, 刘怀丕. 郑州破解跨境电商全球性难题 [N]. 经济参考报, 2017 - 01 - 23.

[80] 唐弢, 魏董华. 浙江跨境电商利用产业集聚大打"组合牌" [N]. 经济参考报, 2017 - 10 - 10.

[81] 陶海青. 中企探求"抱团出海"新模式 [N]. 中国贸易报, 2016 - 03 - 22.

[82] 陶涛, 李广乾. 平台演进、模式甄别与跨境电子商务拓展取向

[J]. 改革，2015（9）.

[83] 汪斌，侯茂章. 经济全球化条件下的全球价值链理论研究 [J]. 国际贸易问题，2007（03）.

[84] 王海杰，宋姗姗. 互联网背景下制造业平台型企业商业模式创新研究——基于企业价值生态系统构建的视角 [J]. 管理学刊，2019（03）.

[85] 王海燕. 中国与中亚国家共建数字丝绸之路：基础、挑战与路径 [J]. 国际问题研究，2020（03）.

[86] 王宏强. 产业链重构：概念、形式及其意义 [J]. 山东社会科学，2016（05）.

[87] 王惠敏. 跨境电子商务与国际贸易转型升级 [J]. 国际经济合作，2014（10）.

[88] 王缉慈. 创新的空间：企业集群与区域发展 [M]. 北京：北京大学出版社，2001.

[89] 王金波. 全球价值链的发展趋势与中国的应对 [J]. 国外理论动态，2014（12）.

[90] 王丽娟. 跨境电商零售进口迎多重政策利好 [N]. 中国经济时报，2018-12-22.

[91] 王珉. 丝绸之路经济带海关国际合作法律机制的构建 [J]. 东北亚论坛，2017（10）.

[92] 王艳秋等. 空间整合、产业势力、治理模式与集群产业链升级 [J]. 经济问题探索，2013（9）.

[93] 王玉玲. 我国跨境电商与跨境物流协同发展研究 [J]. 改革与战略，2017（09）.

[94] 王志勇，张聪群. 产业链视角下汽车产业升级策略研究——基于灰色聚类分析沄 [J]. 科技与管理，2013（11）.

[95] 王子先. 中国需要有自己的全球价值链战略 [J]. 国际贸易，2014（07）.

［96］温珺，王健，尤宏兵．电子商务能否促进外贸增长——来自我国的证据［J］．国际贸易问题，2015（6）．

［97］文嫖，张洁，王良健．全球视野下的价值链治理研究［J］．人文地理，2007（04）．

［98］武博，严旭，陈晓文．经济学与管理学区别和联系的再思考［J］．经济评论，2007（09）．

［99］冼国义．30年来我国涉外经济发展［J］．经济研究参考，2008（09）．

［100］肖亮．中国模式：中国跨境电商综合试验区试点实践与创新经验［M］．杭州：浙江工商大学出版社，2018．

［101］谢富胜，吴越，王生升．平台经济全球化的政治经济学分析［J］．中国社会科学，2019（12）．

［102］谢娟娟．后危机时代我国对外贸易政策取向探索［J］．国际经济合作，2009（12）．

［103］熊励．中国跨境电子商务竞争生态发展报告（2017–2018）［M］．北京：中国海关出版社，2018．

［104］熊英，马海燕，刘义胜．全球价值链、租金来源与解释局限——全球价值链理论新近发展的研究综述［J］．管理评论，2010（12）．

［105］徐锦波．产业集群跨境电商的发展政策研究——以浙江义乌为例［J］．商业经济研究，2017（21）．

［106］许文龙．乘风破浪再起航"中国白"重塑荣光［N］．泉州晚报，2018–06–11．

［107］闫云凤，赵忠秀．中国在全球价值链中的嵌入机理与演进路径研究：基于生产链长度的分析［J］．世界经济研究，2018（06）．

［108］杨得芊．跨境贸易电子商务试水［J］．中国海关，2013（02）．

［109］杨坚争，郑碧霞，杨立钒．基于因子分析的跨境电子商务评价指标体系研究［J］．财贸经济，2014（9）．

［110］易传识网络科技．跨境电商多平台运营［M］．北京：电子工

业出版社，2015.

［111］游振华，李艳军．产业链概念及其形成动力因素浅析［J］．华东经济管理，2011（01）．

［112］余淼杰．改革开放四十年中国对外贸易奇迹成就与路径［J］．国际贸易，2018（12）．

［113］曾咏梅．产业集群嵌入全球价值链的模式研究［J］．经济地理，2011（03）．

［114］张飞白．携手阿里巴巴签署 eWTP 战略协议"小商品之都"义乌的创新［N］．中国经营报，2019－06－11.

［115］张汉东．发挥浙江跨境电商优势加快推动一带一路建设［N］．浙江日报，2017－02－01.

［116］张晖，张德生．产业链的概念界定——产业链是链条、网络抑或组［J］．西华大学学报（哲学社会科学版），2012（08）．

［117］张莉．区域性跨境电商产业园区运营模式研究［J］．中国流通经济，2017（05）．

［118］张明之，梁洪基．全球价值链重构中的产业控制力——基于世界财富分配权控制方式变迁的视角［J］．世界经济与政治论坛，2015（02）．

［119］张茉楠．全球价值链重构将引领新型全球化发展［J］．金融与经济，2017（04）．

［120］张倩，侯爱敏．郑欧班列开行五周年主要指标"跑"进全国前列［N］．郑州日报，2018－09－09.

［121］张少军，刘志彪．国际贸易与内资企业的产业升级——来自全球价值链的组织和治理力量［J］．财贸经济，2013（2）．

［122］张士华．基于协同学理论的跨境电商协同网络和演化路径研究［J］．商业经济研究，2018（03）．

［123］张先敏．供应链及供应链管理概念重构［J］．财会通讯，2015（05）．

［124］张玉来．推进中日经济合作，积极应对全球价值链重塑大潮［J］．国别与区域研究，2020（02）．

［125］张卓敏．跨境电商"广州模式"精耕细作占鳌头［N］．国际商报，2017 - 03 - 03．

［126］章玉贵．中国对外贸易40年稳步迈向全球价值链中高端［N］．第一财经日报，2018 - 12 - 06．

［127］赵振杰．"跨境电商发展高地"打造得怎么样了？［N］．河南日报，2019 - 02 - 20．

［128］郑红花．跨境电子商务法律法规［M］．北京：电子工业出版社，2017．

［129］钟书华．科技园区管理［M］．北京：科学出版社，2004．

［130］周芳．基于跨境电商的区域外贸企业集群创新路径研究——以江苏苏州为例［J］．商业经济研究，2019（12）．